穆勒
為了人類的幸福

姜新艷 著

崧燁文化

目　　　錄

作者簡介

引言

第一章　穆勒的家世 / 001
　一、不甘人下的祖母 / 001
　二、從貧寒走向成功的父親 / 003

第二章　童年和少年時代 / 007
　一、異乎尋常的教育 / 007
　二、邊沁的影響 / 016
　三、法國之行 / 020

第三章　青年時代（上）/ 027
　一、就職東印度公司 / 027
　二、哲學激進派的薰陶 / 030
　三、初露鋒芒：結社與早年著述 / 033

第四章　青年時代（下）/ 039
　一、瀕臨崩潰的精神危機 / 039
　二、重新振作 / 042
　三、對激進派哲學的改造與超越 / 045

第五章　兼容並蓄的過渡時期 / 050
一、浪漫主義思潮 / 050
二、聖西門主義 / 057
三、結交摯友斯特林 / 060

第六章　知音與摯愛 / 067
一、穆勒心中的哈麗特 / 067
二、哈麗特的曾經 / 071
三、抽刀斷水水更流——止不住的情 / 079

第七章　《邏輯學體系》/ 090
一、成書動機 / 093
二、新演繹法——歸納與演繹相統一的科學方法 / 096
三、社會科學的可能性、方法論和分類 / 102
四、穆勒與孔德 / 108

第八章《政治經濟學原理》/ 119
一、成書經過 / 120
二、政治經濟學理論 / 125

第九章　有情人終成眷屬 / 138
一、精神伴侶的結合 / 138
二、恬靜的婚後生活 / 144
三、永遠的思念 / 151

第十章　論自由 / １６０
一、主旨 / １６２
二、論思想自由和討論自由 / １６６
三、個性發展與人類的幸福和進步 / １７０
四、自由原則的恰當應用 / １７３

第十一章　代議制政府 / １８３
一、政府形式的選擇和評判標準 / １８４
二、實行代議制的條件及議會的恰當職能 / １９２
三、代議制的完善和理想的民主 / １９７

第十二章《功利主義》/ ２１０
一、最大幸福原則 / ２１２
二、個人幸福與總體幸福 / ２１８
三、功利與正義 / ２２１

第十三章　哲學家議員 / ２２７
一、參選前後 / ２２８
二、任職期間的作為 / ２３３
三、回歸哲人生活 / ２３９

第十四章　婦女的解放 / ２４７
一、概論 / ２５１
二、男女平等與婚姻 / ２５５
三、女性的職業發展 / ２５８

第十五章　生命的盡頭 / ２６７
一、最後的著述 / ２６７
二、忘年之交 / ２７８
三、猝然離世 / ２８１

引證與參考文獻 / ２９４

作者簡介

姜新艷，北京大學哲學學士、碩士，美國辛辛那提大學博士，美國雷德蘭茲大學（University of Redlands）哲學教授。

約翰·斯圖亞特·穆勒（1806—1873）

（封面及扉頁照片均來自倫敦國家肖像美術館National Portrait Gallery，London）

寫在前面的話

　　細心的讀者會發現，這本書沒有序言。我自己沒有寫，也沒有請同行寫，因為從本書動筆的那天起，我就想好在初稿完成時請恩師周輔成先生給它寫序言。可惜在初稿完成之前，周先生卻已故去。雖然周先生在2009年5月去世時已近98歲，但那年2月與他通電話時，他聽上去狀態很好，聲音同以前一樣洪亮，思路也同過去一樣清晰。所以，他幾個月後就與世長辭讓我感到非常意外。在這之前，我總期待他能活過百歲，看到我有關西方思想的中文書出版。每每想到未能將此書稿在周先生生前完成，我都感到不盡的遺憾。儘管本書的動筆是數年之前的事，但由於中間忙於完成種種其他寫作項目，所以本書稿的寫作就拖下來，直到最近才得以完成，而且完成得仍很匆忙。回過頭來去看，這個書稿本應放在許多別的事情之前去做。如果那樣做了，今天也就不會感到如此遺憾。現在才真切地體會到「能現在做的事不要拖到以後去做」的至理名言之智慧。好在，這本關於穆勒的書終於完成了。希望它能多少對周先生的在天之靈有所告慰。

　　我是周輔成先生在「文革」後招收的第一批西方倫理學史專業研究生中的一個（共招三人）。我對穆勒思想中的倫理學部分之初步瞭解也是從周先生那裡得到的。在北京大學做周先生研究生的那些日子，為我後來的學術生涯打下了難得的基礎。周先生不僅給我們幾人一起在他家中上小課，系統講述西方倫理學史以及中國倫理學史，而且還讓我們幾人輪流到他家討論問題（記得我們三個每人每兩週到他家單獨討論一次）。另外，周先生還讓我們翻譯了許多西方倫理學讀物，以提高我們的英語水平。即便在暑假期間，他也提醒我們繼續英語閱讀和翻譯。我自1984年碩士畢業留北大哲學系倫理學教研室教書後，能立即為進修教師和研究生開設「西方倫

理學史」和「西方倫理學原著」（英文）課程，也是與周先生的培養和支持分不開的。難能可貴的是，周先生一直相信女性與男性一樣可以做好哲學，鼓勵我在留校後給女性爭氣。今天，在英美世界，已有一批被公認的優秀哲學家是女性，女性不能做哲學的神話已被打破。儘管在中國這一天還沒有到來，至今女性不適合做哲學的觀點還很盛行，周先生早在八十年代初就已表達了對女性做好哲學的信心和對女權主義在學術界的支持。我之後來到英美學習，在很大程度上也得益於周先生的敦促。我留校後，他不僅時常提醒我加強英語訓練，而且親自為我找美國大學哲學系的材料並複印給我。由於那時沒有網路訊息，我所得到的關於美國大學哲學系的訊息大都是周先生從北京圖書館的Peterson's Guide上複印而來的。自在美國教書以來，每次回國開會或探親，我都去看望周先生，而周先生也像以前一樣鼓勵我，並希望我把西方和中國哲學一起做下去。國內的一些讀者也許知道我近些年在中國哲學和比較哲學方面的某些著作，但他們可能不知道西方哲學一直是我在美國教授課程的重要部分。雖然這本穆勒評傳遠遠超出了西方倫理學的範圍，但在國內從師於周先生和在國外多年的教學經歷都對此書的完成至關重要。將英國功利主義和自由主義大師穆勒的生活和思想較全面地介紹給中國讀者，與國內的穆勒學者進行交流，是我多年的願望。但願此書能在這些方面造成一定作用。

在此，我也想對我的另一位老師——魏英敏教授——表達感謝之情。正是魏老師在我即將從北京大學哲學系本科畢業之時，鼓勵我報考本系倫理學方面的研究生。當時，魏老師並不認識我（由於那時我們哲學專業一個年級就有一百多個學生，老師們很難認識一半以上的大學生），但因欣賞我的一篇論文，特意找我談話，建議我考研。魏老師的公正、求賢之心使我非常感動。魏老師的話幫我下了報考周先生研究生的決心。我留校後，魏老師作為倫理學教研室的主任，對我的教學以及後來的出國都給予了很多幫助，他對

我去美國讀博的決定的支持尤其令我感激。出國後的這些年，我一直與魏老師保持聯繫，從他那裡也得到許多鼓勵。藉著本書出版之際，我也要對魏老師說：謝謝您！

這本關於穆勒的書是丁子江教授主編的《東西方思想家評傳系列》的其中一本。正是丁教授對這套叢書的設想和他給予我的參與邀請，才使這本書的寫作得以開始、使其出版成為可能。此時，我也要向丁教授致謝。另外，我還要謝謝九州出版社的郝建良編輯的理解和幫助。我所在的雷德蘭茲大學（University of Redlands）為我提供了獲取本書所收入的部分圖片和資料的費用。在此一併感謝。

最後，我要感謝我的家人，尤其是我的丈夫和兒子對我的寫作的支持。沒有他們這些年持續而無條件的支持，我不可能完成我今天所完成的一切，包括這本書的寫作。本書所收入的圖片，大多是我和丈夫一起在英國收集的。當我到倫敦參加紀念穆勒誕辰200週年學術討論會時，我丈夫也正在倫敦政治經濟學院（LSE）攻讀博士。在參會期間和之後，我們二人一起尋訪了邊沁、穆勒故居舊址，一造成倫敦的國家肖像美術館和倫敦政治經濟學院圖書館等處查找資料、選取圖片。另外，特別值得一提的是，幾年前，兒子曾送給我一本穆勒著作選作為給我的生日禮物———一份讓做母親的我感到無限溫暖和喜悅的厚禮。今天我終於可以將這本穆勒評傳的完成作為回報。我想現在已經成為工程師的兒子一定會像他父親一樣為此書的問世高興。

姜新艷

於美國加州雷德蘭茲

引言

　　約翰·斯圖亞特·穆勒（John Stuart Mill 1806—1873）是西方最偉大的思想家之一，其政治與倫理思想之影響尤為巨大而深遠。若未讀過穆勒的《論自由》以及《功利主義》，一個人既不會真正瞭解西方近幾個世紀政治和道德哲學之主流，也不會真正懂得西方民主社會的政治和道德生活。

　　在思想史上，穆勒不僅以其思想之卓越而著稱，也以其與眾不同的生活經歷而引人注目。他三歲開始學希臘語，八歲開始學拉丁語，十二歲開始研究哲學，十六歲開始發表作品。雖然他並不曾是一個職業作家和哲學家，但他卻是他所在時代極有聲譽的作者和人類歷史上少有的哲學偉人。他雖然拒絕在通常意義上的競選，但卻被選為英國下院議員。他那終生不渝的愛情以及他從中獲取的靈感和智慧更是膾炙人口的佳話。

　　穆勒是一位偉大的思想者，但決不曾是一個為學術而學術的學者。他之著書立說旨在增進最大多數人的最大幸福。他的絕大多數論著都是為改良社會、促進人類進步而作。這就是為何他的注意力一直集中在政治、法律、道德和經濟方面。他一生為英國的立法改革、婦女權利等做了不懈的努力。如果說真正的知識分子是進步的先鋒和社會的良心，那麼穆勒就是一個真正的知識分子的代表。他不僅是自由主義、功利主義哲學的大師，而且也是其忠實、熱誠的實踐家。他是以天下為己任、為最大多數人的最大幸福而奮鬥的楷模。

第一章 穆勒的家世
一、不甘人下的祖母

　　約翰·斯圖亞特·穆勒是大學者詹姆斯·穆勒（1773—1836）的長子，這是眾所周知的。但人們往往卻對詹姆斯·穆勒的家世知之甚少。就連約翰·斯圖亞特·穆勒本人對其奶奶、爺爺的生活以及其父的青年時代也並不瞭解。據說其父也並不想讓他知道太多。 [1] 也許，在英國那麼一個重出身和等級的社會，這完全可以理解。畢竟，詹姆斯·穆勒出身貧寒。不過，詹姆斯·穆勒本應對自己從社會底層到名揚天下的奮鬥史感到驕傲，更應該讓自己的兒子知道他那位身在貧賤而不甘貧賤的奶奶對其父的成功有多麼關鍵。沒有她的見識和決斷，詹姆斯·穆勒一輩子可能只會是個小地方沒文化的小鞋匠，像他的父親一樣。

　　詹姆斯·穆勒出生在蘇格蘭的一個叫做北水橋的村莊。他的父親也叫詹姆斯，但姓穆倫（Milne）。詹姆斯·穆倫是從蘇格蘭的首府愛丁堡搬到北水橋落戶的。他開了一家小修鞋鋪，並娶了一位在愛丁堡當僕人的女子為妻。

　　她就是詹姆斯·穆勒的母親。她的名字叫愛索畢歐·凡頓（Isobel　Fenton）。她出嫁時只有十七歲。愛索畢歐的父親曾是一個參加過詹姆斯二世兒孫所組織的叛軍的農民。事敗之後，他雖保全了性命，但卻失去了財產和土地。所以，其女才落了個當僕人的結果。正因如此，愛索畢歐並不認為自己生來貧賤，而認為自己的為僕是偶然所致。她決心把長子培養成有身份的人，以光宗耀祖。她準備為此吃苦受累，而且也準備讓全家為此付出重大代價。為了讓兒子與眾不同，她首先把他的姓改為穆勒以便與當地的普通姓穆倫區別開來，儘管這使得父子倆不再同姓。當然，她知道讓長子成功的關鍵是讓他受到良好的教育。

詹姆斯·穆勒先是被送進教區學校讀書，後來又進了寄宿學校學習。

雖然供他上學的費用對他的家庭是相當大的負擔，但一家人還是堅持著讓他把學上完。為了省錢，他週末總是步行回到家中。儘管一家人住得很擠，為了保證他的學習，他母親用一塊帆布作簾為他隔了一小塊地方作學習室。當他專心讀書之時，家裡其他人都在為生計而忙碌。他的母親照料家務，他的弟弟和妹妹則與他父親一起經營家裡的生意。不過，一家人為他做的犧牲沒有白費。詹姆斯[2]的才華很得他所在教區牧師彼得斯的賞識。在詹姆斯十七歲那年，經彼得斯的舉薦，約翰·斯圖亞特爵士夫婦決定資助他進愛丁堡大學讀書。作為接受他們資助的條件，詹姆斯必須學習牧師專業並且做斯圖亞特爵士夫婦的女兒的私人教師。

入愛丁堡大學就讀使詹姆斯這個下層平民得以受到第一流的高等教育。這對他日後的成功頗為關鍵。在愛丁堡大學期間，除了完成與牧師有關的課程外，詹姆斯也聽了許多哲學講座並閱讀了大量哲學著作。他成功地通過了作牧師所要求的課程並於1798年得到了傳教許可證。此後他開始在不同教區佈道。但他一直不是任何教區的常駐牧師，所以只有常駐牧師臨時不在時才有機會佈道。正因如此，直到近三十歲時，他仍沒有固定收入。更不幸的是，他家的處境每況愈下，難以維持。這一切使詹姆斯決心離開保守的蘇格蘭到更開放的英格蘭找出路。他是個有決斷、有信心的人。他堅信，一旦有機會，憑他的才學他一定能成功。正巧這時約翰·斯圖亞特爵士要到倫敦參加議會的年度開幕式並同意讓詹姆斯搭他的車同行。這是1802年的事，從此，詹姆斯就定居倫敦直到去世。

二、從貧寒走向成功的父親

　　倫敦使詹姆斯大開眼界，也使他信心倍增。在倫敦，他得以自由旁聽議會下院的辯論，並有機會看到一些重要的人物，包括皇室成員。他第一次發現許多議員並無出眾的才華。他還發現有些才學低於他的人竟能靠寫作賺到豐厚的收入。這一切都使他更加確信自己可以在倫敦有所作為。經過一番努力，在短短的六個月內，他找到了一份在一個雜誌編輯部的工作。不久，他又說服了這家雜誌的編輯創辦了一份新雜誌並讓他作了新雜誌的編輯。一年之後，他還當上了一份報紙的編輯。

　　到此，他已有了不錯的收入。於是，他首先幫老家的人還清債務，擺脫困境。然後開始考慮結婚成家。在1805年，他娶了一位年輕漂亮的姑娘為妻。她就是哈麗特·伯柔，約克郡一位富裕寡婦的女兒。哈麗特結婚時23歲，而詹姆斯已32歲了。詹姆斯與其妻的精神溝通甚少，但對其妻一直忠誠。他們一起共有九個孩子。當然，他們最偉大的作品是其長子——約翰·斯圖亞特·穆勒。約翰·斯圖亞特·穆勒生於1806年5月20日。出於對詹姆斯早年的贊助者約翰·斯圖亞特爵士的敬意，詹姆斯以約翰·斯圖亞特命名了自己的長子。

　　當約翰·斯圖亞特·穆勒出生時，詹姆斯已是兩個雜誌的編輯並兼任其中之一的經理，但他還是感到不夠保險和滿意。他想在學術上有所建樹，以便從長遠上生活更穩定、事業上更有作為。於是，他開始寫《印度史》一書。他花了十二年的時間完成這部著作。此書於1818年發表並獲廣大迴響。此書的發表也為他謀到東印度公司的位置造起了關鍵的作用。自1819年起他開始在東印度公司的倫敦辦公室任職，從此再無需再為生計而擔憂。他從印度通訊總審

查員的助理作起,在四年之內就提升為他所在部門的第二把交椅,然後在1830年成為新的印度通訊總審查員———一個地位和薪水都很高的位置。 [3] 在東印度公司的工作並沒有中斷他的寫作和對社會、政治問題的參與。正相反,一個穩定的工作使他能更自由地去從事學術和當時的改革運動。繼《印度史》後,除大量發表在雜誌上的文章外,他還發表了《政治經濟學原理》(1821)和《人的精神現象分析》(1829)兩本很有影響的著作。

詹姆斯·穆勒畫像

(Photo: akg-images, London)

雖然詹姆斯是他那個時代的一個激進的自由派和改革者,但在

三十五歲之前他從未對當時的英國社會與政治公開發表批評意見。也許，三十五歲之前的他無暇也無力評論時政。三十五歲之後的他大為不同，一方面是因為他不需再終日為生計而奔波，另一方面也是因為他結識了近代功利主義之父傑瑞米·邊沁（1748—1832）。當詹姆斯遇到邊沁時，邊沁已六十多歲，而且頗有影響。但倆人志同道合，很快成為忘年之交。詹姆斯完全接受了邊沁的功利主義哲學並終生為倡導和實行之而做出了卓越的努力。功利主義哲學的最高原則是「最大多數人的最大幸福」。根據這個原則，道德上的正確與否要以是否增加最大多數人的最大幸福為標準。應用到社會領域，社會政治、經濟制度和政策的優劣和對錯要以其是否給公眾帶來最大利益來判斷。功利主義者所說的功利不是一己的功利而是最大多數人的最大幸福。邊沁的功利主義哲學為詹姆斯的行動提供了理論武器和方向，而詹姆斯的社會經驗和知識也幫助邊沁對許多社會問題的本質有了進一步的認識。從他們相識開始，他們二人一直一起在功利主義的旗幟下為英國的立法改革、公眾利益而奮鬥。邊沁終生未婚，沒有子女。為了讓功利主義的事業後繼有人，二人決定全力培養詹姆斯的長子約翰·斯圖亞特·穆勒。小穆勒也確實沒有辜負父輩的期望。他後來成為比邊沁更傑出的功利主義思想家，可以說是青出於藍而勝於藍的範例。

註釋：

[1]Michael St.John Packe（邁克爾·聖·約翰·派克），The Life of John Stuart Mill (New York: The Macmillan Company,1954)，第8—9頁，也見 Alexander Bain（亞歷山大·貝恩），James Mill.a Biography (London: Longmans Green & Co., 1882)，第110頁。

[2]為簡潔起見，以下均以「詹姆斯」指「詹姆斯·穆勒」。

[3]見Packe，36頁。

第二章　童年和少年時代
一、異乎尋常的教育

談起約翰‧斯圖亞特‧穆勒的童年和少年時代，就不能不談起其父給予他的不同尋常的教育。詹姆斯‧穆勒從自己的奮鬥過程中深知教育對一個人的成長和命運至關重要。這也許是他接受英國經驗主義和法國教育決定論的內在原因。他完全同意英國哲學家約翰‧洛克（John Locke 1632—1704）的「白板說」，認為人出生時腦子裡一片空白，沒有任何知識。人的所有知識都是從後天的經驗中獲得的。　[1]　他很贊成法國哲學家愛爾維修（Claude Adrien Helvtius 1715—1771）對教育的作用的強調，堅信人的才能和品格都是由教育所決定的。　[2]　也就是說，人與人之間的不同不是天生的，而是後天的環境所造成的。人正是在所處的環境中被教育的，所以教育決定論實際上也就是環境決定論。一個社會的政體和習俗是教育人的大環境，對人的道德和智力發展舉足輕重。一個壞政體和一個腐敗的社會必然產生大量壞人以及愚昧的國民；相反，在一個好政體之下，在一個道德風氣良好的社會裡，其人民自然會比較正直並在智力上得到健康的發展。可見，詹姆斯之積極推動英國的立法改革，不僅是因為立法直接影響公眾的利益，也是因為立法直接影響政體和社會風氣，因而直接影響公眾的教育和素質。一個人的道德和成功取決於其教育，而一個社會的公正和繁榮則取決於其百姓的教育水平。但公眾能否受到良好的教育取決於他們是否生活在一個好的政體下、一個道德的社會中。正因如此，詹姆斯一生不僅重視教育自己的子女，而且為改良英國社會、提高英國公眾的教育水平而竭盡全力。

除了以上提到的信念，詹姆斯還認為早期教育對一個人的發展最為關鍵。由於幼兒的頭腦中幾乎全是空白，所以可塑性最大，接

受力最強。而到了成年，尤其是到了老年，由於頭腦中的東西已很多，一個人也就不易改變了。 [3] 這就解釋了為何其子小穆勒很小就開始受高強度的教育。但與許多當今中國兒童不同的是，小穆勒的早期教育與升學無關，而且父親是他唯一的文化課老師。詹姆斯和邊沁都認為送小穆勒到學校上課不如讓他在家學習對他更好，尤其是父親有能力做他最好的老師。實際上，除了在法國暫住時聽過大學的一點課外，小穆勒一生從未到學校受正規教育。

穆勒故居（本書作者拍攝）

[當時的威斯敏斯特區女王廣場1號（No.1 Queen Square），現為安妮女王之門40號（40 Queen Anne's Gate）；穆勒從八歲到二十四歲（1814—1830）都在此處居住]

在三歲到八歲期間，小穆勒主要是學習希臘語和算術。八歲之前他已讀了許多希臘名作，包括柏拉圖的六篇對話。在八歲那年，他開始學拉丁語。在其後的幾年裡，他讀了大量希臘和拉丁文的文學及戲劇作品，並讀了亞里士多德的《音韻學》一書。在這期間，他對歷史，特別是古代史，產生了濃厚的興趣。在他十一歲時，在幫助父親校對《印度史》一書校樣的過程中他也學到了許多關於印度的知識。當時的情形是，他大聲地給父親唸書的原稿，而父親則在校樣上做出校正。十二歲時，他系統地學習了邏輯學，為他日後寫論文打下了基礎。同時，他讀了柏拉圖最重要的幾篇對話，包括《理想國》、《高爾吉亞》和《普羅達哥拉斯》，懂得了蘇格拉底的辯證法。在八歲到十二歲的這幾年裡，他也學習了大量數學。他從初等幾何和代數學起，一直到學完三角學、錐形曲線和微分學。在這方面，他基本上是自學，因為其父的數學水平不足以指導他。十三歲那年，他學習了政治經濟學。到此為止，父親一直是他唯一的老師。此後，應邊沁之弟一家的邀請，他在十四歲時到法國生活了一年。他的法語和法國文學、化學、動物學和更高等的數學是在法國完成的。回到英國後，其父感到無需再給小穆勒授課。所以，他的「學生時代」從此也就基本結束了。不過，在這之後的幾年，父親仍給予他許多指導，並讓他跟自己的朋友學習羅馬法。

另外，值得一提的是小穆勒除自己的學習外，自八歲開始就承擔起一部分教弟弟妹妹的任務。他有五個妹妹和三個弟弟。當然，一開始時，他只教兩個與他年齡接近的妹妹。後來，隨著更多的弟弟和妹妹到了受教育的年齡，他的教學負擔也越來越重。詹姆斯也教小穆勒的弟弟和妹妹，但他花了更多的時間教小穆勒，然後讓小穆勒教家裡其他的孩子。雖然教弟弟妹妹並不是小穆勒自願的選擇，但他卻也受益匪淺。教學對他鞏固所學的知識、提高表達能力以及培養組織能力都大有好處。

小穆勒日後的成功，很大程度上歸功於他的早期教育。他自己在談到這一點時曾說：「我能做到的是任何一個有著普通智力和體力的孩子也能做到的。如果說我有任何成就的話，那是由於我所有的幸運條件，尤其是我父親給予我的早期訓練。公正地說，我的早期訓練使我有著比我的同代人早開始二十五年的優勢。」[4] 這些話雖然表現了他的謙虛，但也說明了早期教育的重要性。當然，有效的教育不僅要儘早開始，而且必須方法得當。在這方面，小穆勒的父親也是很成功的。

　　雖然小穆勒的早期教育強度極大，但學習對他來說從未是一件枯燥痛苦的事情。他喜歡學習，以讀書為樂。所以，他的童年和少年時代雖沒有其他孩子所有的那些娛樂，但仍是幸福的。他之好學與其父的教育有方是分不開的。詹姆斯深知，要讓孩子學有所成，必須對孩子嚴格訓練，而不能一味遷就孩子一時的好惡。但他也很清楚，若要孩子學習好，就必須設法讓孩子愛學習；而要讓孩子愛學習，則必須讓孩子在學習中得到快樂。他相信每個人都是為趨樂避苦所驅使的。但不同的人以不同的東西為樂。例如，一個好學的人以學習為樂；一個道德高尚的人以他人的幸福為樂。一個好的教育者善於將被教育者培養成以學習為樂、以幫助他人為樂的人。為了培養小穆勒的學習興趣，詹姆斯很注意用啟發式的教學。據穆勒[5] 回憶，父親很少要他死背硬記，而是儘量引導他多體會、多思考。其父認為，如果太多地死背硬記，知識的大量積累不但無益，反倒妨礙創造力的發展。為了培養他的口才，父親常讓他大聲朗讀閱讀材料，並指出他的問題所在。父親對他的授課也並不都是在室內進行的。他們父子二人常常在每天一起散步時交流思想。散步期間，常常是小穆勒先報告前一天所讀的內容，接著父親就他所讀向他提問，然後小穆勒作出回答。在他開始學政治經濟學時，父親在每天散步時給他上一堂原理課，並要求他回家後將前一天所聽的內

容書面寫出。他的書面報告必須清楚、準確。否則，他必須不斷修改直到符合標準為止。正是經過了這樣的訓練之後，小穆勒才開始讀大部頭的政治經濟學著作。在他的讀書過程中，其父往往讓他自己先講解所讀的材料，並不斷啟發他得到進一步的理解。直到他已盡了全力無法再向前進展時，父親才給他講解。不難想像，這樣學來的東西是不會輕易忘掉的。在整個的學習過程中，其父一直注意培養他的推理能力。在評價父親的教學方法時，穆勒說：這樣的教學方法是產生思想家的方法。但只有當老師本身也是思想家並與學生有著非常親密的關係時，這樣的方法才會達到其目的。 [6] 由於這些條件都具備，所以，父親的確將兒子培養成了一個傑出的思想家。

詹姆斯對小穆勒的教育不僅是學業上的，也是道德上的。他和邊沁都期望小穆勒成為一個為最大多數人的最大幸福而奮鬥的功利主義者。所以，他不僅用心培養小穆勒的學習樂趣，而且身體力行地教他以公眾的幸福為自己的幸福。作為一個功利主義者，詹姆斯認為快樂是人人追求的目的，是人生的幸福所在。正因如此，快樂是人類理所當然應有的東西。道德的目的無非是增加人類的快樂、幸福。所以，最好的社會是一個最大限度地增進最大多數人的最大快樂或幸福的社會；最道德的人是一個為最大多數人的最大快樂或幸福而奮鬥的人。一個人是否道德高尚不在於他是否求快樂，而在於他以何為樂。一個道德高尚的人也求快樂，但他的最大快樂是增進最大多數人的最大幸福。為何有人以增進最大多數人的最大幸福為樂，而有人卻只以一己的私利為樂、甚至以傷害他人為樂呢？這完全是不同環境下不同教育的結果。一個孩子如果在一個爾虞我詐的環境中長大，一直被損人利己的人所包圍，他就必然認為人與人之間不存在真情，個人的快樂必須建立在他人的痛苦之上。所以，他就不可能以他人的快樂為快樂，而只能以一己的快樂為快樂、甚至以他人的痛苦為快樂。與之相反，一個孩子若一直生活在一個人

們互助、互敬的氣氛之中，從小就被教導著從他人的幸福中感到自身的幸福，他就會成為一個以增進最大多數人的最大幸福為自己的最大快樂的人。正所謂近墨者黑，近朱者赤。詹姆斯成功地給小穆勒提供一個良好的道德環境。小穆勒所接觸的人基本上都是與其父一樣為公眾利益而奮鬥的優秀人物，他所讀所聽的也都有助於他接受功利主義的道德觀。所以，長大後他也成了一個一生以增進最大多數人的最大幸福為生活目標的功利主義者。

小穆勒一生對他的父親非常敬仰。這不僅由於其父對他智力發展方面的關鍵作用，而且也由於其父為他所樹立的道德榜樣。在他的《自傳》中，他強調了其父的道德信念和對世俗宗教的道德批判對他早期道德發展和人格形成的巨大影響。雖然詹姆斯是學神學出身，但當他遇到邊沁之後便逐漸放棄了對基督教的信仰。大約是在1816年，也就是小穆勒十歲那年，他成了一位不可知論者。[7] 所以，在小穆勒開始瞭解宗教問題時，父親已是一個不信教的功利主義者。據穆勒的敘述，在萬物起源問題上，其父不認為人類可以知道答案。但從邏輯上，他認為現存的充滿罪惡的世界不可能是一個全知、全能、全善的造物主的作品。他認為基督教的上帝說不僅是不合理性的，而且更是道德上的惡。他對基督教的批判著重在道德方面。他認為基督教的上帝說是道德的最大敵人。因為它透過給人類樹立虛假的道德榜樣而腐化人類的道德標準，使人類背離真正的美德。在詹姆斯看來，基督教用盡了最美好的語言來讚美的上帝，不僅不是完美德性的體現，反而是十足邪惡的化身。例如，基督教的上帝在創造人類時已對人類的一切有著準確無誤的預見，但他卻為人類準備了地獄以便讓他們遭受可怕而永久的折磨。所以，他有意地讓人類受苦受難，並無大慈大悲。當然，詹姆斯清楚地看到現實中的基督徒並不是惡人，儘管基督教內在地含有真正的惡。原因在於，一般基督徒不善於思考，而且以恐懼、希望和愛等情感壓制理性，所以他們也就看不到基督教教義的內在矛盾。他們認識不到

他們真誠崇拜的對象實際上是他們心中理想的善，而不是基督教的上帝。正是因為他們沒有看出基督教的上帝所代表的惡，他們才未在道德上墮落。雖然基督徒們的重感情、輕理性以及思想上的矛盾與混亂使他們免於崇拜惡的上帝，但他們的不講理性本身就是對人的價值的貶低、對人類尊嚴的褻瀆。基於對基督教的這些道德批判，詹姆斯不可能希望小穆勒成為一個基督教徒。他必是努力讓自己的兒子懂得一個道德真正高尚的人透過理性而信仰完全的善而不是一個神。如果有信仰就是有宗教的話，信仰這樣的善才是人應有的宗教。

　　在父親的影響下，小穆勒從未真正信過基督教。當然，在他的少年時代他也很少向外人公開他的不信教。父親告誡他說，他們對基督教的態度是很難讓他人接受的，所以最好不要與外人討論之。小穆勒記得在少年時期他只曾把自己對基督教的看法告訴過兩個比他大的男孩。即便在家中，其父也沒有干涉信教的家庭成員。據小穆勒的一個妹妹回憶，她的外祖母和母親都是常去教堂的基督徒，她們常領著孩子們做祈禱。詹姆斯對她們的做法聽之任之，一方面可能出於對她們的尊重，而另一方面也許是認為很難讓其妻和岳母懂得他不信教的道理。

　　詹姆斯讓小穆勒在道德上終生受益的另一方面是他關於力戒驕傲的教導。穆勒在他的《自傳》中特別提到，父親曾對他說，如果發現他比自己的同齡人有更多的知識，那不是由於他比別人更優秀，而是因為他比別人更幸運，即他有比別人更好的學習環境，尤其是他的父親能夠而且也肯花很多時間和精力來教他。父親教導他不要同別人比知識，而應以一個人所能達到的最高水平來要求自己。他一生始終認為父親說得對，一直遵循其父的教導。所以，他從不認為自己了不起，而是常感所知太少。當他看到許多自己的同齡人不及自己有知識時，他並不感到自己已有足夠的知識，而只認為有人比他更無知。由於不因自己比其他人知道得多而沾沾自喜，

他從來都未停止過提高自己的努力。

為了防止小穆勒驕傲、讓他少受同齡孩子的消極影響，詹姆斯儘量減少兒子與其他孩子交往的機會。所以，除了自己的弟弟妹妹，小穆勒所接觸的幾乎都是其父的朋友。這種做法雖有可取之處，但其副作用也是明顯的。穆勒回憶說，由於他的教育一直是靜觀的、離群的，所以他沒有多少其同齡的男孩所具有的運動技巧，而且生活能力也頗差，不善於處理生活中的具體問題。後來他曾很感慨地寫道：能幹的父母往往沒有能幹的孩子，因為他們給孩子包辦得太多。其父是個很全面、很能幹的人，所以他忽視了培養小穆勒的生活能力，想當然地認為其子自然會有他自己具有的那些能力。用穆勒自己的話說，在這方面父親是在相信沒有原因的結果。[8]

也許正是由於對日常生活的缺少瞭解，穆勒一直不曾深刻體會其母的艱辛和她對家庭的巨大貢獻。她一個人在家照顧九個孩子，並且還要支持一心一意幹事業的丈夫，實在非常不容易。能把一個如此龐大的家庭料理好，已是了不起的成就了。她不是一個智力卓越的人，也不是一個在性格上具強勢的人。在所處的條件下，她沒有時間和機會來加強修養、提高自己。這自然使得長大後的穆勒與母親之間的精神溝通有困難。其父對其母的不屑一顧可能也加強了穆勒對其母的消極印象。 [9] 在這方面，倒是他的妹妹們比較公正。在談到母親及父母的關係時，穆勒的三妹哈麗特這樣寫道：「夫妻二人同住一個屋簷下但彼此內心卻像南北極一樣相距遙遠，父親和母親就是這樣的例子。但這無疑不是可憐的母親的過錯。她要照顧一個不斷增大的家庭，而且有許多年（即婚後的頭些年）是在經濟拮据的情況下維持家用。她怎麼可能不成為一個埋頭家務的家庭婦女？她怎麼可能在精神上成為父親那樣一個有頭腦的人的伴侶？」 [10] 雖然穆勒對母親不太看重，但據說他年幼和年輕時都

同母親感情很好，而且直到四十五歲結婚前也沒有同母親有任何衝突。 [11] 從他後期的著作《婦女的屈從》看，穆勒是部分地瞭解像母親這樣的家庭主婦之苦的。他自早年就開始為男女平等呼籲，也許同他對母親的處境之瞭解和同情有一定關係。不過，穆勒沒有在任何公開場合和他的著作中表示對母親的尊重與感激。穆勒在他的《自傳》中隻字未提其母，好像她不曾存在一樣。在其《自傳》的草稿中曾有一段對母親的評價，但卻非常消極。 [12] 但在《自傳》定稿時，他刪掉了那一段。據說是他的妻子建議他這麼做的。 [13] 刪掉對母親的那些批評當然比不刪掉好，但他對母親的態度仍讓人失望。

二、邊沁的影響

　　談到穆勒的童年和少年時代的教育，邊沁的作用也是不應忽視的。除了在哲學上對小穆勒的影響外，他還做了許多對小穆勒的成長有益的具體事情。首先，邊沁給了穆勒一家許多經濟資助。在詹姆斯專注於《印度史》的寫作期間，其家境頗為貧困。為了集中精力寫書，詹姆斯·穆勒不再做雜誌以及報紙的編輯，只靠寫文章賺到的稿費養家。加之這期間家中又添人口，有更多的孩子出生，所以經濟上就更加困難。恰好正是在這個時期，邊沁頗為富裕。在小穆勒八歲那年，邊沁讓穆勒一家搬到離他住處很近的一套房子，並為他們付一半房租。另外，他為提高小穆勒的修養、陶冶其性情也做了許多努力。為了讓小穆勒有一個更好的環境，他常常讓小穆勒和其父到他的夏季別墅與他一起度夏。他也曾與穆勒父子一起遊歷了英國的許多地方。自1814年到1818年，邊沁租下了已成為民居的福特大寺院（Ford Abbey），並每年在那住半年多（七月至一或二月）。據說直到十六世紀都有僧侶住在福特大寺院。他們的離開是由於1539年亨利八世強行解散寺院所致。 [14] 在邊沁住福特大寺院期間，穆勒一家是常客，有時他們在此處住六個月以上。福特大寺院是一座優美而壯觀的中世紀建築，在風格上結合諾曼底式的設計與哥特式和都鐸式的做工， [15] 是一個難得的藝術精品。再加上為人工湖和大片綠地與樹林所環繞，更是讓人心曠神怡。生活在這樣不同尋常的環境中，對十歲左右的小穆勒無疑是非常有益的。後來他在《自傳》中這樣寫道：「我想在那裡的生活對我的教育是十分重要的。沒有什麼比居所之寬敞和自由更能幫助人們情感的昇華。與英國中產階級的低劣而狹窄的住房極為不同，這中世紀建築、這古老地方豪華的大廳和高大的房間讓人產生對更宏大、更自由的存在的情感。這一切對我來說都是一種對詩情的滋養，況且

福特大寺院外邊那讓人愉快而平靜的景色、那片片綠蔭、那聲聲流水更給人增添美好情感。」[16]

邊沁Jeremy Bentham（倫敦國家肖像美術館National Portrait Gallery，London）

福特大寺院Forde Abbey

福特大寺院的池塘和花園

福特大寺院Forde Abbey

（以上三張照片均為菲利浦斯·高費爾德教授 [Philip Schofield] 拍攝並經他許可在此發表）

三、法國之行

　　另外，對小穆勒的成長很有意義的法國之行也是透過邊沁的關係才得以安排。小穆勒十四歲那年，其父感到小穆勒已從他這裡學了他所能教給他的書本知識，現在是讓他出去見識外面的世界、學會與不同類型的人打交道的時候了。這時邊沁之弟塞繆爾·邊沁爵士（Sir Samuel Bentham 1757—1831）一家正僑居法國。所以，他決定讓兒子到塞繆爾家住一段時間。除了體驗生活，在法國小穆勒也可以學到在英國無法學到的東西。對於英國的自由主義和功利主義者來說，法國有許多可以學習和借鑑的東西。所以，瞭解法國對小穆勒日後的發展會很有幫助。小穆勒於1820年5月15日自倫敦出發，經三天的旅行後到達巴黎。他父親的愛爾蘭朋友安瑟先生（Ensor）與他同行。由於其父的關係，一位著名法國經濟學家巴普提斯特·塞（M. Jean Baptiste Say）接待了他並帶他遊覽了巴黎。

　　九天後他隻身一人啟程前往塞繆爾·邊沁一家所在的法國南部。他決定乘一單馬雙輪輕便車到那邊去。這是他有生以來第一次獨自面對世界。在四天的旅途中，他與許多粗俗的普通人為伴，初次領教了不文雅之舉。

　　塞繆爾一家當時住在離蒙特派勒市不遠的一棟別墅裡。他們的別墅在一個高坡上。從那往下望去，風景十分優美。塞繆爾夫婦這時有四個孩子，一男三女。塞繆爾·邊沁雖與其兄傑瑞米·邊沁關係很好且也是個極為傑出的人物，但他的性格和經歷則與之完全不問。他是個出色的機械工程師和發明家。他最著名的發明是望遠顯微兩用鏡。他也為海軍艦船建設做過很多貢獻。他年輕時為俄國海軍工作過很多年。一開始，他只是個造船工。但他在機械和發明方

面的才華很快使他成了一名海軍工程師。在他任工程師期間，在一次擊敗土耳其艦隊的戰鬥中，他由於偶然而緊急的情況而成為指揮者，對贏得勝利發揮了關鍵作用。為此，俄國凱薩琳女皇親自授予他一把帶金柄的寶劍和準將軍銜。他後來成了那裡海軍工廠的總負責人。望遠顯微兩用鏡就是那時他為了方便地監管所負責的地區而發明的。他於1791年回到英國，並在1796年被任命為英國海軍施工檢查將軍。在1814年英國海軍施工檢查將軍位置撤銷後，他一家僑居法國，直到1826年。 [17] 與終身未有一次成功求婚的哥哥不同，塞繆爾很招女性喜歡。據說他曾與一位俄國女伯爵定親，但不知為何他們終未成婚。塞繆爾的妻子瑪麗·索菲亞是一位蘇格蘭醫生兼科學家的女兒。她是個非常聰明能幹的人。她從很小時就開始給父親在寫作中當幫手，後來則為邊沁兄弟做同樣的事情。若不是那個時代不允許女人幹事業，她或許會是個很有成就的人。有了孩子後，孩子的教育全由她負責。小穆勒在法國的學習日程也是由她安排的。她和塞繆爾的兒子喬治那時二十歲。喬治後來成了一位出色的植物學家。正是由於他的影響，穆勒一生都喜歡植物學。與這樣的一家人在一起，對小穆勒的好處是顯而易見的。

　　塞繆爾一家在小穆勒來法國之前已跟他很熟。塞繆爾很喜歡小穆勒，但認為他有點書呆子氣。小穆勒到達時，塞繆爾一家正在準備搬家的過程中。也許他們有意安排在小穆勒來時這樣做，以便強迫小穆勒做些讀書以外的活動。在法國最初的那些日子裡，除了法語書，小穆勒沒有其他東西可讀。沒有書讀的他顯得不知所措，以至於塞繆爾的一個女兒覺得他可憐而給了他一本有關幾何的書看。搬家之後，塞繆爾一家也沒有讓小穆勒回到埋頭讀書的生活。他們使他不得不參加室外活動，例如早餐前的游泳，他們也帶他去晚間的娛樂節目，看雜技即是其中之一。另外，他們為他請來數位私人教師，分別教他法語、音樂和鋼琴。他們也讓他學習了劍術、騎馬和交際舞。小穆勒雖不喜歡這些紳士之事，而且做得很笨拙，塞繆

爾一家卻使他堅持做下去。此外，他們還和他一起練習拳擊，參加聚會，到郊外野餐等等。 [18] 漸漸地，小穆勒開始適應了走出書齋的生活。在八月份，塞繆爾一家帶著小穆勒一起出遊庇里牛斯山脈。這次出遊不僅使他領略了自然的壯觀，而且也使他瞭解到許多習俗、看到了山區居民的勇敢和勤勞。到了九月份，塞繆爾一家遷入了剛在蒙特派勒買下的新居。這時，女主人寫信給詹姆斯，建議讓小穆勒在法國多住六個月。她認為他們對小穆勒的訓練正處在關鍵階段，況且小穆勒也可到當地的大學聽些課。於是，小穆勒在法國一直住到下年七月。這一年的法國生活對他的全面發展意義重大，為他走入社會做了必要的準備。這一年的法國生活使他第一次體驗了他以前不曾知道的生活的不同方面，也使他第一次對占人口大多數的普通人的需要、情感和道德有所瞭解。此外，從文化上講，這次法國之行對他日後認識英國人與法國人的不同，注意克服英國人看問題的侷限性也都是很有幫助的。正是這段法國生活使小穆勒對法國自由主義產生了強烈而又終生未減的興趣。對法國自由主義的這種熱情當時在英國人中並不多見。總之，他很幸運有塞繆爾一家給他提供這次旅法的機會、對他進行那些必要而適宜的訓導。一年的旅居法國是他生活中的重要一頁。

　　回到英國後的頭兩年可以說是他少年時代所受教育的最後階段。在這期間，父親不再幫他上課，但仍指導和安排他的學習。除了繼續他自己的學習外，他重新承擔起教導弟弟妹妹的工作。在他回國後的頭一個冬天，他開始跟父親的朋友約翰·奧斯丁學習羅馬法。奧斯丁（John Austin 1790—1859）是一個邊沁的追隨者、一個功利主義法學家。他和妻子薩拉·奧斯丁（Sarah Austin）對小穆勒的思想有很大影響。 [19] 與此同時，詹姆斯讓小穆勒開始讀邊沁最重要的著作《道德和立法原則導論》以及一個反映了歐洲大陸對邊沁思想的理解的法文譯本。這個譯本在某些方面對邊沁思想的解釋比邊沁原著更清楚。雖然邊沁的「最大幸福原則」是小穆

勒早已熟悉的，而且他一直被教導著按此去行動，但當他讀到邊沁的原著時仍感到耳目一新，並第一次發現邊沁對舊的、教條的思維方式的批判是多麼有力。他感到邊沁的立法理論和道德哲學給人們指出了什麼是應採用的思維方式、什麼是應有的社會制度、如何去達到這些應有以及現實離這些理想相差有多遠。研究邊沁的思想使他精神上產生了一個質變。用他自己的話說，當他讀完邊沁的書時，他已變成了一個新人。因為從此以後他有了他自己的信仰和生活目標。他這樣寫道：「現在我有了自己的想法，有了一個信條，一個學說，一個哲學，一個在最好的意義上的宗教。對它的灌輸和傳播能成為人生的主要目的。所以，現在一個崇高的思想出現在我面前，那就是透過這個學說去改善人類的條件。」[20] 在這之前，雖然他的父親一直給他灌輸功利主義思想，但他對功利主義並無自己的見解。但從這一刻開始，他自覺地選擇了功利主義，決心為增進最大多數人的最大幸福而奮鬥終生。他思想上的這種飛躍當然不是偶然的。他有著一般人所無法有的優越條件去瞭解功利主義。除了父親的長期教導外，他有機會和功利主義的大師邊沁直接對話，而且接觸過許多他那個時代最出色的功利主義者。約翰·穆勒之信奉功利主義自是水到渠成、順理成章的事情。

　　在這同一期間，穆勒也閱讀了一本法國大革命史和數本心理學著作。另外，他還學習了英國經驗主義哲學，瞭解了貝克萊、休謨、特別是洛克的思想。到十六歲時，他已有了很好的學術功底。所以，從那時起，他開始了自己的寫作。在談到這個轉變時，他說：「從此開始，我的思想修養更多的是透過寫作而不是透過讀書而進行的。」[21] 他寫的第一篇政論文旨在批駁「富人比窮人有道德、或容易比窮人有道德」的偏見。此文沒有送去投稿。他所發表的第一批作品是兩封登在《旅遊者》（Traveller）報上的信。這兩封信發表時，他才十六歲。到了十七歲時，他發表了許多作品，包括一篇被一雜誌用作社論的文章。不過，也正是在他十七歲那

年，他開始到他父親工作的東印度公司上班。他的青年時代也就從此開始了。

註釋：

[1]關於「白板說」，見洛克的《人類理解論》，第二卷，第一章，第二節。英譯本參見Locke John, An Essay Concerning Human Understanding, ed.Peter H.Nidditch, Oxford: Oxford University Press 1975, 104；中譯本參見洛克的《人類理解論》（上冊），關文運譯，北京：商務印書館，1981，第68頁。關於詹姆斯對洛克觀點的認同，參見Packe，14—15頁。

[2]見Bertrand Russell（羅素），A History of Western Philosophy (New York: Simon & Schuster, 1945)，776頁。也見Packe，16頁。

[3]見Michael St.John Packe（邁克爾·聖·約翰·派克），The Life of John Stuart Mill (New York: The Macmillan Company,1954)，第15頁。

[4]John Stuart Mill（約翰·斯圖亞特·穆勒），Autobiography（《自傳》），ed.John M.Robson（約翰·魯伯森），London, Penguin Books, 1989，第44頁。

[5]為簡潔起見，以下均以「穆勒」或「小穆勒」指「約翰·斯圖亞特·穆勒」。

[6]Mill, Autobiography，第43頁。

[7]此史料見派克（Packe），第25頁。派克認為穆勒抱怨其

父的不信教導致他也不信教。但本作者完全不同意這種看法。從穆勒的《自傳》看，他清楚地認為其父對宗教的道德批判對他的道德成長是非常有益的。而且，穆勒一生不信教，從未因此而反悔。

[8]見Mill，Autobiography，第48頁

[9]關於詹姆斯·穆勒對妻子的態度，參見Packe書，第32—33頁；關於同一問題及穆勒所受到的影響，見Bruce Mazlish, James and John Stuart Mill: Father and Son in the Nineteenth Century (New York: Basic Books, Inc.Publishers, 1975)，第153—55頁。

[10]見哈麗特·穆勒1873年10月26日致克瑞姆浦頓神父的信。轉引自Packe書，Packe書，第32—33頁。

[11]參見Nicholas Capaldi（尼古拉斯·凱帕羅蒂），John Stuart Mill: A Biography (Cambridge: Cambridge University Press，2004)，368頁，注12；Mazlish，第156頁。關於穆勒對他母親的態度和評價，也可參見Packe，第32—34頁以及Capaldi，5-6頁。派克和凱帕羅蒂都認為穆勒在年輕時對母親是有感情的，但後來由於其父對其母的不尊重，尤其是其母沒有像穆勒期待的那樣去對待他的妻子（在他宣布結婚時），他不再像以前那樣尊敬和熱愛自己的母親。

[12]那段文字保留在穆勒的草稿中，後來被發表在《穆勒文集》第一卷中。見Collected Works of John Stuart Mill, vol.l, eds. John M.Robson and Jack Stillinger (Toronto and London: The University of Toronto Press and Routledge and Kegan Paul, 1981)，第612頁。

[13]參見Capaldi，第5頁。

[14]參見「Forde Abbey」，http://www.touruk.co.uk/houses/housesomer_forde.htm (accessed August 20, 2012)。

[15]參見Packe，第26頁。

[16]Mill, Autobiography，第60頁。

[17]關於塞繆爾的史料，見Pakes，第42頁，以及Catherine Pease-Watkin（凱思琳·皮斯-沃特肯），"Jeremy and Samuel Bentham-The Private and the Public"，Journal of Bentham Studies 5，2002，第2—8頁。

[18]見Packe，44—45頁。

[19]據說由於後來產生的分歧，穆勒才在其《自傳》中隻字未提薩拉的影響。見Mill, Autobiography，第66頁上約翰·魯伯森（John Robson）所加的注2。

[20]Mill, Autography，68—69頁。

[21]Mill, Autography，68—69頁。第71頁。

第三章　青年時代（上）

一、就職東印度公司

　　剛一過十七歲生日，穆勒就開始到東印度公司上班了。從那時開始直到東印度公司撤銷，穆勒在那工作了三十五年。這其中的十三年，他是在父親手下做事。像他父親一樣，他最終也成為總審查員，即所在部門的最高首長。

　　到東印度公司工作，一開始只是其父詹姆斯為小穆勒所做的決定。詹姆斯的決定主要基於兩方面的考慮。第一，在東印度公司任職將會為小穆勒提供一份穩定的收入。這將使其免於為生計而掙扎之苦。詹姆斯從自己早年的經歷中深知生活有保障之重要。第二，到東印度公司工作可以使小穆勒有時間繼續學習和寫作。由於工時短且工時內的工作量又不大，小穆勒將會有足夠的時間和精力做他想做的事情。在這兩方面，小穆勒在東印度公司工作的確非常盡人意。首先，工資比多數其他工作高而穩定。小穆勒在東印度公司工作的頭三年並沒有工資，只有每年三十英鎊的酬謝金。但那之後的幾年他有一百英鎊以上的年收入，後來年薪則大幅度增長。到他退休的前一年，他的年薪已高達兩千英鎊。[1] 就他那個時代而言，他是相當富有的。他大概屬於英國當時收入最高的百分之十的人口。[2] 再者，他在那裡的工作頗為輕鬆。在他上班的頭幾年，雖然他的上班時間是早十點至下午四點，但實際上他一般在下午一點或兩點即可完成當天的工作。所以他幾乎在每天上班時間內都有幾小時的空閒。可見他的學習和寫作並不會因他這份工作而大受影響。那時他的職責是撰寫發給印度行政長官們的、與政治有關的公文。當然，隨著他的晉升，他的責任也在加重。自1813年以來，東印度公司已失去了與印度的貿易壟斷權。所以它已越來越多地轉向對印度的行政管理。到了1833年，其主要職能已是對印度的行

政管理。穆勒在東印度公司的工作經歷無疑對他瞭解政治運作、行政事務極為有益。這在一定程度上說明了為何穆勒的著作顯示出對現實政治的熟知，因而清楚地區別於學院中純學者的想像。

在去東印度公司工作之前，小穆勒完全可以進劍橋大學當學生。一來，當時有劍橋大學的教授催促詹姆斯將小穆勒送進劍橋大學，所以錄取不成問題；二來，詹姆斯有足夠的財力供小穆勒到劍橋讀書，況且小穆勒的教父約翰·斯圖亞特爵士還留下五百英鎊作為小穆勒上劍橋的費用。[3] 但詹姆斯認為小穆勒的知識水平已超過了劍橋畢業生，因而他無需進劍橋深造。另外，英國大學當時仍在英國國教控制之下，對學生的宗教灌輸相當嚴重。這也許是詹姆斯不願將兒子送進劍橋的另一原因。[4] 正是在這種情況下，詹姆斯放棄了讓穆勒進劍橋的機會，而給他安排了在東印度公司的工作。

對於其父為他作的職業選擇，小穆勒當時可能並無明確的看法。他當時畢竟才十七歲。但後來他感到，在東印度公司工作的確非常理想。除了幫助他認識真實的社會組織和政治以外，他認為一個如此輕鬆而又收入穩定豐厚的工作為他的研究和寫作提供了難得的優越條件。一方面，輕鬆的工作保障他有時間和精力在下班後或上班前做他想做的研究和寫作。他甚至把在公司的辦公看做一種腦力上的休息。比起他在辦公室之外的高強度的思考與寫作，處理公務實在是非常好的放鬆。另一方面，穩定豐厚的收入使他能專注於他想做的研究和寫作，而無須像專業作家和學者那樣時常為了收入和晉升而發表作品。穆勒清楚地知道，好作品通常需要時間和發自內心的感受。所以，一個以寫作為生的人往往無法寫出好作品。因為這樣的人迫於生活壓力，常常難以專注於他／她有所感的題目，而不得不寫許多不想寫的東西。想一下現今中外大學裡「不發表則滅亡」的情形，就可完全理解為何無價值的作品層出不窮。雖然在

穆勒的時代，職業文人學者遠比今天少得多（那時大學還不多，因而還沒有大批教授），許多出色的學者與文人都有學術與寫作以外的經濟來源，但穆勒還是觀察到了越是以文章為生則越難產生好文章的悖論。對穆勒來說，由於他不是專業學者，他既不需要為生計而寫作，也不必在意學術界的承認。所以，他的作品都是他發自內心想寫的、也都是他經過認真思考而作的。由於他所最關心的是增進大多數人的幸福，因此，他的多數作品都與政治、道德、經濟與歷史有關，旨在抨擊時弊，改良社會。正是由於他的著作深刻地觸及了人類社會的許多重大問題，他的思想不僅影響了他的時代、他的國度，而且跨越時空而成為全人類的寶貴財富。他這個不曾想當專業作者的人，成了世界上最有讀者的著作家之一；他這個不曾想當職業思想家的人，其思想則永遠地載入了人類思想史冊。在很大程度上，穆勒的學術成就是由於其不追求學術成就。在這方面，他可謂「無所為而無所不為。」

二、哲學激進派的薰陶

　　當然，要瞭解穆勒的成就，有必要對當時英國知識分子的一般狀況略知一二。在穆勒生活的時代，英國知識分子，不同於同時期的中國知識分子，在很大程度上不為政府所控制。首先，他們在經濟上獨立於政權，不作為知識分子而拿國家的俸祿。他們中的很多人本身就是貴族和／或富有階級的成員。這就決定了他們中相當多的人不需要以學術為生。像穆勒那樣以其他職業養學術的也大有人在。即便那些以學術為生的人，其收入一般也與政府無關，而是由市場決定。第二，他們的言論自由受政府限制較少，一般不會因言獲罪。由於政權與學術的這種分離，英國知識分子就比較能夠獨立思考，敢於提出與當權者不同的意見並公開批評國家現行的法律與政策。這就在很大程度上解釋了為何以邊沁、詹姆斯等為代表的哲學激進派能對當時英國的法律改革和政治與經濟生活產生重大影響。穆勒正是在這種社會條件下進行研究與寫作的、對功利主義和自由主義進行發展的。從父輩的身上，他已看到了知識分子的崇高使命和巨大力量。由此也就不難理解穆勒強烈的社會責任感和理論研究的強大動力。

　　作為詹姆斯的長子，穆勒是在哲學激進派思想的薰陶下長大的。所以，要瞭解年輕穆勒，就不能不瞭解哲學激進派。哲學激進派是那個時代先進英國知識分子的代表。它的實際組織者是詹姆斯，但邊沁是其精神旗幟。它不是一個嚴格意義上的政黨，而只是一群志同道合的、圍繞在詹姆斯周圍的知識分子組成的一個團體，但其對當時的英國政治起了比一個普通政黨更大的作用。[5] 他們的影響是透過和平的方式產生的，但卻是非常有效的。當時的英國，正處在工業資產階級力求得到政治權力和更大經濟發展的時

代。由於英國特有的歷史情況，貴族階級在資產階級革命後仍大權在握。由於許多貴族階級的成員同時也經商，這就使得他們一身兼有多重身份，既是貴族、地主，又是資產階級的成員。在當時的英國，他們是最富有、最有權力的人。英國的議會基本上由他們把持。但占人口更大部分的普通資產階級則想打破這種貴族的政治壟斷，為自己爭得更多利益。哲學激進派認為普選權的實現將會使貴族在議會中失去多數，因而使議會和政府代表更多平民的利益。哲學激進派的思想在客觀上反映了普通資產階級的願望，雖然其成員在主觀上並不認為如此。像詹姆斯這樣的激進派真誠地認為他們的努力是為整個社會的公利，而決非為某一階級的利益。所以「最大多數人的最大幸福」的確是他們的奮鬥目標。也許，正是因為哲學激進派能較自覺地將各個階級的利益一起考慮，且當時普通資產階級的利益與公眾利益在許多方面是一致的，所以哲學激進派在很大程度上代表了當時英國多數人的利益。按穆勒的看法，哲學激進派的主要思想可概括為八個方面。

第一，相信經驗論與聯想論。哲學激進派認為在有任何經驗之前，我們的頭腦中沒有任何思想。我們意識中的所有內容都來源於經驗（即與外物的接觸）以及對已有經驗的聯想。第二，相信趨樂避苦是支配人類活動的普遍規律。哲學激進派認為人對外界一切刺激的反應都是以增加快樂和減少痛苦的慾望為指導的。第三，相信自由市場經濟和人口控制對國民經濟發展的必要性。哲學激進派接受了李嘉圖的政治經濟學，認為國民經濟的快速發展需以自由競爭和政府的最小限度干涉為條件。同時，哲學激進派也受到馬爾薩斯人口論的啟發，認為人口控制是保證就業者高收入的手段。第四，提倡男女關係上較大的自由。哲學激進派認為男女間應有較自由的交往，但同時要減少對性生活的沉溺。第五，相信代議制的優越性。哲學激進派認為只有當不同階級都能透過普選而在議會中得到代表時，政府才能為大眾謀幸福，而不再是特權階級利益的工具。

第六，推崇言論自由。哲學激進派認為言論自由有利於人們理性的發展，而理性的發展必使人們對其真正的利益有更清楚的認識，進而懂得私利與公利的一致性，因而推動公共事業和社會進步。第七，相信人的可塑性。基於環境決定論，哲學激進派認為人的道德和智力水平可透過教育而得到不斷的改進。所以，改造人類的社會工程是可行的。第八，反對苦行主義和僧侶術。哲學激進派認為苦行主義與心理快樂主義相悖，而僧侶術則從根本上反對改造人類的社會工程。 [6]

三、初露鋒芒：結社與早年著述

　　自十七歲到二十歲的這幾年中，雖然上班很輕鬆，穆勒的生活總的說來是非常緊張忙碌的。在這期間，除了上班外，他繼續擔任弟弟妹妹們的家庭教師並開始學德語。同時，他也為雜誌撰稿，並開始整理編輯邊沁的巨著《司法證據的理性》。此外，他參與和組織了許多社團活動。

　　在穆勒十七那年，他組織了一個小學術團體，取名為「功利主義者學會。」據穆勒自己說，「功利主義者」一詞是他在一本小說中找到的，所以並非他的發明。[7] 實際上邊沁也用過此詞，但穆勒當時並不知道。[8] 不過，將「功利主義者」一詞叫開，用它稱呼邊沁思想的信奉者，可能與穆勒用它命名他的小社團大有關係。功利主義者學會是一個非常小的組織，人數最多時也未超過十人。參加者都志同道合，信仰邊沁的理論。他們每兩週聚會一次，一起讀書和討論。對穆勒來說，組織與參加此學會的活動對他提高口頭表達能力非常有益，並使他有機會接觸一些他的同齡人。此外，他也由此而提高了領導能力。由於功利主義者學會的其他成員在學識上都不如穆勒，所以穆勒自然領導並影響了他們。功利主義者學會存在了三年，於1826年解散。

　　自1825年起，穆勒開始參加一個新的讀書討論團體。這個團體的成員稱其為「精神哲學學生社。」[9] 此團體仍是一個極小的組織。旨在探討作為哲學激進派理論基礎的那些思想，例如李嘉圖的政治經濟學和始於休謨而由邊沁主義者所發展了的心理聯想主義。其成員每週在一起進行三小時的讀書討論。他們的讀書討論是非常認真的。通常在大聲朗讀了一段文字後，先讓在場的每個成員發表評論，然後再進行一般討論。直到此段中所有的要點都討論到

了,他們才開始讀下一段。 [10] 穆勒與這個團體中的一些成員交了朋友,有的甚至成了終身好友。

也是在1825年,穆勒和另一位「精神哲學學生社」的成員作為古典政治經濟學的追隨者開始與空想社會主義的歐文主義者辯論。這些辯論雖然激烈,但卻很友好,因為雙方有許多共同目標。他們都想改善勞動階級的處境,但在實現其目標的途徑方面分歧巨大。與歐文主義者的一系列辯論直接促使穆勒組織了「倫敦辯論社。」當然,穆勒對辯論的看重和對此辯論社的組織也與他在十六歲時與「劍橋聯合辯論社」的接觸有關。那是1822年的事。那年秋天穆勒正在訪問當時住在北維克(Northwick)的約翰·奧斯丁一家。恰好約翰·奧斯丁的弟弟查爾斯·奧斯丁也去短住。查爾斯比穆勒稍大些,非常有才華。穆勒後來回憶說,查爾斯是他遇到的自己同代人中第一個與他的才學相當的人。在認識查爾斯之前,他只是同父輩交流思想。與查爾斯的交往使他體會到作為一個成年人,而不是作為一個男孩的感覺。查理也很欣賞穆勒,所以他邀請穆勒去參加劍橋聯合辯論社的活動。劍橋聯合辯論社由一批劍橋自由派的青年精英組成,每週舉行辯論會。其成員常常與他們的反對派進行面對面的舌戰。穆勒在那裡結識了一批出色的人物。 [11] 穆勒在劍橋聯合辯論社做了講演並博得了聽眾的好感。在劍橋的這些經歷使他感到辯論是一個很好的提高與整理思想的方法。這無疑對他幾年後的辯論活動產生了很大影響。 [12]

穆勒這一時期的寫作主要是對父輩思想的闡發。他這時的作品都發表在《威斯敏斯特評論》上。正是在這個時期,以邊沁和詹姆斯為領袖的哲學激進派感到了自己辦刊物的必要性。當時英國的兩個主要政治期刊是《季刊評論》和《愛丁堡評論》。前者是托利黨的代言人,而後者則是輝格黨的喉舌。對激進派來說,雖然托利和輝格的確是兩黨,且後者比前者更進步,但二者都是貴族黨,都不

代表中產階級的利益。 [13] 但中產階級的利益應該有人代表，中產階級應在英國政治中起舉足輕重的作用，而哲學激進派就是中產階級的領導者。為了與貴族黨抗衡，哲學激進派必須有自己的機關刊物。於是他們在1823年創辦了《威斯敏斯特評論》並於1824年1月出版了第一期。由於詹姆斯在東印度公司任職而無法作該刊編輯，編輯只好由他人擔任。但他在第一期上發表了大篇幅的創刊文章，對《愛丁堡評論》進行了公開的批判。其後除他本人繼續為《威斯敏斯特評論》寫稿外，穆勒也成了其主要撰稿人。實際上穆勒是在此刊上發表文章最多的人。在它的頭十八期上，他發了十三篇文章。 [14] 雖然穆勒後來認為他的這些早期作品沒有多大價值，而只是幫他練了筆，但他已寫出一些獨到的見解。例如他對婦女地位的討論已超出了其父的觀點。

穆勒在這一時期的寫作包括一篇討論言論自由的文章。雖然當時的英國已有較大的言論自由，但畢竟因言論下獄的情況還存在。穆勒本人也曾因宣傳節育知識而被捕過。事情發生在1823年。一天早晨，在去上班的路上，穆勒看到了一個被掐死的嬰兒屍體。這使他受到極大震動，從而感到讓公眾具有節育知識的必要性。於是，他和一個朋友一起散發了一本題為《致已婚勞動者》的小冊子。小冊子的作者是弗朗西斯·普雷斯，一位激進的左派活動家。小冊子介紹了避孕知識以及法國婦女的一些做法。穆勒和他的朋友以散發誨淫讀物罪被捕並被判兩週監禁。不過，由於倫敦市長瞭解到他們散發小冊子是為了防止溺嬰，他們在被捕兩天後即被釋放。[15] 穆勒之宣傳節育的直接原因當然是目睹死嬰，但或許也與他生活在一個有姊妹九人的大家庭有關。作為長子，他一定或多或少地體會到父母多育的艱辛。

穆勒在這期間為《威斯敏斯特評論》寫的最後一篇文章是關於法國大革命的，發表於1826年4月。他在文中為法國大革命早期階

段做了辯護，批駁了托利黨對法國大革命的全面否定。在其後的幾十年，穆勒一直對有關法國的問題極為關注，寫了大量關於法國時事的評論，成為公認的法國專家。他對法國革命的熱情以及對其他有關法國的問題的興趣始於他少年時代對法國的訪問。邊沁本人和哲學激進派對法國大革命的態度也給予他以極深的影響。與妥協的英國革命不同，法國大革命推翻了貴族的統治，建立了平民的政權。對於力圖打破貴族的政治壟斷以建立更民主的英國的哲學激進派來說，法國革命的這個方面當然是令人鼓舞的、應給予完全的肯定的。邊沁甚至為革命後的法國司法制度的改革做過一個規劃並因此被授予法國榮譽公民的身份。但對法國革命後期的過火行為和紅色恐怖，哲學激進派思想家明確地持批判態度，並努力表明他們在英國的改革不會導致類似的後果。穆勒在1826年發表的文章，清楚地表達了哲學激進派的這些思想。

在穆勒生活的這一階段，他所做的另一項很有意義的工作是對邊沁《司法證據的理性》一書的整理與編輯。邊沁有三個不同的草稿。穆勒的主要工作是將這三稿中的思想有機地組合起來、融為一體，整理編輯成一本書。在開始這項工作時，穆勒才十九歲。儘管這項工作用去穆勒許多時間和精力，他也從中學到了很多東西並極大地提高他的寫作能力。對此，他曾這樣說道：「自這以後我寫的每一篇東西都明顯的比我在以前所寫的好得多。」 [16] 當穆勒將邊沁的這本書編輯完成時，他沒有將自己的名字作為編者放入，但邊沁發現後堅持他把名字寫上。

這個時期的穆勒雖然生活緊張忙碌，但他感到充實而快樂，因為他有明確的生活目標，即成為一個世界的改革者。他認為他個人的幸福就在於實現這樣的人生目標，這也是他父親一貫的教導。在二十歲之前穆勒一直是按照父親的指導生活的，也基本是在邊沁和父親的思想框架內想問題的。但這一切在他二十歲時都開始變化了。

註釋：

[1]Alexander Bain（亞歷山大·貝恩），John Stuart Mill: A Criticism (London: Longmans Green & Co., 1882)，見第31頁上的腳註。

[2]Nicholas Capaldi（尼古拉斯·凱帕羅蒂），John Stuart Mill, A Biography (Cambridge: Cambridge University Press, 2004)，371頁，注9。

[3]Nicholas Capaldi（尼古拉斯·凱帕羅蒂），John Stuart Mill: A Biography (Cambridge: Cambridge University Press, 2004)，12頁。也見 Michael St. John Packe（邁克爾·聖·約翰·派克）, The Life of John Stuart Mill (New York: The Macmillan Company, 1954)，第49頁。

[4]參見Capaldi，13頁。

[5]參見喬治·霍蘭·薩拜因著、托馬斯·蘭敦·索爾森修訂、劉山等譯的《政治學說史》下冊（北京：商務印書館，1986年），第745頁。

[6]參見John Stuart Mill（約翰·斯圖亞特·穆勒），Autobiography（《自傳》），ed.John M. Robson（約翰·魯伯森），London, Penguin Books. 1989，93—96頁。凱帕羅蒂（Capaldi）將穆勒對激進派思想的總結清楚地排列組合為這八個方面（參見凱帕羅蒂書，第49—50頁）。

[7]見Mill, Autobiography，第77頁。

[8]見Packe書，第53頁。

[9]見Capaldi書，第43頁。

[10]見Capaldi書，第43頁。

[11]關於穆勒與查理的相識及查爾斯給他的印象和對他的影響，參見Mill, Autobiography，第75—76頁。也參見Packe書，51—52頁。

[12]參見Packe書，51—52頁。

[13]兩黨相比，托利黨更保守，在19世紀，輝格黨更多地反映了新生資產階級的要求。最終，其部分成員與激進派結盟，並在19世紀後半葉組成自由黨。

[14]參見Packe書，63頁。

[15]Packe，57—58頁。也見Capaldi書，第41頁。

[16]Mill，Autobiography，第119頁。

第四章　青年時代（下）
一、瀕臨崩潰的精神危機

　　在穆勒二十歲那年，他經歷了一場精神危機或嚴重的憂鬱。關於這場精神危機的起源，眾說不一，但至少與以下幾方面有關。第一，自幼以來高強度的學習和過於單調的生活使穆勒負擔過重而難以繼續在其中感到滿足。[1] 像前面已講述過的那樣，穆勒的童年和少年時代基本上是在書齋裡度過的，不曾有一般孩童所享有的那種天真、簡單的快樂。除了在法國的那一年，他幾乎沒有機會與同齡人接觸、參加體育與娛樂活動。不論他多麼喜歡讀書，如此長期的高強度學習和單調生活必使他對生活感到厭倦。第二，自十七歲到二十歲這段時間，他因工作量過大而感精疲力竭。正所謂弦繃得太緊則會斷，他這根弦此時已到了斷的邊緣。在這期間，他的負荷過重由以下原因造成：(1)他這時已是青年激進派的核心人物，需要領導和組織圍繞在他身邊的同齡人並給以精神上的指導，他和他的青年激進派同伴們常在他上午上班前聚在一起進行討論和學習，他們的話題廣泛——政治，經濟，社會，美學，科學無所不包，他們組織了辯論社團，他們幫助創辦雜誌並為其撰稿；(2)由於其父已在東印度公司擔任高級職務而無暇家事，其弟弟妹妹的文化教育這時基本已由穆勒全部承擔；(3)在這期間，他完成了對邊沁的巨著《司法證據的理性》的編輯工作；(4)在他二十歲這年，他在東印度公司的工作需要比以前更多的精力和時間，因他的職責已相當重要，即負責起草急件公文。[2] 這一切都使穆勒處在極為緊張與疲憊的狀態。第三，想獨立於其父的心理需要這時已頗為強烈，而最近獲得的經濟獨立更強化了這種要求。穆勒到這時為止，一直是完全按照父親的要求生活的。父親不僅是他的精神導師和一家之主，而且是他在公司裡的上司。他的一切幾乎都是由其父所決定的。作為一個已經成年的男子，穆勒自然會渴望自主。[3] 他這時

已有了一百英鎊的年收入。這可能也使他感到有資本要求一定程度上的獨立。第四，隨著越來越多的獨立思考，他開始對自己一直信奉的哲學激進派思想的不足之處有所認識。 [4] 他的這次精神危機持續了大約一年時間（1826-27）， [5] 其中情況較嚴重的有六個月時間（1826年11月至1827年3月）。 [6] 雖然這場精神危機曾是一段痛苦的經歷，但對他其後的發展起了非常積極的作用。可以說，這場精神危機是他作為一個獨立的人和獨立的思想者的真正開端。

穆勒的精神危機一開始表現為快樂感的喪失。他曾這樣描述當時的情形：「我處在一種神經遲鈍的狀態，就像每個人偶然會有的那種：對愉悅或快樂以及興奮都無動於衷。在這種心境下，昔日令人快樂的東西已變得索然無味……」 [7] 在這之前，他為自己擠身於世界的改造者而感到幸福與自豪，在為公眾利益而做的努力中感到興奮和快樂。但這時他卻突然不再有這些感覺。這時，對他來說，即使他所有的政治和道德理想都實現了，他也不能幸福。他第一次感到自己的生活無意義。這使他十分苦惱。更糟的是，他無法將他的這種苦惱告訴任何人。雖然父親是他最親近和尊敬的人，但他不認為父親會理解他的苦惱。況且，他不想讓父親感到他所受的教育有問題。 [8] 畢竟，他是在父親一手培養下長大的。他的失敗就是父親對他教育的失敗。其父一直認為他對穆勒的教育一定會使穆勒成為一個以多數人的最大幸福為幸福的人。但此時的穆勒卻不再感到大多數人的最大幸福能使他自己幸福。如果父親知道他的這種感覺，他一定會很難過。所以，他不能把自己的苦惱告訴父親。至於其他人，穆勒不相信他能從他們那裡得到任何理解。因此，他只好自己孤獨地面對苦惱並獨立地設法消除之。正是在這個過程中，他悟到了許多他不曾從他先前的教育中學到的東西，開始了對父輩思想的批判和超越。

按穆勒自己的說法，他所受的那種重理性、輕感情的教育正是導致他精神危機的重要原因。他的教育告訴他人類的幸福是他人生的目的和幸福的源泉，但卻未給予他追求人類幸福的慾望和情感。但沒有這樣的慾望和情感，他則不會在為人類幸福這個目標而努力中感到幸福。他這樣寫道：

　　我認為，我所受的教育在產生有充分足夠的力量去抵制分析的分解作用的情感方面是失敗的。我的整個智力培養過程已使我過早開始的且過於早熟的分析成了根深蒂固的思想習慣。像我對我自己說的那樣，我因此在航海開始之前被留在海灘上：有著裝備良好的船和舵，但沒有帆。我已被精心培養成適合於去達到我的目標，但我卻對我的目標沒有真正的慾望：我在德性和公共利益中感不到愉快，像在任何別的事情中感到的一樣少。[9]

　　這段話表明他認為理性對他度過當時的精神危機無益。只有當他發現了內在的情感世界後他才重新振作起來。

二、重新振作

　　幫他走出精神危機的第一個轉機是偶然閱讀馬蒙泰爾（Marmontel）的回憶錄所帶來的。在回憶錄中馬蒙泰爾談到，當他父親去世時，當全家人因此而陷入痛苦的時候，當時仍是個未長大的孩子的他，一下子感到了、同時也讓全家人感到了他將是他們的一切，他將代替其父在家庭中的位置而成為家中的支柱。當穆勒讀到這些時，他感動得流下了眼淚。這使他驚喜地發現他仍是個有感情的人，一個能感受快樂和悲傷的人。接著，他從生活的多個方面感到了快樂。陽光、藍天使他愜意，讀書、談話也使他愉悅……。[10] 他的情感已被喚醒，他重新感到了生活的意義。他從此發現了情感的價值。同時，他也發現個人幸福只有在對其他目標的真誠追求中才能實現。 [11] 一個只為自己的幸福而活著的人決不可能幸福。這就是今天西方哲學家所說的「幸福悖論。」 [12] 由於幸福感源於對某些慾望與情感的滿足，而對這些慾望與情感的滿足以這些慾望與情感的存在為前提，所以幸福必須以某些慾望與情感的存在為前提。如果一個人除了自己的幸福之外別無所求、別無所愛，他／她則沒有了幸福的源泉，因而無法幸福。例如，如果一個人真正愛他的孩子、希望他的孩子快樂，他就會因孩子的快樂而快樂。如果一個人真正熱愛藝術，他就能在藝術創造或藝術欣賞中得到樂趣。「真正」在這裡是十分關鍵的，因為若一個人不真正愛他人而只把他人看作自己幸福的手段，他則不能從他人的幸福中感到幸福；若一個人不真正愛好任何事情而把所從事的任何活動都僅僅看作求一己快樂的途徑，他則不能在他所從事的活動中得到快樂。一個不真愛自己的孩子而只把孩子當做自己幸福之工具的母親，不會體會到一個真正愛孩子的母親從孩子的幸福中得到的那種幸福感。一個不真喜歡繪畫卻因其他原因而從事繪畫的人，不會在

他的繪畫活動中得到一個熱愛繪畫的人所有的那種快樂。所以，個人幸福的獲得恰恰在於忘掉個人幸福，全身心地投入其目標的實現之中。因此，只有一個真正愛他人、真正有愛好的人才有可能幸福。但真正的愛心和愛好之產生，不僅需要良好的外在環境，而且也需要內心情感的修養。從此以後，穆勒一直注重情感的培養。用他自己的話說，「對情感的修養成為我倫理和哲學信念的一個基本點。」[13]

沃茲沃思William Wordsworth

（倫敦國家肖像美術館National Portrait Gallery，London）

閱讀沃茲沃思（Wordsworth 1770—1850）的詩進一步幫助了穆勒理解人類的情感世界。正是在他剛自精神危機走出的1828年，穆勒第一次接觸沃茲沃思的作品。他把這看做他生活中一件很重要的事情。在這之後他一直很推崇沃茲沃思。他先是在亨利·泰勒（Henry Taylor）處見到沃茲沃思，後又於1831年到詩人住所拜訪。 [14] 沃茲沃思的詩對他之所以重要，不是由於其對自然美的描述，而是在於其對情感以及受到情感影響的思想的表達。沃茲沃思的詩為他揭示了人類豐富的內在世界，告訴他幸福的源泉是多方面的，不會因外在目標的實現而枯竭。由此他意識到，只要他有和諧而豐富的內心，即使他改造世界的任務已完成、世上不再有他所要剷除的惡，他仍能快樂。這樣的經驗使穆勒對詩和藝術在情感修養中的積極與重要的作用給予充分肯定。他還進一步認識到，藝術和科學可以一致，情感與知識不必矛盾。例如，對雲彩之美的欣賞並不妨礙用物理定律對其進行科學研究。 [15] 詹穆斯一直重理性輕情感，所以對情感價值的這種肯定完全不是穆勒對其父思想的繼承，而是對其的批判。他對情感的看重也可解釋他後來為何被歐洲大陸的浪漫主義哲學所吸引並在一定程度上受到其影響。

三、對激進派哲學的改造與超越

  在戰勝精神危機中對情感價值的發現引發了穆勒對哲學激進派整個思想體系的重新思考。這種重新思考使他跳出了邊沁和詹姆斯的思想框架，開始了他自己的哲學創造。在這一時期，他對哲學激進派思想的批判和發展主要集中在人性、自由意志、個人利益和公共利益的關係這三個有機聯繫在一起的方面。

  哲學激進派認為所有人在本質上都是自私的，人的一切行為都是由趨樂避苦的動機所驅動的。這就是今天在西方哲學中被叫做「心理利己主義」的理論。按照這種理論，人們之所以願意照顧他人的利益、與他人合作，是由於那樣做從長遠看會給個人帶來最大利益和快樂。所以，一個明智的人會樂意幫助別人並為創造一個互助合作的社會而努力。人們的道德感情，諸如對美德的熱愛，是心理聯想的結果。更具體地說，由於美德總給人帶來快樂，人們在頭腦中就把美德和快樂聯繫在一起。久而久之，人們就將美德與快樂等同起來，忘記了他們最初愛美德是由於其給他們帶來快樂，因而對美德本身產生了熱愛。為了培養人們對美德的熱愛，必須讓人們生活在美德與快樂穩定地聯繫在一起的環境之中。哲學激進派所致力於的社會改革正是為了提供一個這樣的社會環境，產生眾多愛道德的個人，建立一個大家互助合作的社會，因而達到最大多數人的最大幸福。對這樣一套理論，穆勒以前一直堅信不疑，並為之做了大量的宣傳。但這時他看到了其不足、甚至錯誤之處。首先，他意識到自私的趨樂避苦不足以解釋人的所有情感。即便將趨樂避苦的人性論與心理聯想論結合起來，人類的多種情感仍不能得到充分的說明。例如，真正的仁慈不能歸結為自私心。如果一個社會改革者之獻身於公益只是為了增加一己的快樂，他顯然不如一個出於無私

的仁慈而改革社會的人高尚。真正的仁慈和自私沒有內在的一致性。心理聯想論也無法表明仁慈與自私有必然聯繫，原因有二。其一，仁慈與快樂的心理聯想無法保證仁慈心不可逆。一旦一個人的仁慈心已形成，即便其後他的仁慈與快樂不總相伴，他的仁慈心也不會喪失。但如果他的仁慈產生於其與快樂的重複不斷的聯想，他的仁慈心則會在這種聯想不復存在時喪失。其二，心理聯想論無法說明仁慈與快樂最初的聯繫是如何建立的。所以，仁慈和人性必有著某種內在聯繫。　[16] 更具體地說，心理聯想論無法說明為何最初仁慈，而不是殘忍，給人帶來快樂。由於快樂是慾望得到滿足的結果，仁慈帶來快樂本身就說明仁慈使人的某種慾望得到了滿足。由於仁慈者所感到的快樂是與他人的幸福（即受惠者的幸福）相伴隨的，仁慈帶來快樂這一事實說明讓他人幸福的慾望邏輯上先於仁慈者的快樂。因此，仁慈並非源於自私心。相反，它是以同情心為基礎的。對穆勒來說，正是由於人類的情感是多樣的，內心感情的修養才是非常重要的。由於哲學激進派思想家將人性簡單地歸結為自私性，所以他們必然忽略了情感的價值和內在情感修養的意義。

　　穆勒對意志自由的重新認識在很大程度也是基於其對人類內在世界豐富性的發現。這時穆勒已意識到哲學激進派對人性複雜性的否認、對情感之價值的忽視必然導致對意志自由的取消。首先，若人類只趨樂避苦、別無他求，人類的一切行為必是由此而決定的而無意志自由可言。這就是說，如果趨樂避苦是人性所遵循的唯一鐵律，人必為其環境徹底決定，即除在其環境中行趨樂避苦之事別無選擇。這意味著人的所有行為在理論上都是可預料的。第二，若人類僅是透過推理而認識一切的理性動物，個人的一切必是由個人所無法控制的東西所決定的，因而無個人自由。推理即進行分析，進行概念化。它必須始於一定的前提，而最先的前提則不可能是由個人決定的，所以，推理的結果絕非個人所能左右的。如果人類僅僅按理性生活，人類實際上則僅僅是在按其無法決定的東西而生活。

穆勒認為，人類複雜情感和豐富想像力的存在為意志自由的存在提供了根據。按穆勒的觀點，理性，作為分析和推論的能力，只能認識事物的部分或局部。只有想像力才能把握整體。想像力將部分連為一體，使之具有意義。人的內在自由在於想像力的運用，在於其透過想像力對自我進行創造。人與人之間個性之不同源於其想像力方面的不同。[17] 藝術的薰陶、情感的培養在豐富人之想像力中的作用是不應被忽視的。人之外在自由，例如言論自由，也是人之內在自由得以發展的重要條件。當然，在這個階段穆勒對內在自由的肯定僅是心理學上的一種暫時解決。他後來又重新回到內在自由問題，給予更為根本性的解決。

對人性和自由意志的重新思考也幫助穆勒對個人幸福與公共利益的一致性有了新見解。對以詹姆斯為代表的哲學激進派來說，個人幸福與公共利益的一致性是可以由心理聯想理論加以說明的。詹姆斯認為，如果一個人從理性上認識到個人幸福與公共利益是一致的、有德的人最終是幸福的，他／她就會將個人幸福和最大多數人的最大幸福聯繫起來，從而在為最大多數人謀最大幸福中獲得個人一己的幸福。穆勒從自己的精神危機中深切體會到僅這種聯想並不能讓人真幸福。由於幸福感源於對某些慾望與情感的滿足，而對這些慾望與情感的滿足以這些慾望與情感的存在為前提，所以要想從最大多數人的最大幸福中感到自身的幸福，一個人必須先有對最大多數人的最大幸福的慾望和熱情。但對最大多數人的最大幸福的慾望和熱情並不來自理性，而源於人性中的同情心和內在世界的不斷豐富發展。當然，他對個人幸福與公共利益一致性的理論論證，還是在他的思想成熟之後。

要真正瞭解穆勒對激進派思想的批判和發展，我們有必要瞭解當時德國浪漫主義和法國聖西門思想對他的影響。在走出精神危機的最初幾年，穆勒的精力主要集中在瞭解、吸收德國浪漫主義和法國聖西門思想。雖然他從未放棄自由主義的政治理想和功利主義的

道德標準，但他試圖將浪漫主義的重感情和聖西門的歷史主義融入激進派思想體系以對其進行改造和超越。

註釋：

[1]Alexander Bain（亞歷山大·貝恩），John Stuart Mill: A Criticism (London: Longmans Green & Co., 1882)，37—38頁。

[2]John Robson（約翰·魯伯森），「Introduction」，in John Stuart Mill（約翰·斯圖亞特·穆勒），Autobiography（《自傳》），ed. John M.Robson (London. Penguin Books, 1989)，第8頁。

[3]見Micbael St. John Packe（邁克爾·聖·約翰·派克），The Life of John Stuart Mill (New York: The Macmillan Company 1954)，第80—81頁。

[4]Nicholas Capaldi（尼古拉斯·凱帕羅蒂），John Stuart Mill: A Biography (Cambridge: Cambridge University Press, 2004)，55頁。

[5]Mill, Autobiography，第116頁。

[6]派克認為，穆勒的精神危機實際上只持續了六個月。見Packe，第74頁。

[7]Mill, Autobiography，第112頁。

[8]Mill, Autobiography，第112頁。

[9]Mill, Autobiography，第115頁。

[10]Mill, Autobiography，第117頁。

[11]Mill, Autobiography，第117—118頁

[12]關於「幸福悖論」的詳細討論，參見Joel Feinberg（喬爾·芬因伯哥）的「Psychological Egoism」（《心理利己主義》）一文的有關部分［見他與Russ Shafer-Landau（拉斯·沙佛·蘭都）合編的Reason and Responsibility（《理性與責任》）一書，第十一版（Balmont, CA: Wadsworth Publishing, 1999），第489—499頁］。

[13]Mill, Autobiography，第118頁

[14]Capaldi書，第374頁，注27。

[15]Mill, Autobiography，第123—124頁。

[16]Mill, Autobiography，第114—115頁。凱帕羅蒂（Capaldi）對穆勒這些思想的概述，見其書第59—60頁。

[17]參見Capaldi書，第69頁。

第五章　兼容並蓄的過渡時期
一、浪漫主義思潮

　　在二十歲到二十五歲的那幾年，穆勒的思想處在從舊體系向新體系的過渡時期。他已對激進派的思想體系之缺陷有了清楚的認識，但還未形成他自己成熟的理論。不過，這時的他已意識到一個能揭示較多真理的思想體系一定比他先前所想的更為複雜和全面。[1] 在對激進派思想之外的體系進行的研究中，他深深感到不同的體系往往揭示了真理的不同方面，但沒有一單個體系含有全面的真理。所以，他想對相互對立的思想流派加以綜合，進而建立一個具有多方面真理的體系。他的這種嘗試正是在他生活的這一階段開始的。在這一時期，與激進派思想體系直接對立的是源於歐洲大陸而自十九世紀初在英國開始流行的浪漫主義。前者是以十八世紀啟蒙運動的理性主義和普遍主義為特徵的，而後者則更代表注重情感和人的歷史性和社會性的十九世紀思潮。正是在這種意義上，穆勒把二者的對立看做十八世紀與十九世紀思想的對立。穆勒認為，二者都有一半真理。一方面，自由、平等、博愛等啟蒙運動的理想和價值是人類進步的方向所在；但另一方面，浪漫主義思想家對人性的複雜性和社會及政治制度的歷史性等的洞見不容低估。雖然在當時穆勒對浪漫主義思想家更為推崇，但他從未反對啟蒙運動的理想和價值。當他的思想更成熟後，他則對啟蒙運動思想和浪漫主義思想給予同等的評價。 [2] 穆勒正是在對浪漫主義以及另一些歐洲大陸思潮的研究與吸收中完成了對激進派思想體系的批判和超越。

　　要瞭解穆勒這一時期的思想，我們必須瞭解當時對穆勒影響極大的浪漫主義思潮。在很大程度上，正是浪漫主義哲學幫他走出了他的精神危機。浪漫主義思潮見於當時文化生活的多種領域，尤其是在文學和哲學方面。浪漫主義思潮盛行十八世紀的最後三十年和

十九世紀的上半葉，[3] 但其影響卻遠遠超出那個時代。在談到浪漫主義的影響時，羅素曾這樣說道：「從十八世紀後期到今天，藝術、文學和哲學，甚至於政治，都受到了廣義上所謂的浪漫主義運動特有的一種情感方式積極的或消極的影響。連那些對這種情感方式抱反感的人對它也不得不考慮，而且他們受它的影響常常超過自知的程度以上。」[4] 浪漫主義源於法國，盧梭可被看做浪漫主義思潮之父。但浪漫主義運動的真正興起卻是在德國。英國的浪漫主義者多受到德國浪漫主義者的影響。十九世紀的浪漫主義思潮可劃分為文學的和哲學的兩類。文學的浪漫主義運動貶低理性而推崇情感和想像力。歌德、席勒、柯勒律治（Samuel Taylor Coleridge 1772—1834）和沃茲沃思為其代表人物。對他們來說，內在的情感才是人生真正的嚮導。[5] 哲學的浪漫主義運動則強調理性的歷史性和其與情感的聯繫。洪堡（Wilhelm von Humboldt 1767—1835）、費西特、謝林和黑格爾為其主要代表。[6] 他們並不想拋棄理性，而是要重新認識理性的性質。他們認為，理性不是孤立的和超時空的。人的理性既受來自內心的感情的影響又受特定的歷史條件的限制。儘管文學的浪漫主義運動和哲學的浪漫主義運動有著明顯的區別，但二者都強調內在世界的發展和對美的追求，並都反對將個人看作脫離特定的歷史條件而獨立存在的抽象實體。他們主張將個人以及社會制度放到其具體的歷史環境中去考查和評價。浪漫主義者約瑟夫·邁斯特（Joseph de Maistre 1753—1821）在表述此觀點時說，他見過許多（具體的）人——法國人、俄國人、普魯士人，但他從未見過（抽象的）人。在談及政府時，盧梭說：政府只部分地是理性的事情，它更是傳統、情感和習慣的事情。[7] 十九世紀英國的浪漫主義者無疑也持有同樣的看法。穆勒與幾位重要的英國浪漫主義者有交往，並與其中的一位私交頗深。所以，他當時受浪漫主義的影響極大，並在一定程度上接受其這方面的思想。在談及他自己這一時期從歐洲思想所吸收的最重要的觀點

時，穆勒列舉了以下幾點：「人的思想有一定的進步順序——一些東西必須先於另一些；政府和公眾的指導者在一定程度上能改變人的思想，但不能無限度地改變之。有關政治制度的所有問題都是相對的，而不是絕對的；人類進步的不同階段不僅將會有，而且應該有不同的制度。政府總是會落入社會上最強大的力量之手；制度依賴於這樣的力量，而不是這樣的力量依賴於制度。無論是一般理論還是政治哲學都以先前的關於人類進步的理論為先決條件，歷史哲學也是如此。」[8] 此外，浪漫主義思想家對抽象與普遍人性的否認，也在穆勒的頭腦中留下了清楚的痕跡。這致使他在後來批評了其父的普遍人性論，堅持人性的複雜性和多樣性。他曾這樣寫道：「我相信人與人之間自然的和必然的不同是如此之大，以致任何沒有考慮到這一點的關於人類生活的實際觀點所包含的錯誤一定同它所包含的真理一樣多，除非它不進行一般性概括；由這樣不完善的理論所推薦的任何精神文化體系將相應地只適合一個階級的本性，而完全不適合所有其他階級的本性。」[9]

　　穆勒對德國浪漫主義思想的最初接觸是透過奧斯丁夫婦。在他的二十歲前後，穆勒不僅跟約翰·奧斯丁學法律，也跟薩拉·奧斯丁學德語。約翰·奧斯丁雖然從未放棄功利主義，但他這時已吸收了許多德國思想，非常注重內在修養和詩的作用。 [10] 薩拉·奧斯丁對歌德很有研究並在稍後的幾年發表了一些關於歌德的著作。也正是透過她，穆勒結識了當時英國一位重要的浪漫主義者——湯瑪斯·卡萊爾（Thomas Carlyle 1795—1881）並在相當長的一段時間裡為要好的朋友。

　　1831年卡萊爾在讀了穆勒剛發表的《文明之精神》後，非常欣賞穆勒，希望與穆勒認識。於是，薩拉·奧斯丁安排他們見了面。 [11] 在這之前，穆勒雖讀過卡萊爾的作品，但並不喜歡。與卡萊爾會面之後，穆勒對卡萊爾印像極佳，並決定幫助卡萊爾獲得

更大成功。他不僅將卡萊爾介紹給一些當時的重要人物，而且在他自己成為英國的法國問題權威後為卡萊爾對法國大革命的寫作提供方便並在很有影響的書評中支持卡萊爾的觀點。 [12] 總的說來，他對卡萊爾評價極高，甚至認為後者是當時活在英國的唯一天才。 [13]

　　卡萊爾的影響對穆勒瞭解與吸收浪漫主義頗為關鍵。卡萊爾也是最先使穆勒發現激進派理論的虜淺之處的人。卡萊爾與詹姆斯·穆勒有著相似的生活背景：都是蘇格蘭人，都在虔誠的加爾文教家庭長大，都曾受過作神職人員的教育與訓練但又都放棄神職工作而從事新聞工作。卡萊爾非常不同於詹姆斯的是他在德國浪漫主義作家、尤其是歌德那裡找到了靈感。 [14] 與持有機械論的和原子論的宇宙觀的啟蒙運動思想家相反，卡萊爾將外在世界看作一個有機的整體，否認整體的各個部分可以獨立存在。據此，他批評了激進派之以個人利益為好政府的基礎的觀點。他也批評了激進派的環境決定論，認為內在自我的存在是不容否定的。因此，對社會的改造必須始於對自我的改造。在他和沃茲沃思的影響下，穆勒開始認識到在人之自我意識中的變化的重要性。卡萊爾對民主制度持反對態度。對此穆勒是無法與他一致的。但穆勒同意卡萊爾的這樣的觀點：改變公民權而不改變人的思想，只能帶來很小的進步。 [15]

　　無論穆勒受到多少卡萊爾的影響，他與後者的分歧是重大的。所以他們後來的分道揚鑣是很自然的。除了在對宗教與政體問題方面的分歧外，穆勒從未贊同卡萊爾的反自我觀點。雖然二人都反對自我中心，但目的卻不同。穆勒的反對自我中心不是為了否認自我而是為了更高層次上的自我。另外，穆勒也不認為自我約束等同於自我壓抑。同時，他不同意將義務本身看作目的而為義務而義務。他所倡導的是異教徒的自我肯定。 [16]

　　對穆勒這一時期的思想有重大影響的另一個浪漫主義者是塞繆

爾·泰勒·柯勒律治。柯勒律治是比卡萊爾更有影響的英國浪漫主義者。他是個大詩人，而且是十九世紀英國的主要保守派思想家之一。他的《老舟子吟》被羅素稱為「英國第一個好的浪漫主義作品。」[17] 他曾留學德國一年，深受康德和其他德國唯心論哲學家的影響。他所著的《俗人的佈道》（Lay Sermons）[1816]和《按教會和國家的思想論教會和國家大法》（On the Constitution of Church and state according to the Idea of Each）[1830] 清楚地表明了這種影響。[18]

　　柯勒律治是個性格很奇特的人。他早年進劍橋大學讀書，但卻在入學兩年後跑去當了一名騎兵。由於家人把他從軍隊帶回劍橋，他只得在劍橋又讀了一段時間的書。不過，他還是在得到學位之前離開了劍橋。他與沃茲沃思是至交。他一生深愛沃茲沃思之妻，為此而非常痛苦。[19] 此外，他還有鴉片癮，不斷的治療也未能使他在這方面得到根本的改善。[20] 但他的確有不少信徒。他是個口才很好的人。他的講演很有感染力。他那動聽的聲音和引人入勝的故事常常讓人聽得忘他忘己。[21] 他的追隨者之一、穆勒的好友約翰·斯特林（John Sterling 1806—1844）曾這樣描述道：「在我與他一起的三個小時中，有兩小時零四十五分鐘是他在說話。即便他再講上四十八小時，他的話也仍會令人愉快地專心聽下去，而他一定也能很輕鬆地繼續講得如此精彩。」[22] 在一段時間內，柯勒律治常常在星期四晚上對他的追隨者進行講演。關於這些星期四晚的聚會，卡萊爾這樣寫道：「他（柯勒律治）坐在高門坡（High Gate Hill）之頂，俯視倫敦和它的煙團，就像一位逃離了無謂的人生之戰的聖人。...他有那種使年輕一代的精神得以昇華的憂鬱的莊嚴；他像一位向初生基督朝聖的東方大博士一樣坐在那裡，籠罩在神秘和不可思議之中。」[23]

　　穆勒是在1829—30年期間見到柯勒律治的。穆勒與柯勒律治

雖有直接接觸，也曾數次參加那些星期四晚的聚會、聆聽柯勒律治的講演，但與其並無私交。後者對穆勒的影響主要是透過其作品和幾位穆勒的朋友而產生的，且這種影響是極為巨大的。對此穆勒曾這樣寫道：

只有很少幾個人比柯勒律治對我的思想和品格產生了更多的影響。雖然我見過並與柯勒律治有過幾次交談，但他對我的影響主要不是透過對他個人的瞭解，而是透過他的著作，透過與兩位與我交往密切的人（斯特林Sterling和莫里斯Maurice）。他們二人完全是在他的學派中訓練出來的。也正是透過他們，我得以有機會閱讀他多種未發表的手稿，…我把他看作我們時代最系統的思想家，即便把邊沁也考慮在內。邊沁的大廈是很好地整合在一起的，但它卻是根據一個更簡單的計劃而建造的，且涵蓋更小的地面。就整體而言，在柯勒律治那裡有比在所有其他同時代作者那裡更多的精神食糧，而且是最好的思想食糧。[24]

柯勒律治起初也曾贊同啟蒙運動思想家的主張，但自十八世紀末開始，他改變了觀點，認為社會弊病只有透過道德與宗教教育才能得到解決。這使他相信教士階層最為重要。他也認為社會的各種制度、慣例體現了內在的規範，而這些規範則是社會的各種制度、慣例的起源和目的之所在。這些規範是我們需發現的終極真理的一部分。　[25]　這不能不使人感到十九世紀德國哲學對他的影響之深。他認為英國的政治制度體現了兩個動態的反力：「永久性」和「進步性，」二者雖然相反，但卻一起支持由教士所表達的道德共識。他還認為物質進步和人的精神發展不是合一的。　[26]　在政治上，他是保守的，不贊成民主制度。他的朋友都是托利黨人。

柯勒律治和其他浪漫主義思想家對穆勒的影響主要體現在穆勒對提高民眾精神素質的重要性、人性的豐富性和可塑性以及社會性、社會制度和組織的歷史性等觀點的接受。但穆勒從未接受他們

政治上反自由、反民主的保守主義。他始終相信自由主義的目標最終會實現，因而一直倡導個人權利、法制、市場經濟、代議制、寬容等自由主義的主張。他認為激進派的目標和價值都是對的，但需要更好的理論論證給予支持。 [27] 浪漫主義思想中的合理部分正好可用來彌補激進派理論中的不足，服務於自由主義的理想。所以他試圖對激進派思想和浪漫主義思想二者都進行批判的揚棄，從而達到一個綜合，將自由主義發展到一個新的高度。

二、聖西門主義

在這一時期，除了接觸在政治上偏右的浪漫主義思想家，穆勒也結識了政治上偏左的聖西門主義信徒，並從聖西門思想中得到許多啟發。他在《自傳》中寫道：

「法國聖西門學派的作者比任何別的作者都更多地給我帶來了新式的政治思想。在1829—1830年期間，我開始瞭解他們的著作。那時他們仍處在思想的早期階段。他們還沒有把自己的哲學說成一種宗教，也還未規劃他們的社會主義方案。他們剛剛開始質疑財產世襲原則。」[28]

聖西門（Henri de Saint-Sumon 1760—1825）是十九世紀最著名的空想社會主義者之一。他出生於巴黎的一個大貴族之家。他家是曾在路易十四及其後的攝政時期起過重要作用的聖西門公爵（Duc de Saint-Simon）的近親。聖西門本人曾被授予貴族頭銜。聖西門在十七歲時得到軍事委任，十九歲隨法軍到美國參加獨立戰爭。其後曾到過墨西哥、荷蘭和西班牙。法國大革命爆發後，他回到法國。在革命期間，他放棄了貴族頭銜和他的貴族姓。與此同時，他也同一個德國人合夥做生意，發了大財。其後，他曾資助了一批科學家、藝術家，並從他們那學到了許多東西。但他的財富很快耗盡，所以他的後半生基本上是在貧窮中度過的。除了他生前發表的多種著述外，他的學生在他去世後將其講演匯輯成書，以《聖西門的學說》為書名而發表並產生了極大的影響。[29] 聖西門對當時的英法社會給予了尖銳的批判。他認為資本主義制度不是最終與永恆的，它會被一個更好的社會所代替。這個更好的社會就是他所提出的實業社會。在這樣一個社會中將不再有人對人的剝削，人們將「各盡所能，按勞分配。」在論證他的理想的過程中，

他也提出了一種歷史哲學，對資本主義出現以及消亡的必然性進行了歷史的分析。此外，他還將階級的劃分與人們的經濟狀況聯繫了起來。

穆勒對聖西門思想的接觸是從與聖西門的追隨者戴希塔爾（Gustave d'Eichthal 1804—1886）相識開始的。二人於1828年5月初次見面，並終身保持聯繫。聖西門思想對穆勒影響最大的部分是其歷史主義。他回憶說，聖西門學派關於歷史進步的自然順序、特別是其將歷史劃分為有機的（organic）和批判的（critical）時期的觀點給他的印像極深。 [30] 按照聖西門的觀點，人類社會發展與進步的過程實際上就是有機的和批判的時期不斷交替的過程。有機的時期是建設性的，而批判的時期則是破壞性的。在有機的時期，人們有共同的信條，其社會制度運轉良好，適應其社會需要；而在批判的時期，人們不再有共同的積極信條，而只同意以往的信條應予放棄，而這時其社會制度已跟不上社會發展的需要。歷史上的任何一種社會制度都必然從有機的時期走向其批判的時期，然後被一個新的制度所代替。人類社會最終會達到一種永久的有機時期。 [31] 正是基於這樣的歷史觀點，聖西門學派斷言資本主義制度終會被一個更好的社會所代替。同時，這種觀點也對歷史上出現過的各種制度在歷史上的積極作用加以肯定。穆勒完全接受了這種觀點，認為必須在歷史的上下文中對思想和制度進行評價。在他看來，他正生活在一個批判的時期，一個封建制度走向滅亡的過渡時代。他期盼著一個更好的有機時期的來臨。 [32]

穆勒認為聖西門派對自由主義的許多批評是正確的。正是聖西門思想使他認識到古典政治經濟學的侷限性，因而不再把私有制和財產繼承權看作天經地義和永恆不變的事實，把生產和交換自由看作社會改良的最終表達。當然，穆勒對聖西門思想的吸收仍是站在自由主義的立場上來進行的。他欣賞聖西門派理想之崇高，但他一

直不認為聖西門所描繪的理想社會有可行性和有效性。另外，他也反對聖西門派所主張的權威主義。這一切都解釋了穆勒為何始終不加入聖西門運動，雖然他一直都在閱讀聖西門派的著作、關注其運動的進展。

三、結交摯友斯特林

　　在1826—31這一時期的大部分時間裡，由於穆勒在思想上的特殊位置，在精神上他感到極為孤獨。正像海耶克所說的那樣：「儘管正是在他生活中這一時期，他走出去尋求與他人的友誼並自由地與社會上多種多樣的人來往，但在根本上他仍是孤獨的。[33] 他對激進派的批評態度已使他無法像以前那樣同他的父親詹姆斯在思想上保持一致。他父親大概做夢也想不到自己的兒子——他和邊沁精心為功利主義和自由主義的事業培養出的接班人正在熱衷於像柯勒律治那樣的保守派的思想。在這期間，穆勒為了避免與父親爭論，每當與父親觀點不一致時，他就保持沉默。好在父子倆對時事的看法仍是一致的，所以二人間的分歧並未表面化。與此同時，由於穆勒不能認同浪漫主義思想家的政治理念，他無法與他那些全心全意信奉浪漫主義思想的新朋友志同道合。從他給斯特林的一封信中，我們可以體會到他的孤獨是多麼深切。他這樣寫道：

　　當前我相信就整體而言，我那從不強烈的與社會的共鳴比以前要強烈得多。我所說的孤獨是指缺少了那種在我人生中的大部分時間都與我相伴的感覺——那種旅途中同路人對彼此的感覺，那種戰友間的感覺，也就是那種一起追求共同目標、在艱巨的工作中互相鼓舞和互相幫助的感覺。那畢竟是個人間共鳴的一種最強的連結者。但現在就我而言，如果那種連結還沒有完全終結，至少也暫時中斷了。[34]

　　當然，就友誼而言，穆勒在這段時間內與斯特林成為摯友。在他一生中大概沒有同第二個人有過如此深厚的友誼。二人的第一次見面是在1828年2月倫敦辯論社的一次聚會上。當時斯特林和莫里斯第一次參加該社的活動。他們二人，作為柯勒律治的信徒，給與

會者帶來了與邊沁主義完全不同的歐陸思想。此後，穆勒與斯特林很快就成了好友。穆勒對斯特林給予高度評價。在《自傳》中，他這樣寫道：

約翰·斯特林John Sterling

（倫敦國家肖像美術館National Portrait Gallery，London）

不久我與斯特林就很親密了，而且我對他的好感超過了對所有其他人。他的確是一個最可愛的人。他坦率、熱誠、重感情和大度的性格，形成了對我和對其他認識他的人很有吸引力的多種品質的組合。他開放的心靈使他毫不困難地跨過觀點相悖之鴻溝而與我攜手並肩。他曾告訴我起初他和其他人是如何（根據傳言）把我尊為一個『產品』或一個製造出來的人，以為我只能複製那些已被印在我頭腦中的意見，而他的看法改變有多大，當他在我們對沃茲沃思和拜倫的討論中發現沃茲沃思以及這個名字所包含的一切『屬於』我的像『屬於』他和他的朋友們的一樣多 [35]。

對穆勒來說，斯特林雖不是個出色的思想家和作者，但他的個

性如此豐富、可愛，以至他的存在本身就已給世界帶來極大益處。[36] 斯特林對穆勒也是一樣看重。斯特林在病中寫給兒子的信上是這樣描述穆勒的：

他是我多年的朋友，一個最真誠、最高尚的人。他有著溫暖、正直和真正崇高的靈魂，呆板、甚至冷漠的外表，和一個推理時像一個大蒸汽機在運轉一樣的頭腦。他將這三者結合為一體。你若有一天能與他熟識，將會是很幸運的。我與他的親密交往是我一生最大的兩件幸事之一，儘管我設想幾乎沒有兩個生靈會比我和他更不相同。我常常想知道我是否讓他根本受不了。但我能確定，他明天就會砍下他的手，如果那會使他看到我的康復。 [37] 從穆勒和斯特林上面的這些話，我們可以想見二人間是怎樣情深義重。

在穆勒人生的這一階段，比友情更重要的事件則是與哈麗特·泰勒（Harriet Taylor 1807—1858）愛情的開始。在1830年與泰勒相遇後，他內心不再孤獨。從此，他有了一生的知音和摯愛。

註釋：

[1]John Stuart Mill（約翰·斯圖亞特·穆勒），Autobiography（《自傳》），ed.John M.Robson（約翰·魯伯森），London, Penguin Books, 1989，第127—128頁。

[2]John Stuart Mill（約翰·斯圖亞特·穆勒），Autobiography（《自傳》），ed.John M.Robson（約翰·魯伯森），London, Penguin Books, 1989，第130—131頁。

[3]Jacques Barzun（雅克·巴扎恩），"Romanticismin" Collier's Encyclopedia (MacMillan Educational Corporation, 1974)，第20卷，第62頁。

[4]羅素：《西方哲學史》（下卷），馬元德譯，商務印書館，1982年版，第213頁。

[5]參見Nicholas Capaldi（尼古拉斯·凱帕羅蒂），John Stuart Mill: A Biography (Cambridge: Cambridge University Press, 2004)，第89頁。

[6]參見Nicholas Capaldi（尼古拉斯·凱帕羅蒂），John Stuart Mill: A Biography (Cambridge: Cambridge University Press, 2004)，第91頁。

[7]邁斯特和盧梭的話均轉引自Barzun文，第163頁。

[8]Mill, Autobiography，第130頁。

[9]Collected Works of John Stuart Mill, vol.l, eds.John M. Robson and Jack Stillinger (Toronto and London: The University of Toronto Press and Routledge and Kegan Paul, 1981)，591頁。為簡潔起見，在此後的註釋中，Collected Works of John Stuart Mill將用「CW」代表，其卷數用羅馬數字表示。例如，Collected Works of John Stuart Mill的第一卷將用「CWI」來表示。

[10]參見Mill, Autobiography，第139—140頁；也參見Capaldi書，第88頁。

[11]有關細節，見Michael St. John Packe（邁克爾·聖·約翰·派克），The Life of John Stuart Mill (New York: The Macmillan Company, 1954)，第168—69頁。

[12]參見Capaldi書，第94—95頁。

[13]參見 "Mill to Carlyle"（July 17, 1832), CWXII, ed.Francis E.Mineka (1963), 113。

[14]參見Capaldi書，第95—96頁。

[15]參見Capaldi，第95頁。

[16]參見Capaldi，第96頁。

[17]羅素：《西方哲學史》（下卷），第219頁。

[18]參見Capaldi書，第98頁。

[19]Kathleen Coburn（凱思琳·考伯恩）：「Samuel Taylor Coleridge」，見Collier's Encyclopedia (MacMillan Educational Corporation, 1974)，第6卷，第702A—702B頁。

[20]Capaldi，第97頁。

[21]見Michael St. John Packe（邁克爾·聖·約翰·派克），The Life of John Stuart Mill (New York: The Macmillan Company, 1954)，第83頁。

[22]轉引自Packe書，第83頁。

[23]Thomas Carlyle（湯瑪斯·卡萊爾）：The Life of John Sterling (Boston: Phillips, Sampson and Company, 1851)，第69頁。

[24] "Mill to John Pringle Nichol"（April 15th, 1834），見CWXII (1963)，第221頁。

[25]參見Capaldi，第97—98頁。

[26]參見Capaldi，第98頁。

[27]參見Capaldi，第99—100頁。

[28]Mill, Autobiography，第131頁。

[29]此處關於聖西門的生平事跡的介紹，參見Arthur John Booth（亞瑟·約翰·布斯），Saint-Simon and Saint-Simonism: a Chapter in the History of Socialism in France (London: Longmans Green, Reader, and Dyer, 1971)，1—9頁；Frank Manuel（富蘭克·邁紐爾），"Saint-Simon.Comte De" (Saint-Simon, Comte De), Collier's Encyclopedia，第20卷，第368—369頁；章海山，《聖西門》，周輔成編《西方著名倫理學家評傳》，上海人民出版社，1987年，第817—820頁。

[30]見Mill, Autobiography，第101頁。

[31]Iris Wessel Mueller（愛瑞斯·威塞爾·繆勒）：John Stuart Mill and French Thought (University of Illinois Press, 1956)，第60頁。

[32]見Mill, Autobiography，第132—33頁。

[33]E.A. Hayek（海耶克）ed., John Stuart Mill and Harriet Taylor: Their Correspond-ence and Subsequent Marriage (Chicago: University of Chicago Press, 1951)，第33—34頁。

[34]"Mill to Sterling"（April 15，1829), CWXII, 29—30頁。

[35]Mill, Autobiography，第126—127頁。

[36]參見Packe書，第85頁。

[37]Ann Kimball Tuell（安·肯鮑爾·圖爾）：John Sterling, a

Representative Victorian (New York: The Macmillan Co., 1941),第69頁。

第六章　知音與摯愛
一、穆勒心中的哈麗特

　　穆勒第一次見到哈麗特·泰勒是在1830年的夏天。當時穆勒24歲，[1] 而哈麗特只有23歲。不過，哈麗特那時已結婚4年並有兩個孩子。在其後的20年，他們二人享有了人世間難得的精神戀愛之幸福，但也飽嘗了因不能結合而帶來的痛苦。雖然在哈麗特的丈夫病逝兩年後這對有情人終成眷屬，但二人婚後在一起生活了才7年哈麗特就病故了。由於哈麗特是在法國渡假時去世的，她被葬在法國阿維尼翁（Avignon）的聖維蘭（St.Veran）公墓。她去世之後，穆勒在她的墓地附近買下一棟房子，並每年到此度過相當多的時間。他就是在那棟房子裡去世的。他去世後與哈麗特合葬，一起長眠在聖維蘭公墓。

　　哈麗特無疑是穆勒一生的知音和摯愛。他們之間的情感並非僅僅是熾熱、深厚的男女之愛，而且也是志同道合的精神伴侶間的心心相映。穆勒將與哈麗特的相識看做他一生最大的幸事。在《自傳》中談到二人的相識時，他說：與哈麗特的友情「是我此生的榮幸和最大的福祉，而且也是我們相遇後我試圖為人類進步所作的、或希望做的大部分事情的源泉。」[2] 穆勒不僅僅將哈麗特看做他靈感的源泉，而且也將她看做他的著作的合作者。每一個讀過穆勒的《自傳》和他的《論自由》一書的人都會對此有深刻印象。穆勒的《論自由》是獻給哈麗特的。穆勒的獻詞是這樣寫的：

　　謹以此書作為令人珍愛而又令人悲哀的對她的紀念：她——我的朋友和妻子——是我的著作中所有精華的靈感和部分的作者；她對真與善的高度洞見是我最強烈的推動力；她的認可是對我最大的獎賞。像我多年來所寫的一切一樣，這本書屬於她的與屬於我的同樣多；但是就此書的現狀而言，在一個很不充分的程度上，

它有著不可估價的優越性——因她對它的修改；不過某些最重要的部分曾被留著未改以便做更仔細的重新考查，而這樣的重新考查現在已是絕不可能了。在失去了她幾乎舉世無雙的智慧的激勵與幫助後，假如我所能做的僅僅是向世界解釋一半埋在她墓中的偉大的思想和高尚的情感，作為中介的我也就給世界帶來了比我所能寫的一切更有益的東西。 [3]

在《自傳》中，穆勒也多次提到哈麗特對他的思想發展的影響和寫作的直接參與。實際上，穆勒寫《自傳》的重要原因之一就是想讓世人瞭解哈麗特對他在道德上和思想上的影響從而給予她應得的評價。穆勒清楚地說道：雖然寫《自傳》的動機不止一個，「但比其他原因更重要的動機是想感謝那些對我的智力和道德發展有幫助的人們。在這些人中，有些是名人，而有些卻沒有他們應得的知名度，在後者之中，有一個人最應被感謝，然而世人卻一直沒有機會瞭解她。」[4] 這個人就是他一生的最愛——哈麗特。

哈麗特·泰勒Harriet Taylor

（英國政治經濟學圖書館The British Library of Political and Economic Science）

　　在穆勒眼裡，哈麗特是世上最完美的人。在穆勒的《自傳》中，哈麗特是一個集穆勒所仰慕的所有品質與才華於一身的人。[5]　在穆勒的筆下，哈麗特是一個比雪萊更好的詩人，一個比他自

己更好的思想家，以及唯一一個像他父親一樣有感召力的精神領袖。 [6] 當然，穆勒並沒有說哈麗特在與他開始交往時就如此完美，但他認為哈麗特有不同尋常的自我完善能力，因而最終成為一個最完美的人。 [7] 穆勒對哈麗特的讚美是只有熱戀的人對愛人才會有的那種讚美；他對哈麗特的評價是一個人所能給予另一個人的最高評價。他這樣寫道：

在最深奧的思辨方面和在對日常生活最細小的關注方面，她的頭腦都同樣是完美的工具——每次總能擊中事情的要害，抓住本質性的思想或原則。滲透在她的敏感性和精神才能中的同樣的準確和迅速，加上她在感覺和想像方面的天賦，使她適於做一個極好的藝術家，正像她火熱而又溫柔的靈魂和強有力的雄辯一定會使她成為一個偉大的演說家。當女人被允許做職業領袖時，她對人性的深刻認識和在實際生活中的辨別力和洞察力會使她擠身於人類傑出的統治者之列。她的才智都服務於我此生所見到的最高尚和最平衡的道德品格。 [8]

雖然穆勒對哈麗特的評價可能過高，在某種程度上誇大了她的美德與才華，但他對哈麗特的深情和哈麗特對他的重要性則是不可否認的事實。不論哈麗特是否真像穆勒所認為的那樣完美，但她無疑是一位很出色的女性。從穆勒與她之間的大量書信，我們可以看到她與穆勒在精神上和道德上的相知與相通。她的確是一個能與穆勒在高層次上進行精神對話的人。她對穆勒思想的影響決非穆勒的虛構。要真正瞭解穆勒，我們必須瞭解他與哈麗特之間的愛情。

二、哈麗特的曾經

　　1807年10月10日，哈麗特出生在位於倫敦南部的沃爾沃思（Walworth）。她父親叫湯瑪斯·哈代（Thomas Hardy），是一位外科醫生兼接生士（相當於後來的婦科醫生）。根據哈代家的說法，他們的家族是曾在1844年任澤西島（Jersey）副總督的克萊蒙特·哈代（Clement Le Hardy）的後裔。他們與後來的英國大作家湯瑪斯·哈代（1840—1928）可能有某種血緣關係。哈麗特的父親祖上在靠近克科伯敦（Kirkburton）的伯克思蓋特（Birksgate）有房產，並在舍泊雷（Shepley）有土地和莊園。[9] 但哈代家的許多人都住在倫敦。她父親早年之所以離家到倫敦開業，可能是由於他不是長子，無法直接繼承家產。 [10] 不過，這些家產在哈麗特的伯父去世後全都傳給了她父親。她父親退休後回到家鄉，並作了地方行政官，直到去世。 [11] 哈麗特的母親是沃爾沃思當地人，名叫哈麗特·赫思特（Harriet Hurst）。她的祖上是曾在英國內戰時期頗為顯赫的一個保皇黨貴族。 [12] 當哈麗特出生時，其父已在沃爾沃思行醫多年。他有不錯的收入，並讓他的孩子們都受到了良好的教育。然而，從哈代家的書信看，好像他脾氣不佳，難以相處。[13]

　　哈麗特有姊妹七個，她是老五。她有四個哥哥，一個弟弟和一個妹妹。她的大哥曾與她父親一起行醫，但二十多歲時就因患肺結核而去世。至於其他的四兄弟，一個去了義大利的那不勒斯，兩個去了澳大利亞，一個留下繼承了家業。在這些兄弟中，兩個去澳大利亞的發展最好：一個成為最早的英國南澳大利亞省 [14] 檢察官之一，並建了在南澳大利亞首都阿德雷德最大的房子中的一棟，而另一個（兄弟中最小的一個）則因建造了在阿德雷德最初兩座跨過

托瑞斯河（Torrens River）的橋而被人們紀念。結果最壞的是那個留在家中的兄弟。他不僅沒有有所作為，而且還丟掉了祖上傳下的全部家產。關於哈麗特與她兄弟以及妹妹的關係，好像她只與弟弟感情較好。[15]

約翰·泰勒John Taylor

（英國政治經濟學圖書館The British Library of Political and Economic Sciencel

哈麗特在十八歲半時與比他大十一歲的商人約翰·泰勒（John Taylor）結了婚。關於她婚前的生活經歷以及她為何與約翰結婚，現存的資料沒有提供相關的訊息。但一般的推論是她的父母為她安排了這椿婚事，而且她自己也不反對。至於哈麗特家與約翰家如何相識，我們也不得而知。不過，兩家有可能早有交往，一來，兩家都信唯一神教（Unitarianism [16]），二來，一家行醫，而另一家買藥，有可能有業務上的交道。約翰當時是生意興隆、已有至少五十年歷史的批發藥品公司「大衛·泰勒和兒子」（David Taylor & Sons）的低級合夥人。這家公司曾由約翰的祖父經營，但後來由他的三個兒子接替了他。到約翰與哈麗特結婚時，約翰的大伯父大衛已是高級合夥人。 [17] 約翰的祖父曾是穆勒家的鄰居。穆勒回憶說，他小時候曾到這位老人的花園中玩過，並對老人留下了很深的印象。他是這樣描述約翰的祖父的：「他是一個很典型的蘇格蘭清教徒：嚴厲、正經、有力，但對孩子們很好，並使他們對他難以忘卻。」 [18] 對約翰本人，穆勒評價道：他是「一個最正直、勇敢和令人尊敬的開明而又有教養的人，」但他「缺少了使他能成為她的伴侶的智力上和藝術上的欣賞力。」 [19] 而卡萊爾則把約翰描述為「一個天真、呆板的好人。」 [20] 不過，約翰對現實生活的瞭解並不一定天真。他畢竟是一個很成功的商人。而且，他也絕不是一個只知經商、對其他事情全無興趣的人。他是一個政治上的激進派，積極參與了當時許多推動改革的活動。 [21] 例如，他積極支持了倫敦大學大學學院（University College）的建校（此校由改革派所建，是當時在英國最開放、最自由的大學），並幫助了許多外國政治避難者。他是所在地唯一神教教會的重要成員，為其做了許多工作。正是透過他所在的教會，哈麗特結識了那些日後對她的思想產生了巨大影響的朋友。

在他們結婚的頭兩年，哈麗特好像並未感到不幸福。從她與約翰在那段時間的通信看，她與約翰的感情很好。哈麗特在給約翰的一封信中曾這樣寫道：

我最親愛的約翰，

雖然我知道我不必很快給你送另一封信，因為我昨天剛給你寫過信，但我不忍拖延給你寫信的快樂，即使你不該在這親眼看到我的這種快樂。我最親愛的，昨晚我從愛德華那得到你的信。你給我的每封信（僅僅看到你的信本身）都給我帶來極大的快樂，而這種快樂簡直是不可想像的。……我把你昨天的來信放在我枕頭下面，以便在我們的小寶貝今天早晨一醒來就讀給他聽。……我親愛的約翰，每過一小時，就離我們的重逢之日更近。我想，基於我現在的感情，我決不會再同意我們的分離。[22]

信中所流露的情感顯然是熱烈而真摯的。當然，那時哈麗特對約翰的感情也可能是一個未談過戀愛的年輕女子對一個年長的好丈夫的依戀之情，而且她那時可能還沒有與家庭之外的其他男性接觸過，所以無從比較。後來，與幾位唯一神教教會的活動分子的交往使她的思想得以昇華，但也使她對約翰的感情開始淡漠。不過，在遇到穆勒之前，哈麗特對約翰的不足似乎感覺並不很強烈。在他們婚後的五年多中，他們已有了兩個兒子。當哈麗特認識穆勒時，她已懷上了她與約翰的第三個孩子。當然，二人間不盡如人意的方面早已存在，因而穆勒的出現才能使這表面上完美的婚姻陷入最深刻的危機。

在認識穆勒之前，在哈麗特的社交圈內都是唯一神教教會成員。為了哈麗特，我們有必要瞭解一下唯一神教。唯一神教有很長的歷史，且有多種派別，但所有唯一神教教徒都反對正統基督教所倡的聖父、聖子、聖靈三位一體的學說，主張只有上帝本身才是神，聖子與聖靈都不能與之平列。由於唯一神教主張上帝神性的唯

一性，所以認為耶穌不是神，而是一個了不起的人。 [23] 在唯一神教的信徒看來，人們應追隨耶穌，以耶穌為榜樣，而不應將他當做神那樣去崇拜。唯一神教的核心價值包括：崇尚理性，提倡宗教和思想自由，提倡個性發展，主張男女平等。 [24] 對耶穌的人性化、對理性的推崇，在一個基督教文化占統治地位的國都，無疑意味著對人間一切權威的挑戰、對個性發展的推崇。正因如此，唯一神教的信徒以重理性、反教條、講寬容、重個性、敢創新而著稱。他們中有許多很有文化的人，其中包括像大化學家普里斯特利（Joseph Priestly 1733—1804）和大文豪狄更斯那樣的傑出人物。就英國十九世紀的一神教教徒而言，他們積極推動和參與當時的社會和政治改革，成為激進派、功利主義者的有力同盟軍。

在十九世紀二十到三十年代的英國，威廉·約翰遜·福克斯（William Johnson Fox 1786—1864）是最重要的唯一神教者之一。他是一個極出色的演說家。雖出身貧寒，但他的才華使他成為一個令人矚目的公眾人物。當時他是南場教堂（South Place Chapel）的牧師。除了傳教，他還是唯一神教的機關刊物《每月寶庫》（Monthly Repository）的主編，並於1831年買下了該雜誌。哈麗特在1826年認識了福克斯，並很快成了他的追隨者和親密的朋友。 [25] 福克斯對哈麗特的思想一定產生了深刻的影響。《每月寶庫》不僅是當時最激進的刊物之一，也是當時最具女權主義色彩的刊物。它的許多撰稿人是女性。與這些女作者的交往無疑使哈麗特對與女權相關的許多問題開始有了新的思考。在這些女撰稿人中，最著名的是哈麗特·馬蒂諾（Harriet Martineau 1802—1876）——英國最早的女性職業作家、女權主義者。她的早期生活是非常不幸的：在十二歲時喪失了聽力，在二十四歲前已經歷父親、大哥、未婚夫去世以及貧窮破產之苦。她自十九歲時開始為《每月寶庫》寫稿，經過了十年的艱辛工作後，她已是一個很成功的作家，為求自立、爭平等的婦女們樹立了一個很好的榜樣。 [26]

她的女權主義思想對哈麗特（泰勒）的影響清楚地反映在後者這一時期的寫作中和其後的主張中。在這些《每月寶庫》的女撰稿人中，與哈麗特有著更密切來往的是弗勞爾姐妹，尤其是其中的姐姐。這倆姐妹中，姐姐叫伊麗薩·弗勞爾（Eliza Flower）或莉齊（Lizzie，莉齊是伊麗薩的暱稱），妹妹叫薩拉·弗勞爾（Sarah Flower）。姐妹倆都是《每月寶庫》的主要撰稿人，都是很有才華、魅力和激情的美麗女性。他們的父親是福克斯的好友。他去世前，將薩拉、莉齊姐妹倆託付給福克斯。哈麗特與莉齊的關係尤為密切。由於同是女性且是好友，莉齊對哈麗特的影響也許比其他唯一神教者和女權主義者更直接。莉齊與福克斯是一對志同道合的情侶。他們先是無法結合的情人（因福克斯已婚），後終結為夫妻（福克斯離婚後）。在這中間，他們曾未婚同居，招來許多非議，以致危及福克斯在教區中的地位。在那些困難的日子裡，莉齊把哈麗特當做知心朋友來傾訴苦衷，而哈麗特也以同樣的信任和熱情來對待莉齊。[27]

　　與這樣一些生活得很充實、興奮的朋友相比，哈麗特開始對她無所事事的生活感到不滿，對她丈夫的不足之處感到失望。於是，她也開始寫作，對許多問題，特別是有關婦女的問題進行探討。同時，她也越來越清楚地意識到，她的丈夫約翰沒有藝術、哲學方面的靈性，所以，她對他的激情也開始消失。正是在這種情形下，她決定向福克斯求助。大概是在1830年春的一天，她找到福克斯說：她有些哲學問題需要找人討論，但又找不到人討論。福克斯決定介紹她認識穆勒。 [28] 於是，福克斯安排穆勒、穆勒的兩位朋友、馬蒂諾以及他本人一起參加了在哈麗特家的一次晚宴。這就是那改變了穆勒與哈麗特人生的摯愛之始。

　　那時只有二十三歲的哈麗特，顯然是一位很有魅力的女性。雖然在穆勒的筆下，她的外貌和風采幾乎從未被提及，但她的肖像和

其他人對她的描述都證明如此。克萊爾在數封信中用「最美的」或「美人」形容哈麗特， [29] 並曾說「不到二十五歲的她活像浪漫故事中的女主人翁，有著最清晰的的洞見，最高貴的意志，然而，有趣的是，難測的命運。」 [30] 福克斯的女兒在描述二十五歲左右的哈麗特時曾這樣寫道：

這時可能二十五歲左右的泰勒夫人具有一種獨特的美和高雅。高 [31] 而又輕盈，微微下垂的身體，伴隨著波浪般優美的動作。她有著不大的頭部，天鵝樣的前頸，珍珠般的皮膚，深色的大眼睛——看上去既不軟弱，也無倦意，而是頗有主宰力。與眾不同低而甜美的聲音加強了她那引人注意的性格的效果。她的孩子們崇拜她。 [32]

二十多歲時的穆勒，不僅已是一個知名度很高的才子，而且也不乏吸引女性的性格和外表。現有的穆勒畫像只反映了三十歲之後的穆勒形象（在他因病而大量脫髮並得了眼疾之後），但從他同時代人的描述中我們仍可大致想像出年輕穆勒的風采。克萊爾在1831年初次見到穆勒後是這樣描述穆勒的：他是「一個細高而優雅的年輕人：小而乾淨的、有著羅馬式鼻子的臉，一雙真摯地微笑著的小眼睛；謙遜，在說話的準確性方面有非凡的天賦，熱情而又頭腦清楚、平靜；雖算不上偉大，但是才華出眾而又和藹。」 [33]

在與哈麗特見面之前，穆勒與福克斯已有密切的來往。由於激進派與唯一神教的種種相同之處，二者的合作、二者成員的來往則是非常自然的事情。一方面，有些邊沁的弟子加入到福克斯的圈子之內，而另一方面，福克斯本人也在激進派的機關刊物《威斯敏斯特評論》上發表過文章。所以，穆勒對唯一神教的人並不陌生，與他們在一起感到很自在。這就為他與哈麗特的深交打下了基礎。除了這種大背景外，穆勒當時的特定情況使他與哈麗特的感情成為順理成章之事。象上一章所言，經歷了精神危機後的穆勒，精神上很

孤獨。一方面，他不能再全心全意地贊成激進派的哲學思想，而另一方面，他又不能贊成浪漫主義者保守的政治主張。就個人友誼而言，雖然他有幾位朋友，但此時他們有的不在他身邊，有的不同意他的新觀點。斯特林這時已結婚並住在英屬殖民地西印第斯（West Indies），容巴克（Roebuck）不欣賞穆勒所喜愛的沃茲沃思的作品，格雷厄姆（Graham）剛從生活了五年之久的印度回來，愛頓（Eyton Tooke）則因誤以為自己戀愛失敗而自殺。[34]在這種時候，一位像哈麗特這樣才貌出眾、志趣相投的年輕女性很自然會吸引他的注意力，贏得他的愛慕。

三、抽刀斷水水更流——止不住的情

在最初的交往中,穆勒是以一個老師的身份出現在哈麗特面前的。但很快二人的關係就變得很平等了。對浪漫主義詩人的欣賞使二人感到強烈的共鳴。據說在與哈麗特相識之前,穆勒只是很喜歡沃茲沃思的作品,但對雪萊的作品知之甚少。而正是哈麗特將雪萊的詩介紹給了他。此後,雪萊一直是他最喜愛的浪漫主義詩人。與其他浪漫主義詩人不同,雪萊是一個政治上的激進派。早在1811年,他就因著文說不存在令人信服的關於上帝存在的論證而被趕出牛津大學。他後來繼續論證說:上帝是對人類最寶貴的價值——寬容和平等——的一種比喻性的表達,而宗教如同詩一樣為人們提供了對世界和人在其中的位置的綜合看法。他還主張擴大投票權以及向不勞而獲的財富徵稅。在哈麗特特別喜歡的《自由了的普羅米修斯》(Prumetheus Unbound)中,雪萊提出壓迫者和被壓迫者都是有毛病的社會制度的犧牲品。這一觀點也由哈麗特介紹給穆勒。據友人回憶,在穆勒去世的前三年,即1870年,他曾非常激動地大聲朗誦雪萊的《自由頌》,最後幾乎由於太動感情而說不出話來。 [35] 也許,讓他激動不已的不僅是雪萊的詩句本身,而更是由此所勾起的對往事的回憶。除了在詩歌、藝術欣賞方面的共識,穆勒與哈麗特在道德上、政治上也完全志同道合。在兩人相遇之前,在穆勒的生活中從未有人對他如此的相知相通,而且這種相知相通在二人的交往中貫徹始終。得一真正的知己已是人生之大幸,況且是一位有魅力的異性知己。由此也就不難解釋為何穆勒與哈麗特的愛情如此天長地久。

按照穆勒的說法,他與哈麗特交往了至少兩年後關係才變得非常密切。 [36] 但有人推論他們的密切來往是在相識一年內就開始

的。一來，哈麗特的好友莉齊在1831年6月給哈麗特的一封簡訊中問道：那篇文章（指發表在《愛丁堡評論》上的一篇關於拜倫的文章）「是你還是穆勒寫的？」由此可見，莉齊那時已認為穆勒與哈麗特交往密切、觀點相近。另外，從穆勒的一位法國友人在1832年9月給約翰·泰勒的一封信看，在這之前穆勒和約翰·泰勒曾有衝突並已和解。 [37] 這說明穆勒與哈麗特的密切關係在1832年9月之前已引起過約翰的強烈不滿。無論他們的相愛始於1831年還是1832年，一旦他們意識到彼此之間的感情，他們就陷入了痛苦、無望的困境。畢竟，哈麗特已為人妻、為人母，而且約翰是個他們不忍心傷害的好人。他們的婚外戀如果繼續下去，不僅二人的名譽會受到損害、穆勒的前途會受到影響，而且他們會因欺騙約翰而痛苦。透過哈麗特的離婚來結束婚外戀不是完全不可能，但在當時的情況下並不可行。一來，她的離婚並不一定會得到批准，因當時只有通姦和暴行才被算作離婚的正當理由（穆勒與哈麗特間有的只是精神戀愛，而約翰又是個善待妻子的好丈夫，所以通姦和暴行在他們的情形下都不存在）。二來，按當時的法律，離婚後孩子歸父親所有。哈麗特不願放棄她的三個孩子。三來，在當時的英國，離婚者不經一個特殊法律條文批准，不得再婚。 [38] 於是，在以哈麗特不離婚的前提下，二人為走出他們的困境作了最大的努力。

　　為了儘可能誠實地處理他們的問題，哈麗特主動向約翰談了她對穆勒的感情，告訴他穆勒更深地打動了她的心，但她沒有做任何對不起他的事情。約翰勸她為了她自己、為了穆勒、也為了她對家庭的義務而放棄與穆勒的來往，為了大家長遠的滿足而忍受眼前與穆勒分手所帶來的暫時的痛苦。 [39] 於是，哈麗特託人給穆勒送去一封斷交信，對穆勒說，他們間的一切都已結束，以後二人不要再見面。此信的日期不詳，但穆勒是在1832年的8月初收到它的。當時他剛從兩週的旅行回來，並準備帶著為哈麗特採集的鮮花去看她。哈麗特的斷交信無疑使他非常痛苦，但他還是用法語寫了一封

覆信，一方面對哈麗特的決定表示尊重，而另一方面反映了他對二人終將走到一起的信念。他的回信全文如下：

寫了這些字的手給人賜福！她給我寫了信——這就足夠了，儘管我不能硬說她的信不是在向我說永遠的再見。她決不可相信我會接受這樣的告別。像她說的，我們已分道揚鑣。但我們定能、也應該再走到一起。當這一天到來時，不管是在何時、何地，她都會發現同樣的我——仍與過去和現在一樣。

她會被服從；不會再有我寫的信擾亂她的平靜或在她痛苦的杯中加入另外一滴。她會被服從，為了她所給出的理由，即使她僅僅是告訴我她的願望，她也會被服從。服從她，是我的必需。

我相信她不會拒絕接受我從新森林的深處帶給她的這些小花。把它們給她，如果必要，就算是你 [40] 送的。 [41]

給哈麗特回信後，穆勒全力以赴地投入工作，想以此壓倒因與哈麗特「絕交」而帶來的痛苦。 [42] 但二人的「絕交」是非常短命的。幾星期後二人又見面了，雖然在復交之初彼此都儘量保持一定距離、不再表現出以往的親密。據說是哈麗特主動恢復了二人的來往。由於觀察到與她分手後穆勒的作品大不如以前，意識到她對穆勒這樣一位能為人類進步做出極大貢獻的思想家的重要性使她感到對人類負有了一種重大的責任，並認為她對人類的這種責任同她對丈夫和家庭的責任一樣重大。所以，她相信她必須幫助穆勒成就偉大的事業。因此，她對丈夫約翰說，她不能將穆勒完全排處在她的生活之外。 [43] 於是，穆勒又重新成為她家的常客，二人又重新就寫作問題進行通信。起初，二人每週見幾次面，而約翰也給他們的見面提供方便。但後來（大約在1833春）二人的關係又變得日益密切，以致讓約翰無法忍受。所以，他再次勸哈麗特與穆勒停止來往，但這次她沒有聽從他。不過，她表示願意聽從他的安排，只要她還可以與穆勒保持聯繫。於是，約翰提出與哈麗特分居半

年，讓她到巴黎去住，以便讓哈麗特在感到了與他分離的痛苦後回心轉意，重新回到他的身邊。哈麗特在1833年9月到達巴黎，穆勒則在10月也到了巴黎，並住了六個星期。他這時已堅信他與哈麗特在一起生活一定會很幸福，並希望哈麗特在六個月的巴黎生活之後決定離開約翰而與他結合。福克斯——這時已是穆勒的好友，也期待如此。由於「同病相憐」，福克斯與莉齊是最同情、最瞭解穆勒與哈麗特處境的人。在得不到外界諒解的情況下，這兩對情人之間的互相支持與幫助則是非常自然和重要的。莉齊常向比她還小幾歲的哈麗特討主意，而穆勒則常徵求此時已四十多歲的福克斯的意見。

　　從穆勒在這時期給福克斯的信中，我們看出穆勒與哈麗特在巴黎相處的那段時間對他們的意義以及他對哈麗特的摯愛和對幸福未來的憧憬。他在自巴黎發給福克斯的一封信中曾這樣寫道：

　　我本可以給你寫一封長信，告訴你自我到這以後任何一天的事情、感情、思想。這兩個星期僅就其時間性而言好像是一個世紀。說它像一個世紀，是就它已為我們所做之多而言、它給我們帶來了許多年的經歷——大多是好的和幸福的經歷。在以前所有的環境中，我們從不能像現在這樣地靠近，如此完全地親密——我們從不能像現在這樣在無數更細小的關係和關注上都在一起體會；我們絕不曾像現在這麼自由和無保留地說出我們心中所有的想法。我很驚訝，當我想到以前有多少的東西被限制，有多少東西未被說出、未被表明、未被溝通，現在又有多少東西僅僅由於被說出來而得以化解；我們間有如此多的真正的不相同及比這更多的關於我們之不同的錯誤印象——我現在得知了多數這些印象，僅僅是因為它們已不復存在，或它們的存在已不再令人痛苦。最近沒有一天不是在排除某些真正的、嚴重的對幸福的障礙。與她的對比使我以從未有過的謙卑看待自己，使我第一次想到和感到我是如此地配不上她，也使我最強烈地（從未有過地）因我在某些方面不是另外的樣子

（為了她的緣故）而感到遺憾。當然，我現在所知道的並不夠，需要知道的事還很多；就她和我對彼此是否合適而言，幾乎所有引起她顧慮的東西實際上都是出於誤會——而這些誤會現在已不復存在，而且她此刻（她現在）很確信我們倆完全適合在一起度過一生——與現在這種不完全的伴侶關係相比，我們的確更適合完全的伴侶關係。[44]

但哈麗特與約翰的分居，既沒有使她放棄穆勒（像約翰希望的那樣），也沒有讓她下決心離開約翰（像穆勒期望的那樣）。哈麗特在巴黎住了不到六個月就回到了倫敦。她仍想在穆勒與約翰間保持平衡，與兩位男性同時有密切關係。這意味著回到分居前狀態：她與約翰生活在一起，但約翰允許穆勒與她在家見面。當然，她不同二者中的任何一個有性關係，以便同時保持對二者純精神上的友誼。 [45] 雖然穆勒和約翰都不喜歡這樣的安排，但他們對哈麗特的愛使他們都答應了她的要求。不過，這樣的局面使穆勒和約翰都感到越來越難以忍受。所以，在哈麗特返回倫敦的一年左右，約翰給了哈麗特一幢在鄉間的房子，讓她和年幼的女兒長期居住。雖然約翰也時常到那看她們，但那裡主要為穆勒與哈麗特自由往來提供方便。在後來的許多年中，穆勒與哈麗特就是這樣在一起的，直到1851年二人結婚為止。

在哈麗特有了單獨的住處之後，由於穆勒想讓他和哈麗特的關係公開化，他開始帶她一起在一些社交場合露面。但這很快招來了很多非議。在他的朋友中，有不少人不贊成他與哈麗特的關係。他的好友容巴克在目睹了穆勒與哈麗特一起出現在一個晚會上所帶來的尷尬之後，出於對穆勒的關心而勸他終止與哈麗特的關係，但這使穆勒決定終止與他多年的友誼。這大約發生在1835年6月。容巴克曾這樣描寫事情的經過：

我對穆勒的感情是如此熱烈和真誠，以致對他的任何嘲笑都讓

我傷心。我看到，或我認為我看到，他的婚外戀是多麼有害。由於我們在所有事情上都變得像兄弟一樣親密，我很不明智地決定跟他談一下此事。

第二天我帶著這樣的決心來到了印度屋，並坦率地告訴了他我認為他與泰勒夫人的關係會帶來什麼後果。他很冷淡地接受了我的警告。過了一會，我就離開了，而幾乎沒去想我的告誡已產生了什麼效果。

這之後的第二天我又去了印度屋。這不是因為我想重提昨天的話題，只是由於長期形成的不斷與穆勒見面和談話的習慣。當我一走進他的辦公室，我就意識到，對他來說，我們的友誼已經結束了。他的表現不僅是冷淡的，而且是排斥的。看到事情到了這一步，我馬上就走了。在他那方面，我們的友誼已連根拔掉了，甚至是毀滅了，但在我這方面並沒有變化。[46]

從穆勒的角度看，由於他對哈麗特的愛是非常純潔高尚的，所以他期待他的朋友和親人給予他理解與支持。當現實與他的期望正相反時，他的失望和憤怒使他忽略了一些親朋好友的善意，而將他們排除出自己的生活。[47] 他後來對自己的母親和弟弟與妹妹的態度冷淡、甚至敵視，都與他們對哈麗特的態度不像他所希望的好有關。

在他與哈麗特的關係無法被他的社交圈子接受的情況下，穆勒和哈麗特開始退出社交，越來越多地生活在他們兩人的世界之中。在與穆勒交往的最初兩年，哈麗特仍有成為像馬蒂諾那樣的女作家的抱負，但她後來決定全力以赴幫助穆勒，讓他寫出偉大的作品而為人類造福。在二人相處的二十多年中，她的許多思想也透過穆勒之筆留給了後人。

註釋：

[1]穆勒生於1806年5月，所以在1830年他是24週歲。在《自傳》中穆勒說他那時25歲，可能是由於將24歲生日過後即算作25歲。因此，他在《自傳》中所說的25歲相當於中國人所說的25虛歲。

[2]John Stuart Mill（約翰·斯圖亞特·穆勒），Autobiography（《自傳》），ed．John M.Robson（約翰·魯伯森），London，Penguin Books，1989，第145頁。

[3]John Stuart Mill，On Liberty，ed.Currin V.Shields（克瑞V.赦俄勒茲），Indianapolis，IN：The Bobbs-Merrill Company，INC．1956，第2頁。

[4]Mill，Autobiography，第25頁。

[5]Mill，Autobiography，第146頁。

[6]參見E．A．Hayek（海耶克）ed．，John Stuart Mill and Harriet Taylor： Their Correspondence and Subsequent Marriage(Chicago：University of Chicago Press，1951)，第13頁。

[7]參見Mill，Autobiography，第145頁。

[8]Mill，Autobiography，第147頁。

[9]見Michael St．John Packe（邁克爾·聖·約翰·派克），The Life of John Stuart Mill (New York：The Macmillan Company，1954)，第115頁。

[10]參見Hayek 書，第23頁。

[11]見Packe書，第115頁。

[12]見Packe書，第115頁。

[13]參見Hayek書，第23頁。

[14]在十九世紀南澳大利亞是唯一一個完全由自由移民居住的英國澳大利亞殖民省，沒有犯人被流放到此地。

[15]此段中的資料見Packe書，第115—116頁，但評論是本作者的。

[16]關於此詞的含義，見「Unitarianism」一文中的「Terminology」一節 (http：//en.wikipedia.org/wiki/Unitarianism，accessed Aug．2，2012)。在本章中此詞只指一神教教派及信仰，而不是指所有否認三位一體的基督教教派。

[17]參見Hayek書，第24頁。

[18]Mill，Autobiography，第145頁。

[19]Mill，Autobiography，第146頁。

[20]Thomas Carlyle（湯瑪斯·卡萊爾），Reminiscences，第1卷，ed.C．E．Norton (London and New York：Macmillan，1887)，第110頁。也轉引自Hayek書，第24頁。

[21]參見Hayek書，第24頁。

[22]MT Coll.28/143.MS.(「MT Collection」即「The Mill-Taylor Collection in British Library of Political and Economic Science」——穆勒與泰勒通信手稿，存於英國政治經濟學圖書館，也就是倫敦政治經濟學院圖書館；「MS」指「手稿」；

「28/143」指「28卷，第143大張」）。

[23]在當代的英美，許多一神論教成員是無神論者或只相信非人格化的上帝。參見「Unitarianism」一文中的「Terminology」一節及「God」
(http：//www.bbc.co.uk/religion/religions/unitarianism/beliefs accessed Aug.2，2012)。

[24]參見「Core Values」
(http：//www.bbc.co.uk/religion/religions/unitarianism/beliefs accessed on Aug.2，2012)。

[25]見Packe書，第120—121頁。

[26]參見Packe書，第121頁；V.Wheatley，The Life and Work of Harriet Martineau(London，Secker&Warburg，1957)；「Harriet Martineau」
(http：//en.wikipedia.org/wiki/Harrict_Martineau；accessed July 18，2006)。

[27]參見Packe書，第121頁。也見Hayke書，第24頁。

[28]至於福克斯為何讓年輕、聰明、漂亮且已對丈夫有所不滿的哈麗特與穆勒那樣有才華的異性相識，眾說紛紜。一種說法是，福克斯想借哈麗特與穆勒的交往將穆勒托入自己的圈子，使其成為《每月寶庫》的撰稿人（參見Packe書，第127—128頁）；而另一種說法則是，除此而外，他想讓穆勒將注意力從莉齊身上移開。據說在穆勒認識哈麗特之前，他曾追求過莉齊（參見Capaldi書，第102—103頁）。當然，福克斯之所以讓穆勒與哈麗特相識，也許只是認為穆勒是回答哈麗特哲學問題的最佳人選。

[29]參見Hayke，第80—82頁。

[30]參見Hayke書，第111頁。

[31]根據哈麗特護照上的記錄，哈麗特並不高——近5.1英呎（相當於1.55米），但她可能給人的印象較高（參見Packe書，第110頁，注3），加之福克斯的女兒見到她時只有七歲，很容易將一個成年人看得過高。另一個可能性是她護照上的記錄不準確。

[32]轉引自Hayke書，第25頁。

[33]轉引自Hayke書，第29頁。

[34]參見Packe書，第108頁。

[35]見Capaldi書，第103—104頁。

[36]見Mill，Autobiography，第145頁。

[37]參見Hayke書，第36—37頁。

[38]參見Packe書，第138頁。

[39]參見Packe書，第139頁。

[40]可能是指莉齊（伊麗薩·弗勞爾Eliza Flower），因為哈麗特給穆勒的信很可能是由莉齊轉送的（參見Packe書，第139頁）。

[41]法語原文見Hayke書，第38頁，英語譯文見派克書，第139頁。

[42]Packe書，第140頁。

[43]Packe書，第140頁。

[44]Hayke書，第49—50頁。

[45]參見Hayke書，第56頁。

[46]見Robert Eadon Leader, ed., Life and Letters of John Arthur Roebuck (London : Edward Arnold, 1897)，第38—39頁。

[47]派克根據許多的資料得出的結論是：雖然穆勒的確與幾位反對他與哈麗特交往的老友在後來斷絕了來往，但斷交的原因是複雜的，包括在政治上和哲學上的嚴重分歧。參見Packe，第321—25頁。

第七章　《邏輯學體系》

在穆勒的生活中，與哈麗特·泰勒的愛情幾乎同時進行的是《邏輯學體系》（A System of Logic）一書的寫作。不過，此書是唯一一本沒有被穆勒認為是在哈麗特的參與下完成的書。[1] 在1830—1843年期間，雖然穆勒寫了許多論文，但《邏輯學體系》一書無疑是他在這一階段最大的成就。此書是他的第一部長篇著作。在穆勒寫作《邏輯學》的那些年裡，英國的政治改革有所突破。1832年6月，改革派們一直在推動的《改革法案》終於被通過而成為法律。這個法案極大地擴大了選舉權，並將議會中的席位重新分配，讓人口眾多的大城市得到舉足輕重的議員數額。這就使中產階級在政治生活中有了更多的發言權。就穆勒的家庭而言，在那些年中，發生了非常不幸的事情。1836年6月，他的父親因病去世。1840年4月，他的二弟亨利——僅十九歲——也因肺結核而去世。這些對穆勒的打擊是可想而知的。就他自己的身體狀況而言，在父親去世之前已快到了崩潰的邊緣，在那之後，情況更壞。他也曾認為自己生命的盡頭即將來臨。但是，他不僅活下來了，而且還在那段困苦的時間裡繼續著《邏輯學》的寫作。

從體裁和風格上說，《邏輯學體系》是一本經驗主義邏輯學和認識論的教科書，但其思想內容遠遠深於和廣於一般的哲學教科書。毫無疑問，它也是一本關於知識論和科學方法的專著。它以經驗論反對先驗論，主張一切知識都源於經驗、歸納是演繹的基礎。穆勒所說的經驗主要是指觀察和實驗，而觀察不光是指對外在事物的觀察，也包括對人對自身心理活動的觀察。[2] 此書所說的知識包括關於人類社會和人類行為的知識。在穆勒看來，社會發展和人類行為是有規律可循的，所以它們也是知識的對象。因此，關於人

類社會和人類行為的科學是可能的。他將這樣的科學叫做「道德科學」（moral science）。他所說的道德科學基本上等於我們今天所說的社會科學和人文學科中歷史研究的總合（為了方便起見，本章也將穆勒所說的「道德科學」稱為「社會科學」）。關於道德科學的章節是《邏輯學體系》一書最具特色、最重要的部分。《邏輯學體系》全書共分六卷。相對而言，前五卷論述邏輯學與認識論的專業術語較多。但這一切都是為第六卷鋪路的。第一卷解釋了邏輯學的基本術語，諸如「名稱」、「命題」、「定義」等。第二卷重點討論演繹推理及其與歸納的關係，論證了演繹推理的經驗基礎。第三卷主要論述了歸納的基本原理和方法，其中包括了對自然齊一律、因果律的討論。第四卷講歸納的操作，即觀察、描述、抽象、命名、分類等。第五卷講推理中的錯誤。第六卷，也就是全書最重要的部分，將經驗的歸納方法推廣到對人類社會和行為的研究，論證社會科學的可能性。

　　穆勒自1830年開始對《邏輯學體系》的寫作。從此書的動筆到此書的出版，歷經十三年。不過在這期間有五年穆勒沒有進行此書的寫作，由於他感到對物理學的瞭解太少以致難以討論歸納問題，而且當時他找不到一本關於科學的概括和過程的書作參考。惠威爾（William Whewell）的《歸納科學史》（History of Inductive Sciences）在1837年的出版為穆勒提供了他一直期望知道的大量關於科學的資料。這促使他回到對《邏輯學體系》的寫作。值得一提的是，雖然穆勒認為惠威爾提供了很有價值的資料，但他並不同意惠威爾所得出的哲學結論。[3] 穆勒於1840年完成了此書的第一稿，但沒有書商肯出版。在1841年，穆勒重寫了全書。1842年書商帕克（Parker）以極大的熱情決定出版穆勒的書稿。由於當年已來不及出版，所以1843年3月《邏輯學體系》才與讀者見面。[4] 雖然此書未能在1842年出版並不是穆勒所希望的，但它之晚出一年給他提供了一個對此書進行進一步加工、修改的機

會。在等待出版期間，穆勒讓貝恩（Alexander Bain）——一個年輕哲學教師和他的崇拜者——讀了他的書稿。貝恩給他提出一些修改意見並為他提供了許多物理學和化學方面的例子。貝恩於1842年4月自蘇格蘭的阿伯丁來到倫敦，並住了5個月。在這段時間中，他幾乎每週都有兩次與穆勒交談的機會，對穆勒的思想有了很多的瞭解。[5] 這就是為何後來貝恩寫了頗有影響的詹姆斯·穆勒和約翰·穆勒傳記，成為穆勒研究權威。當然，他也以英國著名的哲學刊物《精神》（Mind）之創始人而聞名於世。[6] 根據貝恩所提的意見和所提供的資料，穆勒對《邏輯學體系》書稿，尤其是前三章，進行了一些修改。[7] 此書一出版就大獲成功。它不僅很快被牛津大學、劍橋大學採納為教科書，而且擁有不曾期待的讀者。它甚至上了商店櫥窗。可見它當時之受人歡迎。《邏輯學體系》出版後，立即得到了穆勒的朋友們的高度讚揚和他的反對者的猛烈攻擊。他的摯友斯特林說「它將與英格蘭同在，」[8] 而他的對立面則將它看作宗教的大敵。一篇發表在《大不列顛批評家》上的長達百頁的評論說：如果穆勒在其《邏輯學體系》中提出的原則被接受為對真理的充分陳述，那麼基督教神學的整個結構必被動搖和推翻。[9] 這樣的攻擊比朋友們的讚揚更讓穆勒開心。[10] 《邏輯學體系》的巨大影響也是相當持久的。它曾出了八版，並被用作英國大學的教科書長達半個世紀之久。[11] 即便在二十世紀，它仍被認為是對經驗主義所作的前所未有的深刻闡述。[12]

一、成書動機

穆勒之所以寫《邏輯學體系》，與其說是出於學術的愛好，不如說是出於強烈的政治和道德動機。可以說他之寫作此書旨在為社會、政治和道德改革提供認識論和方法論的依據。他早就清楚的知道任何認識論和本體論都有其政治前提和效果。一定的認識論和本體論總是服務於一定的社會、政治哲學，為後者提供理論基礎。[13]

要有效地改造社會，需瞭解與社會相關的規律。建立能夠預見人類行為、指導公共政策的社會科學一直是邊沁和詹姆斯所希望的。他們對心理學的重視，尤其是詹姆斯對心理學的研究，是他們試圖建立這樣的科學之第一步。在這方面，穆勒接過了邊沁和詹姆斯已開始的工作，並將十九世紀歐洲大陸思想的某些成分應用於他對社會科學的建構之中。[14] 對人性複雜性的肯定、以歷史的眼光看問題之態度使他對人類行為和社會發展的研究比老一代功利主義改革家的更加科學。《邏輯學體系》一書是穆勒建立社會科學的一個嘗試。

《邏輯學體系》一書也是對當時所流行的先驗論直覺主義的一個系統批判。先驗論直覺主義主張存在先天的真理，包括先天的道德真理。顧名思義，先天真理不是透過經驗而得到的，而是先天的。不僅如此，先天的真理還是絕對的、普遍的、永恆不變的。它們只能由直覺來發現。當然，先驗論直覺主義者不否認某些經驗的、後天的真理之存在，但他們認為根本的、重要的真理都是先驗的。正是這些先驗的知識構成了知識結構和方法的基礎。[15] 這種理論在當時是保守派的有力思想武器。那麼。為何如此呢？如果真理與經驗無關、只能由直覺來發現，那麼真理的標準只能由以下

兩方面決定。首先，那些大多數人同意的東西必是在直覺上被認為正確的東西。這就意味著傳統、習俗必體現了普遍而不變的真理，因為傳統、習俗是大多數人所同意的東西。因此，改變傳統和習俗的變革不會是正確的。第二，那些由權威機構和人物所肯定的東西必是在直覺上被認為正確的東西。由於教會和政府是權威機構，他們的代言人是權威人物，宗教教義和政府法令必體現普遍而不變的真理。因此，批判現存宗教和政府的改革不會是正確的。顯而易見，這種直覺主義與政治上、道德上和宗教上的保守主義緊密地聯繫在一起的。作為改革者的穆勒自然要批判這種直覺主義，提倡經驗主義，為改革在理論上進行辯護。穆勒在談到這一點時這樣寫道：

　　我相信，在這些時期，那種認為外在於人的精神的真理是由與觀察和經驗無關的意識之直覺來認識的思想是對壞制度和錯誤學說極大的理智上的支持。在這種理論的幫助下，所有那些其起源已無法記起的根深蒂固的信念和強烈的情感都不必用理性去說明其合理性，而將其自身的存在當作其完全充分的可靠性和合理性的證明。以前不曾有過這種為使根深蒂固的偏見神聖不可侵犯而被設計的工具。在道德、政治和宗教中，這種錯誤哲學的主要力量在於其通常求助於數學和物理科學中數學分支的證據。將其從這些領域中驅逐出去意味著將其趕出其要塞。由於這從未有效地做過，即使在我父親寫了《精神分析》中那些話之後，在表面上看，就已發表的作品而言，直覺主義學派總的說來有最好的論證。為了試圖闡明數學和物理真理的證據之真正性質，《邏輯學體系》在直覺主義哲學家先前被認為無懈可擊之處與他們交鋒；直覺主義哲學家用必然真理之特質去證明必然真理的根據必有深於經驗的源泉，而《邏輯學體系》則用經驗和聯想對所謂必然真理的特質作出自己的解釋。《邏輯學體系》是否已有效地做到了這一切仍無定論。儘管如此，使一種牢牢扎根於人類偏見和偏心的思維方式失去其純思辨的支持只是

向戰勝它的方向邁出的很小一步。雖然只是一步，但卻是很不可少的一步，因為畢竟偏見只能由哲學成功地擊敗。在證明它沒有哲學上的支持和根據之前，無法對它進行一勞永逸的批判。[16]

那麼，經驗論如何為改革辯護呢？首先，如果所有真理在根本上是源於經驗的，多數人的意見就不是檢驗真理的標準，代表多數人意見的傳統和習俗就不總是正確的。況且，源於經驗的關於社會和人類行為的真理不可能是絕對的、超時空的、不變的。在一定條件下的真理，在不同條件下就不是真理。所以，當歷史條件變化後，真理也相應變化，新的實踐也就應隨之而來。所以，傳統、習俗都不應是一成不變的。第二，如果真理源於經驗，權威則不能為真理的仲裁者。當自經驗而來的真理與宗教的教條和政府的法令相衝突時，人們應停止聽從那些宗教教條和政府法令。可見，經驗主義否認了傳統、習俗、宗教和世俗政權的不可侵犯性，因而是為改革開路的。重經驗必重歸納，因為自經驗而來的結論都是透過歸納而得來的。這就是為何穆勒在《邏輯學體系》一書中大談歸納的原因。當然，我們應注意到，穆勒並未否認演繹的作用，而是將歸納和演繹統一起來，將演繹基於歸納，強調了知識的經驗來源。

二、新演繹法——歸納與演繹相統一的科學方法

穆勒的邏輯學既是關於真理的邏輯（logic of truth），也是關於經驗的邏輯（logic of experience），而不是只講演繹的形式邏輯。 [17] 在他看來，只講演繹的邏輯得不出新知識，所以他的邏輯學必須將歸納與演繹統一起來。他的邏輯學也需使用三段論，但它不是關於三段論的，而僅僅以它為手段。他的邏輯學包括兩組規則：(1)演繹規則，和(2)歸納規則。前者早就存在，後者需被發現。後者是發現和證明一般命題的規則。 [18] 他的科學方法就是這種將歸納和演繹統為一體的推理方法。他稱之為新演繹推理。他認為科學推理或他的新演繹推理包括了三個步驟：直接的歸納、演繹三段論、證實。 [19] 這也就是用歸納得到第一原則或演繹的大前提，然後用三段論演繹地推出結論，最後用經驗或已知的經驗規律對所推出的結論加以驗證。 [20] 由於他強調推理的前提是由歸納而來的概括，且驗證是由經驗來驗證，所以推理是從個別到個別。 [21]

他強調了歸納在演繹過程中的中心作用，認為歸納是整個演繹推理的基礎。歸納是他的新演繹方法或科學方法的第一步。這就是說，所有演繹推理在根本上都是以歸納為前提的。演繹推理的結論總是包含在其前提中的，所以演繹推理本身並不能給人以新知識。演繹推理的最終前提不可能源於演繹推理。穆勒認為，演繹推理的最終前提只能源於經驗。根據穆勒的觀點，演繹推理的前提不是先天的、由直覺得來的，而是後天的、由歸納而來的。例如，在「所有人都會死，蘇格拉底是人，所以蘇格拉底會死」這個演繹三段論中，「所有人都會死」這個大前提就是由對經驗的歸納而得來的。

[22]　在複雜情況下，三段論的小前提也自歸納而來，然後用於演繹。可見，經驗是演繹的基礎，歸納比演繹更重要。所以，歸納推理是唯一能使人得到真正的新知識的真正的推理形式。　[23]　不僅如此，歸納同時是發現和證實新結論的運作，　[24]　因為認識的過程是一個從對個別的觀察得出一般結論而後又由個別對一般結論進行檢驗的過程。歸納的主要方法是實驗和觀察。當然，歸納需始於一定的假設，但這種假設不是任意的，而必須是關於原因或規律的命題且能由經驗證實或證偽。　[25]　鑒於歸納在科學研究中的作用，科學邏輯的主要問題就是關於歸納邏輯的問題。正因如此，穆勒曾致力於建立歸納邏輯，試圖為歸納建立嚴格的規則和科學的檢驗標準。[26]

　　要令人信服地說明知識的經驗來源和歸納在認識中的關鍵作用，穆勒必須討論數學知識的性質。像他已指出的那樣，先驗論者在論證知識的先驗性時求助於最多的就是人們對數學知識的看法。穆勒認為，雖然在數學中，演繹推理用得很多，但作為數學推理之前提的數學公理仍是源於經驗的。算術和幾何都是以人類對外在物質世界的感知為基礎的。就算術而言，人們對數的認識離不開感性證據。正是透過眼見、手觸可感對像人們才能理解數的概念和計算。算術來自人們對可感對象進行收集、排列的活動。算術的基本原理是依賴於感官的歸納真理。在談到算術時，他這樣說道：

　　在兩個分開的包裡的三塊鵝鵝卵石和在一個包裡的三塊鵝鵝卵石對我們的感官不能造成一樣的印象；且透過變換同一塊鵝鵝卵石所在的地方和位置可產生一組感覺或另一組感覺的說法是一個熟悉的命題，但卻不同於上面的命題。這是我們透過早年的和不斷的經驗而知道的真理——一個歸納的真理；這樣的真理是關於數的科學的基礎。數的科學的基本真理都依賴於感性的證據。它們之證明是靠向我們的眼睛和手指示出任何數量的對象，例如十個球，可透

過被分開、重新排列而對我們的感覺展現出其所有不同的數的集合（sets of numbers），且每一數的集合所含的數之總和都是十。所有改進過的教孩子們算術的方法都是從知曉這樣的事實出發的。所有那些希望孩子在學算術時全神貫注的人，所有那些希望教數字而不僅僅是數碼的人，現在都用上面所描述的方式，透過感性的證據來教算術。[27]

至於作為幾何學推理前提的那些公理，例如，「二直線不括一個空間」，也是自經驗而來。雖然在實際中沒有任何圖形和線條能完全符合幾何學中的任何定義（例如，沒有一個實際的圓能滿足幾何學中圓的定義），但各種幾何概念是對實際存在的物體之性質的理想化和抽象。 [28] 所以，它們不是先天地存在於人的頭腦中的，而是源於後天的經驗。在實際中沒有任何圖形和線條能完全符合幾何學中的任何定義這一事實並不說明幾何學中的各種概念是先天地存在於人的頭腦中的，因為在人的頭腦中所能想像的所有圖形和現象同樣不符合幾何學中的任何定義。譬如，一個人所能想像的任何線條都是有寬度的，而幾何學中所定義的線則是無寬度的。[29] 嚴格地說，幾何學的真理不是確實的真理而只是假定的真理，因為它們無法與現實完全相符。 [30] 幾何學最終的合理性在於它是基於實際的物質對象所具有的近似的規則性之上的。 [31] 總之，較抽象的科學並不是獨立於經驗的。儘管這樣的科學較多地進行演繹推理，但其演繹推理中使用的命題是由歸納而來的。歸納依賴於經驗。因此，這樣的學科雖不常直接從觀察和實驗得出結論，但並非不依賴經驗。[32]

對穆勒來說，由歸納而得出的一般規律是由因果律統治的。用歸納對事物的解釋基本上就是用因果律進行解釋。科學知識就是關於現象間因果關係的知識。由歸納總結出的因果關係是事物間不變的前後連接，例如，火一出現總有溫暖相隨，而不是一般人所說的

A與B之間內在的必然聯繫。但要強調的是，只有當不變地連接在一起的A和B出現的前後順序不可顛倒時，二者的關係才是因果關係。否則就不是因果關係。例如，日與夜的關係就不是因果關係，因為二者的先後是交替的。 [33] 另外，穆勒清楚地認識到因果關係的複雜性———一果往往由多因造成。而且，他不否認意外因（disturbing cause）———不在通常的模式中的突發因，認為對此也必須考慮。

對穆勒來說，因果關係的概念無疑源於對經驗的歸納。不過，我們可以經驗A和B，以及二者在過去的不變的前後連接關係（例如，A一出現，B就跟著出現），但我們無法經驗在未來A一出現B總會跟著出現。對此，設定過去與將來的齊一性是我們相信因果律的前提。對歸納的肯定在邏輯上必須先肯定過去與將來的齊一性（uniformity），即過去與將來在性質上是一樣的。人們自經驗中所觀察的總是過去所發生的東西，所以由歸納法所概括出的規律只是對過去所發生的現象的總結。當我們用由歸納法所概括出的規律去預料未來時，我們實際上已設定了過去與將來的齊一性。正因如此，穆勒把自然的齊一性（uniformity of nature）看作「所有歸納的最終的主要前提，」 [34] 並將之稱為歸納的「基本原理」。[35] 他認為齊一性概念不是先天的，而是由經驗所導致的。正因為在我們的經驗中我們以齊一性為前提而作的預言重複地得到肯定，我們才會相信自然齊一性的存在。例如，在我們過去的經歷中，每次我們預言火能取暖時，我們的預言都被證明是正確的，於是我們就相信在我們還未曾經歷的未來火也一定能取暖。在我們過去的經歷中，火與暖的關係從未改變過，也就是說是在自然中火與暖的關係的齊一性一直存在，我們對這種齊一性的經歷使我們形成了齊一性概念。我們相信過去和未來有齊一性，是因為在我們的經歷中「過去」和「未來」有齊一性。但是，畢竟人們的經驗所證明了的只是「在過去，自然齊一性存在」。在邏輯上，從這並不能推出

「在將來，自然齊一性存在。」若要從「在過去，自然齊一性存在」推出「在將來，自然齊一性存在」，我們必須先設定「過去與未來有齊一性」。但這個設定無法用經驗來證明，因為我們無法經驗真正的未來。所以，歸納法是以一個無法證明的設定為前提的。對此休謨已進行了詳細的論證。休謨的結論是：我們對歸納的相信是不合理性的，因為從過去的經驗推論未來是不合邏輯的。我們對因果律的相信是基於聯想和習慣，而不是基於理性。穆勒對休謨的這些思想是很熟悉的。但與多數他的同代哲學家一樣，他並不認為休謨的觀點值得重視。 [36] 不過，他還是承認作為歸納之基本原理的自然齊一性只是設想。但他認為這一設想是可以接受的。對他來說，科學推理必須始於某種無法證明的直覺知識或假設。最好的科學方法即基於最少的無法證明的假設的方法。而歸納則是基於最少的無法證明的假設的方法。 [37]

穆勒的這種態度是典型的經驗主義者的態度。對典型的經驗主義者來說，除了關於作為歸納依據的過去與未來的齊一性知識以外，所有其他知識都是從經驗中得來的。羅素在評論這一點時正確地指出：歸納不是建立在純粹經驗主義之上的。歸納原理既不能自經驗而來也無法從其他原則中推出，而是一種獨立的邏輯。但沒有它，科學則不能存在。 [38]

雖然穆勒強調科學的經驗基礎，但也認為演繹必不可少。對演繹之必要性之強調使他不同於培根。 [39] 他認為歸納只能先找出單個的因所產生的單個的果，得出最簡單的因果律——第一層次上的規律。這一步是透過觀察和實驗來進行。但更複雜的因果律必須由演繹自最基本的、簡單的規律來推出。在實際中，多因往往是同時起作用的，也就是說一果常是由多因決定的。科學所研究的現象主要是由多因相互作用而形成的果。科學的任務是決定什麼是多因決定的一果，或多因如何決定某一個果。 [40] 單靠歸納程序往

往不能得出科學結論，而必須進行抽象，進行演繹推理。 [41] 更具體地說，當得出多個單一因果律後，需要用演繹來推出它們結合在一起的結果，即它們相互作用的結果。 [42] 要研究多因的相互作用，先要研究單個的規律。這就是說歸納是必要的第一步。歸納後的演繹是必需的，因為只有透過演繹才能推出無法直接觀察的複雜規律。所以在這個意義上，他認為科學方法在本質上是演繹的。

三、社會科學的可能性、方法論和分類

穆勒相信社會科學的可能性，因為他認為在人類活動和社會發展中也有因果律可循。社會科學即關於人類行為和人類社會方面因果律的科學。不過，承認人類行為受因果律支配就是承認決定論（determinism），即承認一個人的行為總是由一定的原因所導致的。這樣的決定論似乎與作為道德責任之前提的自由意志（free will）相矛盾。一個人之所以在道德上對他的行為負責任，首先是由於他選擇了他自己的行為。如果他的行為是被某種他不能控制的原因所決定的，他對其行為則無法負道德責任。承認人類行為受因果律支配、因而可以被預料與承認人有自由意志、因而可以自由地選擇其行為好像在邏輯上不相容。為了論證社會科學的可能性，穆勒必須承認決定論適用於人類活動，但對人類道德責任的堅持使他無法放棄對自由意志的信仰。所以，他提出了一種調和決定論與自由意志的折中主義或相容主義（compatibilism），[43] 論證了為何二者並不真正矛盾。他認為，一方面，人的一切行為都是被決定的──是有原因的；更具體地說，人的行為往往是由其品格和環境等決定的，而其品格又是由多種原因（包括環境）所決定的；但另一方面，人的意志可以改變人的品格。也就是說人不是消極地被決定的，而是能動的。 [44] 人自身是其行為原因的一部分。人的行為是由其原因所決定的。因此，知道了其原因，諸如性格和環境，就可預料行為。但這並不妨礙人使用其自由意志改變其行為原因，因而影響作為結果的行為。 [45] 人的性格是自由意志和環境相互作用的結果。穆勒認為將必然性用於人類行為是不合適的。

穆勒認為，像其他領域中的真理一樣，社會科學中真理在根本

上也是源於經驗的。上面所討論的科學方法也適用於社會領域。社會現像是複雜的，由多因造成結果，況且一因在不同環境、不同時間也會有不同的表現形式。因此，這類學科的方法不應是幾何式——由一個或極少的前提出發而推出所有的結論，因這樣推出的結論有侷限性，沒有考慮一切條件；[46] 也不應是化學式的——對眾多個例進行歸納，即純歸納方法。像前面已提及的，歸納方法是基礎，但在多個原因起作用時，不夠用，必須在歸納後進行演繹；在社會領域中，由於總是多因在起作用，演繹是必需的。所以，社會科學的方法應是天文學式的——將多種原因都考慮在內的演繹推理。他將這種推理叫做「具體的演繹法」（the Concrete Deductive Method）。[47]

更具體地說，運用這種方法，首先，需要使用歸納找出在社會科學中最簡單、基本的規律。他認為，在社會領域中，關於人性的原則是最基礎的，社會現象的最基本規律是關於人性的規律。人性基本規律是心理學研究的對象。關於人之心理活動規律的知識實際上就是關於人之本性的知識。心理學是關於人之心理活動規律的科學，其方法是實驗和觀察。由於一個人對自己的心理一般比別人有更多的瞭解，內心反省是對人性很好的觀察。但無論如何，人性的規律是從歸納而來的。關於人的精神的心理規律（psychological law of mind），是最高或最根本的經驗真理。但值得注意的是，穆勒所講的人性基本規律是關於個人的，而不是關於集體的。穆勒認為，群體的人之人性無別於各個人之人性。他說：

...在社會狀態下，人仍然是人；他們的行為和激情服從於個人之人性的規律。當人們結合到一起後，他們並沒有變成具有不同性質的另一種實體...。社會中的人只有那些源於和可以分解為個人之人性的規律的性質。[48]

穆勒似乎並不否認社會關係的存在，但他並不認為社會關係會

使社會的人在本性上不同於單個的人。換句話說，他不相信社會關係能產生單個人性不曾有的新性質。集體行為只是個人行為的相加。眾多個人同樣的行為是對個人人性規律的證實。[49]

詹姆斯和邊沁都把人性歸結為趨樂避苦性，將人看作為一己的快樂而活著的高級自私動物。與他們不同，穆勒認為，除了對快樂的追求之外，人性中既有同情心，也有對美的熱愛。所以人性不能約簡為一種單一的東西。以人性規律為基礎形成的更複雜的學科是性格形成學（ethology——這是他自己發明的一個詞）。性格形成學研究人的性格形成的規律，更具體地說，研究性格如何在人性與環境的相互作用中形成。穆勒既不認為人的性格完全是先天因素決定的，也不認為它完全是由後天的環境決定的，而是相信人的性格是人性與環境相互作用的產物。性格形成學的方法是演繹的，因它的結論是從有關人性的規律推出的。也就是說，它的結論是以共同人性為大前提，以不同的環境為小前提的。只要我們知道了共同人性和某個人所處的具體環境，我們就可推出這個人的性格。人們之所以會有不同的性格，關鍵在於他們的環境不同。因此，好的性格之形成依賴於好的環境，包括好的社會、家庭條件和好的教育。他將心理學和性格形成學統稱為人性之學。總的說來，人性之學是以單個的人為研究對象的。

在人性之學基礎上形成的是他所稱的社會之學。穆勒認為各種社會現像是群體的人與其環境相互作用的結果。也就是說，各個人之人性在一定社會條件下就表現為一定的社會現象。「社會現象之規律無非是、只能是在社會狀態下被聯合到一起的人們的行為和激情之規律。」[50] 所以，以社會現象為對象的社會之學——關於社會的科學——必以人性之學為基礎。社會之學由兩大類學科組成：具體的社會之學和一般社會之學。前者以社會中的人、群體的人的行為和構成了社會生活的各種現象為研究對象，而後者則以社

會本身為研究對象。 [51] 前者可以相對獨立地發展，但不能完全脫離後者。

　　具體的社會之學之必要是因為對社會現象進行分類研究是必要的。所有的社會現象都是由多因產生的，但不同的社會現像有不同的第一因、直接因（或主因）。對其主因不同的社會現象，我們需將其分為不同學科來進行研究，找出不同方面的社會規律。 [52] 例如，政治經濟學主要研究人們在追求財富方面的規律。為了知道人如何在多種動機下行動，必先知道其如何在單一動機下行動。研究某單一動機的行為規律是某一具體社會科學的任務。由這樣的學科得出的結論之真實性只能是假設性的，因為只有在一定條件得到滿足時它們才是真的。例如，當我們說「如果人們生活在市場經濟的制度下，他們將會在工作中互相競爭」時，「他們將會在工作中互相競爭」之真實性就是假設性的，因為它的真實性取決於「生活在市場經濟的制度下」這一條件的滿足。關於某種社會現象的社會之學，例如，政治經濟學，不能將其所研究現象的所有原因及與其有關的所有相互作用都加以考慮，而只能擇其要而進行考察。比如，在政治經濟學中，人之經濟行為規律只以人之渴望發財、逃避勞動等為前提，而不考慮人的其他慾望對其經濟活動的作用。因而，其結論只有在人的其他慾望不發揮作用時才能為真。 [53]

　　社會之學中的另一大類──一般社會之學──以社會本身為研究對象。它研究社會如何產生、如何變化的規律。他在談到此類社會學與具體社會學之區別時說：後者是在設定了一定社會條件下來看某種因會產生什麼樣的果，但並不考察其所設定的社會條件本身是如何產生的。但一般社會學則要研究這些社會條件產生的原因和發展規律。 [54] 他相信人類歷史是一個由低級向高級的發展過程。也就是說他相信社會的進步。一般社會之學可分兩類：社會靜力學和社會動力學。前者是對社會的橫向研究──對各種社會現

象如何相互作用、在某一社會狀態下和諧共存的研究。它要找出的是社會穩定的條件。例如，迄今為止，法律的存在和權威的存在是所有社會維系其穩定的必要條件。靜力社會學就是要透過對各種社會現象的研究來找到這種使社會得以穩定的條件。社會動力學是對社會的縱向研究——對社會變化和發展的研究。它的目的在於發現社會得以進步的原因和動力，找出歷史發展的規律。 [55] 穆勒認為，一般社會之學的方法應是歷史的方法或「反向演繹法」（the Inverse Deductive Method）。與以最基本原則為推理第一前提的普通的演繹法正相反，反向演繹法以最基本原則作為驗證標準。它的第一步是對個例進行觀察。這種觀察是跨文化、社會和時代的，是對不同社會、在不同歷史時期中社會狀況和變化的考察。為此，對歷史的研究是至關重要的。它的第二步是進行歸納，得出基於觀察的一個帶一般性的結論。其後的一步則是透過與已知的更帶一般性或更有普遍性的結論進行比較來進行確證。在社會科學中最帶一般性或更有普遍性的結論是關於人性的結論。所以，「反向演繹法」的第三步實際上是以關於人性的總結論為標準對第二步所得出的結論進行檢驗。簡言之，這種方法可歸結為：對歷史進行觀察，從對歷史的觀察的歸納中得出一些一般性結論，最後用人性原則對這些一般性結論進行驗證。 [56] 在談到「反向演繹法」的由來時，穆勒明確地將其歸功於法國思想家孔德（Auguste Comte 1789—1857）。 [57] 實際上，他認為這種方法適用於所有社會之學。

　　穆勒清楚地知道，一般社會之學所要發現的因果律不能由實驗、觀察直接得到。首先，由於社會方面的規律的條件是複雜的，它們不能在實驗中被一一設定。所以這樣的規律不可能由實驗而來。第二，由對歷史的觀察而得出的概括只能是經驗規律（empirical law），不具有一般科學規律的普遍性。經驗規律只在一定範圍內有效，且並不必然反映任何因果聯繫。 [58] 經驗規

律與一般規律（general law）之主要不同在於前者的有效範圍有限，而後者普遍適用。例如，「烏鴉是黑的」是一個經驗規律，但引力定律則是一般規律。前者是對到目前為止在一定地區觀察的概括。但它並不排除在某一人們尚未去過的地區烏鴉不黑的可能性。但引力定律在地球上普遍適用，並被實驗證實。對社會現象所作的概括具有的侷限性是更清楚的，而且它在其使用範圍內的正確性也只是大概的而不是完全準確的。例如，「老年人比年輕人更謹慎」這一概括就不是完全正確，而只是基本正確。 [59] 「人性中的自私成分大於利他成分」是由對迄今為止多數人類社會中的人的觀察而得出的結論，但不等於它適用於所有現存社會和未來社會。穆勒相信，隨著人類社會的進步，人類的利他心也會越來越多。總之，在社會領域由觀察得出的經驗規律只適用於它在其中被觀察的社會，且即使在它適用的社會中也只是基本正確。穆勒認為，只有那些能轉變為一般律的有關社會的經驗規律才是科學規律。所以，需將所有這樣的經驗規律與人性的基本規律相對照，將那些與人性基本規律一致的社會經驗律挑選出來。只有那些與人性基本規律一致的社會經驗律才是科學的社會規律。這就是他為何認為「反向演繹法」的最後一步——用人性基本規律對由觀察所得的概括進行驗證——是必要的。

四、穆勒與孔德

　　在強調知識的實證性、相信社會科學的可能性以及社會現象的歷史性和社會發展的進步性等方面，穆勒深受法國思想家孔德的影響，儘管他與後者的分歧也是顯而易見的。

　　孔德認為人類歷史是進步的並要經過幾個必然階段。與聖西門一樣，他主張對社會制度、人類思想應歷史地去看。宗教和科學都是歷史發展的產物。在他看來，人類的思想發展有三個階段：(1)神學階段，即人類思想發展的童年時代。在這一階段，人們用人與神合一的觀點看問題，將一切都看做是超自然物的表現。其對一切的解釋以迷信為特徵。這是君主政治和絕對權威的時代。僧侶是社會的領導者。(2)形而上學階段，即人類思想發展的青年時代。在這一階段，人們認為形而上的、抽象的力量和實體存在於一切事物中並為一切現象的必然原因。其對一切的解釋以抽象為特徵。這是國家主義和人民自主的時代。法學家是領導者。在這兩個階段，人們相信他們可能得到絕對的知識、解釋事物的內在本質。(3)實證主義階段，即人類思想發展的最高階段。在這一階段，人們致力於發現現象之間的不變的聯繫──自然律或規律性，而不再相信他們能發現事物內在的本質。他們用觀察的方法來達到他們的認識目的，求助於現象間的關聯性對事物進行解釋。　[60] 實證的知識之所以被稱為實證的是因為它們是可由經驗檢驗的。由於實證的知識所告訴人們的規律性是經驗的，所以它們不是絕對的。這也就是穆勒所說的由歸納而得到的知識。社會科學是可能的，且社會科學是實證的科學。社會科學所發現的是那些關於社會現象的一般規律。這樣的規律不是超時空的，而是有歷史條件的。在這些方面，穆勒完全同意孔德的觀點。但在社會科學內部的學科分類以及學科等級

排列方面，他們的意見是不一致的。

孔德將整個科學分為數學（算術、幾何和力學）、天文學、物理學、化學、生物學和社會學（後來他又將倫理學加在社會學後面作為一切科學的頂點）。這個排列是由簡到繁的排列，又是應用範圍從廣到窄的排列。排在前面的學科是排在後面的學科的基礎。排在後面的學科包含了排在它前面學科的所有要素，但它並不是排在它前面學科所有要素的簡單相加。它具有排在它前面學科所不具有的新成分。這樣，排在最後面的學科自然是最豐富、但應用面最窄的學科。他認為社會學（和倫理學）就是這樣的學科。孔德是近代社會學的創始人。他是最早使用「社會學」一詞的人。靜力社會學和動力社會學之分也是由他最先提出的。前者研究社會事實、發展規律和秩序，而後者則研究社會演化。 [61] 他不認為心理學是一獨立的學科，而是將其看作生物學和社會學的組成部分。他認為主觀心理活動是無法觀察的。我們只能在客觀上觀察與心理活動相關的現象和其在社會中的體現。而且，他還認為所有精神活動都是大腦的功能，而無獨立的存在。 [62] 他不承認個人的自律性。他認為對社會的研究不應基於對各個人的研究，而應將社會看作一個有機體、以社會層面為研究的出發點。他也認為人性可以進化、利他心會隨社會進步而不斷增強。不過，他所說的不是在個體層面上的個人人性的進步，而是人類整體的人性進化。 [63]

穆勒與孔德在理論上的分歧主要體現在以下幾個相關的方面。第一，穆勒相信個人的自律性、在個體層次上的人性，認為社會是由各個個人組成的，社會中的人性是各個個人之人性的表現。也就是說，個人之人性是社會之人性的基礎。因此，對個人本性的研究是社會學的起點。第二，由於把對個人本性的研究看作社會學的起點，他認為研究個人心理的心理學是所有社會科學學科中最重要的學科。對個人心理的重視是他與孔德的重要不同。而對歷史觀點的

接受和對人性複雜性的承認又使他不同於邊沁和他的父親的人性論。孔德的社會有機論否認獨立的個人人性的存在，而邊沁和詹姆斯則將所有個人之人性歸結為趨樂避苦。穆勒對二者都不能同意，因為他認為個人之人性存在但它不是一種單一的性質，且也不是永遠不變的。 [64] 對穆勒來說，隨著社會的發展，個人人性也在進化。第三，穆勒反對孔德所信奉的生物決定論，認為後天的因素對人的智力和成就極為重要。孔德是所謂的顱相學的創始人。他以思想是大腦的功能為依據，認為一個人的智力高低是由其大腦的大小決定的。穆勒則強調後天的環境和努力對一個人的智力發展和成功起關鍵作用。第四，穆勒反對孔德對婦女的歧視，主張男女平等。孔德由其大腦決定智力論推斷男人的智力高於女人，因為男人的大腦比女人的大。他斷言女人只能達到孩子的精神狀態，沒有進行抽象推理和做出冷靜判斷的能力，因而不應被允許參與政事。但他並沒有真正將這種大腦決定智力論運用於男人內部，因為在實際中他並沒有以大腦的大小來衡量不同男人的智力。當穆勒將孔德的大腦決定智力論告訴哈麗特時，她清楚地指出了這一點。 [65] 穆勒和哈麗特對大腦決定智力論的批評已被事實證明為正確的。例如，西方種族主義者曾以中國人的大腦不如白人的大為由而斷言中國人在智力上低於白人，但今天中國人在智力上的成就早已駁倒了那種種族主義的斷言。

　　穆勒與孔德從未見過面，但有過幾年的通信關係。他們的聯繫始於1840年代初期。當孔德著作的英文版於1837年在英國出版時，穆勒的歸納理論已基本完成。但穆勒很欣賞孔德的思想，並從中吸取了許多東西。例如，反向演繹法就是從孔德那裡得到的。對此，穆勒在其《自傳》中講得很清楚。 [66] 1840年11月穆勒給孔德寫了第一封信，表示了他對孔德思想的贊同。二人的通信就由此而開始。但二人的關係一開始就存有誤會。在孔德方面，他把穆勒看做是其在英國的追隨者，所以並不認為穆勒與他平等；在穆勒方

面，他從未將他自己看作孔德的信徒，而是作為與孔德身份平等的學者來與孔德進行思想交流。他雖同意孔德的許多觀點，但他與孔德的分歧決定了他不會是一個孔德的門人，更何況他是在英國頗有影響的思想家。二人關係一開始就存在的誤會埋下了日後二人破裂的種子。

　　二人在理論上一系列的重大分歧也使他們的分道揚鑣難以避免。在婦女問題上的不同觀點最為突出地影響了二人的關係。在1843年夏至11月期間，穆勒與孔德就婦女問題進行了許多辯論。穆勒始終堅持男女平等的觀點，認為現實中婦女在許多方面不如男子的原因不是生理上的而是社會性的。在他看來，如果婦女享有與男子同等的教育和工作機會，婦女可以同男子一樣有成就。但他無法說服孔德。在與孔德爭論了一段時間後，他讓哈麗特看了他與孔德通信中的有關部分。哈麗特對此的反應無疑大大加強了穆勒的信心。哈麗特在給穆勒的信中寫道：

　　這些信使我極為吃驚、失望，但也使我高興。這些都是僅就你的那部分而言——孔德的部分是我已預料到的——在一個他極欠考慮的問題上通常的偏見。...

　　不要以為我但願你在這個問題說得更多些，我只是希望你已經說得那些話不是用建議性的而是用堅信不疑的調子講出來的。

　　那種令人感到枯燥的人不是有價值的助手，也很少是有價值的敵人。以你在良心和公正方面理智上的天賦，會可能或有理由設想有人比你更有能力對那個問題進行判斷嗎？

　　在文化的精神理智方面你走在了你的時代的前面。即便除了完美的不偏不倚和對公正的不變的熱愛你別無可言，你也會是你的時代最不平凡的人。我相信這兩個不同的品質就人性而言是最少有、最難得的。 [67]

哈麗特所說的這些話對穆勒是至關重要的。此後他的確為他在給孔德的信中的妥協感到難為情，以致很不情願將他與孔德的通信給任何人看。 [68] 哈麗特的信所反映的遠遠不止她對穆勒在婦女問題上的觀點的支持，而且也顯示出她如何在不挑戰穆勒的前提下對其進行批評、糾正和鼓勵。 [69]

後來當孔德以領袖、導師自居要求穆勒及其朋友給予他長期經濟資助時，穆勒與孔德的關係變得更加緊張，直至完全破裂。孔德一生中在很長時間內都有經濟壓力。但在1837—1843年期間，在法國巴黎理工學院（the École Polytechnique）的多種職位使他有400英鎊的年收入——那在當時是相當富裕的。他的這些收入中的240磅來自他在該校所任的檢察員的職位。他此後的經濟困難由以下幾個原因所致。首先，他與他父親發生了爭執，因而失掉了一筆收入——數量雖小但卻是祖傳的。第二，他的妻子離他而去，他很慷慨地向她提供120磅的年收入。 [70] 據說他的妻子與他結婚前是個妓女，與他結婚後，由於某種宗教信仰，仍時常做妓女之事。但她離開孔德的主要原因是不滿於孔德歧視婦女的觀點。 [71] 第三，孔德在1844年落選，失去了在巴黎理工學院的檢察員職位。這是他經濟困難最重要的原因。他之落選主要是由於他的非正統哲學和宗教觀點使他樹敵頗多。對他不滿的人傳言說他是個精神錯亂的人，而他在其《哲學》最末一卷的序言中又冒犯了教授群體。這就使他的反對派占了上風。所以，在那年七月的選舉中他以略少於半數的投票而落選，丟掉了240英鎊的年收入。事情發生之後，他向穆勒求助。穆勒先是托約翰·奧斯丁請當時的法國總理給孔德幫忙，但無濟於事，只能等待下年的選舉。然後，穆勒則開始為他籌款。穆勒當時的經濟狀況也不好。由於1842年「美國拒付」所引發的金融危機， [72] 穆勒損失了他自己的上千英鎊和他父親為全家留下的數千英鎊。他那時正在用他自己的收入去補給其父留下的錢的損失。不過，穆勒還是設法為孔德捐到了240英鎊。

但在1845年的選舉中，孔德再次落選。孔德又向穆勒及朋友求助。不過，這次他只從穆勒的朋友那得到了24英鎊。孔德在給穆勒的信中對此進行抱怨。穆勒回信說他的朋友們認為孔德現有的200英鎊左右的收入足以維持生活，對此孔德很憤怒。他在給穆勒的信中解釋了他為何需要更多的錢並指責穆勒等沒有盡義務。孔德的信使穆勒意識到孔德已將他們的關係誤解為師徒關係，認為穆勒及其朋友有義務長期向他提供經濟資助。於是，在給孔德的回信中，穆勒直截了當地說他及他的朋友從未接受孔德作為他們的領袖和導師。他告訴孔德，儘管他們對孔德本人及其著作非常欽佩，但他們在思想上與他一直存有嚴重分歧。所以，他們沒有義務長期供養他。後來，當孔德在法國的支持者讓穆勒為孔德捐款時，他只捐了10英鎊，並註明他所捐的不是給孔德教的年金。不僅如此，他還讓他的朋友在給孔德捐款時也作同樣的說明。 [73] 到了1847年，二人的通信完全中斷，[74] 這就是二人關係的終結。

在1852—1854年期間，孔德在新發表的著作中明確傾向於精神專制。這使穆勒更感到與其斷交是正確的，並為他與孔德的交往感到後怕。這可能解釋為何穆勒在其《邏輯學體系》的新版中刪掉了許多感謝孔德的話，並在其《自傳》中對他之如何受益於孔德的思想也談得很少。不過，穆勒於1865年在《威斯敏斯特評論》上發表了兩篇關於孔德的長文，解釋了他自己的真實觀點。同年，這兩篇文章合編成書，以《孔德和實證主義》為題出版。 [75]

註釋：

[1]參見John Stuart Mill（約翰·斯圖亞特·穆勒），Autobiography（《自傳》），ed. John M.Robson（約翰·魯伯森），London, Penguin Books, 1989，186頁。

[2]CWIV，第329頁。

[3]參見Mill, Autobiography，第160頁。

[4]Mill, Autobiography，第170—71頁；Alexander Bain（亞歷山大·貝恩），John Stuart Mill: A Criticism (London: Longmans Green & Co., 1882)，第65—66頁。

[5]Bain, 第64—65頁。

[6]參見Nicholas Capaldi（尼古拉斯·凱帕羅蒂），John Stuart Mill: A Biography (Cambridge: Cambridge University Press, 2004)，第164頁。

[7]Bain, 第66—67頁。

[8]轉引Michael St.John Packe（邁克爾·聖·約翰·派克），The Life of John Stuart Mill (New York: The Macmillan Company,1954)，第272頁。

[9]Bain，第69頁。

[10]Packe，第272頁。

[11]Packe，第272頁。

[12]梯利著，伍德增補，葛力譯，《西方哲學史》（北京：商務印書館，2005），第566頁。

[13]參見Capaldi，第159頁。

[14]參見Capaldi書，第158頁。

[15]Henry M.Magid, "Introduction", in John Stuart Mill, On the Logic of the Moral Sciences: A System of Logic Book

VI, ed. Henry M.Magid (Indianapolis, IN: The Bobbs-Merrill Company, Inc., 1965), xi.

[16]Mill, Autobiography，第171—72頁。

[17]R.F.Mc Rae,"Introduction", in CWVII, ed.J.M.Robson (1973), xxvi-xxvii.

[18]R.F.Mc Rae,"Introduction", in CWVII, ed.J.M.Robson (1973), xliv.

[19]CWVIII, ed.J.M.Robson (1974), 454.

[20]關於這個科學推理的三階段之較詳細的討論，參見Samuel Hollander, The Economics of John Stuart Mill, vol.l (Oxford: Basil Blackwell, 1985)，第77—80頁。

[21]CWVII, 186.

[22]CWVII，第201—202頁。

[23]CWVII，第283頁。

[24]CWVII，第284頁。

[25]CWVII，第490頁，494頁；也可參見Geoffrey Scarre,"Mill on Induction and Scientific Method", in John Skorupski ed.The Cambridge Companion to Mill (Cambridge: Cambridge University Press, 1998)，127—28頁。

[26]Mill, Autobiography，第160頁。

[27]CWVII，256—57頁。

[28]CWVII，225—26頁；梯利573頁。

[29]CWVII，225頁。

[30]梯利，573頁。

[31]Scarre，85頁。

[32]Mc Rae, xxxi.

[33]參見Scarre，第125頁。

[34]CWVII，308頁。

[35]CWVII。307頁。

[36]在穆勒生前，休謨在歸納問題上的懷疑主義還未引起哲學家們的重視。直到格林（Green）和格柔斯（Grose）所編的新版休謨著作在1874年出版後，情況才有了大的改變。見Scarre，117頁。

[37]Capaldi書，第256頁。

[38]Bertrand Russell, A History of Western Philosophy (New York: Simon & Schuster,1945), 674.

[39]CWVII, 481-83; Holland, 76.

[40]CWVII, 481-60.

[41]CWVII, 451, 153, 439.

[42]CWVII, 454, Hollander, 28.

[43]在哲學上，在自由意志與決定論方面的相容論也被稱作軟決定論（soft determinism）。與之相對應，否認自由意志而只承認決定論的觀點被稱為硬決定論（hard determinism），認為意志有時完全自由而不為外部原因所決定的觀點被稱為自由主義

（ibertarianism—注意這不同於政治上的自由主義liberalism）。

[44]CWVIII, 837-38; Mill, Autobiography, 134-135; Hollander, 105.

[45]梯利，575—76頁。

[46]參考Hollander，第120—21頁。

[47]CWVIII, 895；梯利，578頁；Magid, xxii-xxiii。

[48]CWVIII, 879.

[49]CWVIII，923頁。

[50]CWVIII, 879.

[51]CWVIII，875頁。

[52]CWVIII，900頁。

[53]參見Magid, xvi。

[54]CWVIII, 911.

[55]參見CWVIII，917—918頁。

[56]CWVIII, 897.

[57]CWVIII, 897.

[58]CWVIII，861頁。

[59]CWVIII, 862.

[60]參見梯利，第553—554頁。

[61]梯利，558頁。

[62]梯利，555—56頁。

[63]梯利，第557頁。

[64]參見 Packe，269頁。

[65]參見 "Harriet Taylor to John Stuart Mill" (1844), in E.A.Hayek, ed., John Stuart Mill and Harriet Taylor: Their Correspondence and Subsequent Marriage (Chicago: University of Chicago Press, 1951), 115.

[66]Mill, Autobiography，第162頁。

[67] "Harriet Taylor to John Stuart Mill" (1844), in Hayek, 114.

[68]Packe，第278頁。

[69]參見Capaldi，第278頁。

[70]參見Packe，第281頁。

[71]參見Capaldi書，第172頁。

[72]由於經濟危機、金融體系崩潰，在1842年美國許多銀行拒付外國投資者的利息。這引發了英國多家私人銀行的倒閉和信譽崩潰。

[73]Packe, 281-83.

[74]參見Capaldi書，第173頁。

[75]參見Capaldi書，第280頁；也見Iris Wessel Mueller（愛瑞斯·威塞爾·繆勒），John Stuart Mill and French Thought (University of Illinois Press, 1956)，第98頁，第23注。

第八章 《政治經濟學原理》

　　繼《邏輯學體系》之後，穆勒的又一大部頭著作是《政治經濟學原理》（全名為《政治經濟學原理以及其某些在社會哲學中的應用》，以下簡稱《政治經濟學原理》）。像《邏輯學體系》一樣，此書在1848年一出版就大獲成功。穆勒的《政治經濟學原理》之如此成功，並比李嘉圖的書更普遍地受到歡迎，主要是由於此書把專業性和通俗性很好地結合起來，所以能雅俗共賞。[1] 在19世紀該書出了32版，而在20世紀也幾乎出了同樣多的版次。在新古典派代表馬歇爾的《經濟學原理》在1890年出版之前，在西方世界，穆勒的《政治經濟學原理》一直被用作標準的經濟學教科書。它被看做古典政治經濟學最後一部偉大著作和最具綜合性的一部著作。正像當代學者所指出的，與馬歇爾的《經濟學原理》不同，穆勒的《政治經濟學原理》的讀者不僅是學者和學生，而且包括了那些思想嚴肅的一般公眾。就其所涉及的研究領域之大和所影響的讀者之廣而言，穆勒的《政治經濟學原理》可謂空前絕後。[2] 儘管新古典經濟派的興起使穆勒的著作在20世紀的大部分時間裡受到一些冷落，但1960年代以來，又有越來越多的對穆勒政治經濟學的研究出現。穆勒的許多經濟思想並不過時，它們對生活在21世紀的我們仍意義深遠。今天這似乎已成為不爭的定論。像拉斯基（Harold Laski）所指出的，「一個現代經濟學家所使用的技術會比穆勒的更精緻，但他極少能在他的資料中給出那麼多的洞見；一個現代邏輯學家所用的工具比穆勒的精緻得多，但正因如此他的作品才沒有穆勒的那麼好懂和有教育性。」[3] 穆勒的《政治經濟學原理》今天仍是經濟學家、政治學家、社會學家、哲學家所不容忽視的經典和許多關心社會進步的有志之士所推崇的傑作。

二、成書經過

《政治經濟學原理》雖然篇幅很長——45萬字,但穆勒只用了很短的時間就將其完成。這主要是由於穆勒對書中的大部分思想早已考慮成熟,只需將其付諸文字。穆勒對政治經濟學的接觸在他十三歲時就開始了。他父親是他的第一個經濟學老師。他對政治經濟學的入門是在與父親一起的散步中完成的。[4] 後來,在1829年——當他23歲時,他已形成他自己的政治經濟學理論,並寫了許多有關方面的論文。在1844年,他發表了《關於在政治經濟學方面懸而未決的問題的論文》,而其中的多數文章是他在15年前寫成而未發表的。有了這些準備之後,他於1845年秋開始了《政治經濟學原理》的寫作。到那年的冬末,他已完成了全書的一半。但由於種種原因,在接下來的一年中,他沒有將精力集中在此書的寫作上,甚至有時完全中斷了對此書的寫作。在這期間,正值《邏輯學體系》的第二版將要出版,所以他必須花時間對其第一版進行修改和補充。《邏輯學體系》的第二版於1846年4月問世。對《邏輯學體系》修改的完成並沒有使他的主要精力回到《政治經濟學原理》的寫作上。他為《愛丁堡評論》寫了兩篇長文,分別發表在其1846年4月和10月號上。另外,他也曾在夏天與哈麗特和她的兩個較小的孩子在法國度了兩個月的假。自1846年10月至1847年1月,因愛爾蘭馬鈴薯歉收而引起的饑荒使他的注意力完全轉到了愛爾蘭農業問題上,就此問題在《早晨記事》(Morning Chronicle)上發表了大量社論(頭版文章)。到那年4月為止,在《早晨記事》上他共發表了47篇社論。雖然在2月至4月他仍在發表這方面的文章,但他已把主要精力重新放回到對《政治經濟學原理》的寫作上。在3月期間,他完成了該書的初稿。[5] 此後,他用9個月的時間重寫了全書。完成的書稿於1847年年底送交付印,

並於1848年4月出版。

在《政治經濟學原理》的寫作過程中，哈麗特對穆勒的影響是明顯的。書中的「勞工階級可能的未來」一章是她提議加上的，且完全反映了她的思想。穆勒將此書看作二人一起完成的第一部著作。在《自傳》中他對哈麗特對此書的參與作了高度評價。他寫道：

「勞工階級可能的未來」一章——其在思想方面的影響大於書中的其他部分——完全歸功於她。在此書的第一稿中，那一章並不存在。她指出了加入這樣一章的必要以及此書沒有這樣一章的不完善性。她是我寫那一章的原因。那一章較總體的部分、對兩種相反的關於勞動階級適當條件的理論的陳述和討論完全是對她的思想的說明，且常常使用了她直接說出的話來進行表述。雖然就《政治經濟學原理》的純科學部分而言我未從她那學到什麼，但主要是她的影響給予了該書的總基調，而正是該書的這種總基調使其有別於以前所有對能稱得上有科學性的政治經濟學的解釋，且這種總基調在贏得對以前的那些解釋反感的人們的好感方面是如此有用。這種總基調主要在於對財富生產的規律和財富的分配方式做了適當的區別：前者是依賴於對象性質的真正的自然法則，而後者則在一定條件下取決於人的意志。...經濟學的概括不僅取決於自然的必然性，而且也依賴於那些與社會既存安排結合在一起的東西；但那些與社會既存安排結合在一起的東西只能被看做是有條件的、隨社會改進方面的進步而大有變化的東西。我的確從被聖西門的思辨在我心中所喚醒的思想中部分地學到了對事物這樣的觀點，但我妻的敦促使這樣的觀點成為滲透於此書、賦予此書生命力的活生生的原則。這個例子很好地說明了她對我的作品的貢獻之總特點。總的來說，抽象和純科學的東西是我的，而恰當的富有人性的因素則來自她。在所有將哲學應用於人類社會和進步的需要方面，我是她的學生。在思想之大膽和實際判斷之謹慎方面，事情也是如此。這是因

為，一方面她在預見事物的未來秩序方面比沒有她的我更勇敢和更有遠見——她預見到許多常常與普遍原則相混淆、應用範圍有限的概括將不再有效。若不是由於她，在我的著作中，尤其是在《政治經濟學》中，對未來會有的可能性的設想的部分，諸如那些被社會主義者所肯定、一般被政治經濟學家激烈地否認的部分，要麼不會存在，要麼只會以更溫和及更有條件限制的形式而存在。雖然她使我在對人事的思想方面更加大膽，但她思想的實際性、她幾乎沒有差錯的對實際障礙的估計抑制了我所有不切實際的傾向。她的頭腦賦予所有思想以具體的形式，使其成為關於它們如何才會可行的思想；她關於真實存在的感情和人類行為的知識是如此少的有誤，以致在不可行的建議中的弱點很少逃過她的眼睛。[6]

除了在思想方面對穆勒《政治經濟學原理》的貢獻之外，哈麗特還幫穆勒與出版商談判，從而得到了經濟上較有利的合約。穆勒《邏輯學體系》的出版商帕克也是他《政治經濟學原理》一書的出版人。像他與穆勒所簽的《邏輯學體系》出版合約一樣，《政治經濟學原理》一書的出版協議中也商定作者與出版者平分純利。由於哈麗特的堅持，這一條款在正式合約中只適用於一版。這使穆勒能夠在此書再版後向出版者要求更多的純利。[7] 事實上，在第二版之後、第三版之前，穆勒曾寫信給帕克要求更多的利潤分成。[8] 當1848年年初穆勒收到樣書後，哈麗特也曾為書的正式出版而大為忙碌。為此，她寫信給她丈夫又一次推遲他們的一次渡假，說在4月前不能離開。[9]

為了感謝哈麗特的幫助和貢獻，穆勒提議在書的扉頁上寫上這樣的獻辭：

獻給約翰·泰勒夫人

——作者所認識的無論是在創造性上

還是在欣賞社會改良思想方面都最顯著勝任的人

以最崇高的敬意將

這個解釋和傳播思想

的嘗試獻給她

（其中許多思想首先自她那學到）[10]

雖然哈麗特為這樣的獻辭感到非常欣喜，但她認為需同她丈夫商量是否可以接受之、是否讓它透過穆勒的書而公之於世。她在給她丈夫的信中寫道：

《政治經濟學原理》一書——整個冬天都在做的工作——現在幾乎已弄好了，將在10天內出版。我有點不確定是否接受此書的獻與給我——敬獻給婦女，即使哀悼的書的敬獻，並非不尋常的事情；我想如果短而公正，獻辭會有好處...不過，我還沒有做決定。你有何建議？總的說來，我傾向於認為這是件好事。[11]

她丈夫回信堅決反對她接受穆勒的獻辭，認為接受的結果對人對己都很不好。他在回信中說：

某種考慮使得我堅決地認為，正像在我讀了你的信的那一刻它使我堅決地認為的那樣，所有獻辭都是無禮的，而且在我們的情況下所提議的獻辭會顯示出作者以及他的書所要獻給的女士之讓我不能相信的不禮貌和不得體。...

不僅「幾個庸人」將給予庸俗的評論，而且所有認識我們中任何一個的人都會如此——這個獻辭將會喚回現已被忘卻的往事，產生出只能讓我極不愉快的意見和議論。

...像以往一樣，我很遺憾與你意見不一致。但既然你徵求我的意見，我毫不猶豫地將我的看法告訴你。

沒有人會比我更高興讓你得到公道和榮譽。如果我覺得我的感情和願望是阻礙你得到二者的唯一障礙，我會感到很痛苦。但我不相信所建議的獻辭將顯出的我所認為的不得體會帶給你公道或榮譽。[12]

出於對其丈夫的尊重，泰勒沒有讓穆勒的獻辭出現在公開發行的《政治經濟學原理》上。但數量很少的贈送本上印有穆勒的獻辭。當《政治經濟學原理》第2版出版時，沿用了同樣的做法。不過，當其第3版在1852年出版時，穆勒的獻辭完全消失。這是因為此時泰勒的丈夫約翰已病逝，泰勒已成為穆勒的妻子，穆勒的獻辭不再合適。

二、政治經濟學理論

　　穆勒的《政治經濟學原理》共分五卷。第一卷為「論生產」，第二卷為「論分配」，第三卷為「論交換」，第四卷為「論社會進步對生產和分配的影響」，第五卷為「論政府的影響」。雖然在前三卷中穆勒也有其獨特的見解，但他主要還是闡發了李嘉圖的政治經濟學理論。穆勒稱李嘉圖為「政治經濟學的真正創始人」並說他自己的《政治經濟學原理》的抽象理論部分完全是李嘉圖理論的推演。雖然這反映了他的謙虛，但也說明了他的政治經濟學與李嘉圖理論的密切聯繫。第四卷和第五卷則主要論述政治經濟學原理在具體社會中的應用。正是這兩卷集中地體現了穆勒對政治經濟學的貢獻。穆勒政治經濟學方法上之創新和涉及領域之廣泛都反映在這兩卷之中。

　　首先，何為政治經濟學？穆勒所說的政治經濟學基本相當於今天所講的經濟學。穆勒認為政治經濟學是關於財富、生產和分配的科學。更具體些說，政治經濟學研究財富的性質，以及它的生產和分配的規律，包括直接和間接地使人類狀況變得繁榮或相反的一切原因的作用。[13] 它不考慮全面的人性，而只抽出人性中追求財富的慾望而加以考慮，即討論在求財的動機下，人會如何行為。[14] 經濟現像是多因所致，但對財富的慾望被設想為其主要因，或影響所有經濟活動的因。 [15] 所以，政治經濟學主要考慮這種因的結果。他接受了「追求最大財富」的經濟人前提──即在研究經濟活動中，設定從事經濟活動的人是自私的，求富的動機為其經濟活動的直接原因，但他強調這只是假設，不是已證實的事實。[16] 也就是說，他不認為「最大財富原理」是普遍的、真實的，而只是假設性的。而且，他認為「求最大財富原則」這一政治經濟學

的基本假定只是具有歷史和文化侷限性的接近正確的設想。 [17] 他認為關於追求財富的慾望在經濟活動中為最重要的動機、是經濟活動的結果之第一因這一點，只適用於英美國家。所以，追求財富的慾望在經濟活動的首要作用並不具文化普遍性。 [18] 即便在英美，追求財富的慾望在經濟活動中的作用也不是永遠不變的。

　　正是因為政治經濟學只考慮了人的求財慾望、其結論只能是抽象的、具假設性的，在應用政治經濟學的結論時，要考慮人類的實際狀況（多因的作用）。注重政治經濟學的應用是穆勒的《政治經濟學原理》的重要特色。雖然在方法論上，穆勒仍在原則上同意李嘉圖的演繹為主，但他認為在應用演繹的結果時需注意到社會歷史條件、應將經濟學的結論看作有歷史侷限性的經驗規律。同時，不可忘記經濟現象與其他人類活動的關聯性。一般認為李嘉圖是第一個建立經濟學推理模式的人。對李嘉圖來說，為了找出一個帶普遍性的結論，在推理時應將一些不重要的因素忽略不計，而突出主要因素的作用。例如，在研究地租問題時，土地的非農業因素不予以考慮。直到今天，在社會科學領域中，人們還是採用這樣的方式建立模式。穆勒贊成這樣的方法，認為這是科學的，但他強調了由這樣的方法得出的結論的假定性、條件性。由這樣的模式得出的結論只適用於符合其推論前提的情況，但現實的情況不一定都符合這樣的條件。所以，這樣的結論是有假定性和條件性的。對穆勒來說，由李嘉圖的模式得出的經濟學原則需被放入具體的社會歷史過程中加以考察。而李嘉圖本人正忽略了這一點。在注重經濟因素與其他因素的聯繫方面，穆勒更接近亞當·斯密。這就是為何熊彼特認為穆勒的《政治經濟學原理》在本質上不是一部李嘉圖派著作，而是對斯密思想的發揮，儘管穆勒本人並不這樣認為。 [19]

　　穆勒的確仍屬於古典政治經濟學傳統，因為他在其《政治經濟學原理》中仍堅持了其古典政治經濟學前輩（史密斯、李嘉圖、詹

姆斯·穆勒）對市場經濟、自由貿易等的信奉，但他已將古典政治經濟學發展到一個新階段，因為他的《政治經濟學原理》是在新的歷史條件下對古典政治經濟學的改造和創新。他為古典政治經濟學打開了新的視野，輸入了新的思想，引進了新的方法。穆勒與其前輩古典政治經濟學家的主要不同，可簡要地概括為以下幾個方面。

首先，穆勒政治經濟學的出發點與以前的古典政治經濟學不同。穆勒之前的政治經濟學之重點在於尋找財富增長的規律，發現國家經濟發展最有效率之途徑。穆勒的政治經濟學則是其社會科學的一部分，是其推動社會進步、實現功利主義之造福人類的理想的手段。所以，穆勒的政治經濟學最關注的不是如何增長國家財富，而是經濟制度和經濟發展同人類幸福的關係。更具體地說，穆勒最關心的是一個社會的經濟制度和經濟發展如何同其成員的自律、平等和自由相一致。他所尋求的不是最有效率的經濟而是最能帶來最大多數人的最大幸福的經濟。穆勒政治經濟學的這種道德感不僅使其別於先前的政治經濟學和他之後的新古典政治經濟學，也使其至今仍對所有關心人類幸福和社會進步的人具有強烈的吸引力。

第二，穆勒政治經濟學主要討論的階級關係不是地主和資本家的關係，而是資本家和工人的關係。穆勒之前的政治經濟學家生活在英國從封建經濟向資本主義的過渡時期。所以他們的理論強調了地主階級對經濟發展的阻礙和資本家在經濟發展中的積極作用。雖然他們對勞工階級也有所討論，但勞工階級並不是他們所關注的重點。在新的歷史條件下，在工業革命後資本主義經濟已占主導的英國社會中，主要階級衝突不再是地主和資本家的衝突，而是資本家和工人的衝突。政治經濟學要與時俱進，就必須面對這種新情況，對勞資矛盾作出解釋、並提供可行的解決辦法。穆勒政治經濟學就是這樣的歷史環境的產物。對勞資矛盾的關注使穆勒政治經濟學相當多地涉及了有關資本主義、社會主義的探討。

第三，穆勒的政治經濟學在方法論上也不同於以往的政治經濟學。穆勒之前的政治經濟學家將他們所發現的經濟規律看作永恆不變的、超時空的普遍律。但穆勒則將他在《邏輯學體系》一書提出的社會科學的方法應用於他的政治經濟學之中，強調了經濟規律的歷史性、條件性。雖然他仍認為政治經濟學需用演繹模式的推理，但他已用歷史的觀點對演繹的前提和結果進行解釋和分析，並且強調了在經濟領域中因果關係的複雜性和經濟現象與其他領域的相互作用。就方法論而言，他的《政治經濟學原理》是其《邏輯學體系》的繼續。

以下將對這三方面進行一些更具體的討論。

第一，穆勒不把尋求財富積累的規律作為其政治經濟學的主要目標，因為他認為財富的增長和經濟的發展不是人類應追求的目的本身，而是達到人類理想社會的手段。他承認高水平的經濟發展是人類理想社會的必要前提，因為沒有一定的物質生活水平，人類不可能幸福。所以，在經濟不發達國家，經濟發展是當務之急。但對經濟較發達的國家來說，應放在首位的則是尋求經濟發展與社會正義、自由、平等的一致性、讓儘可能多的人過上有尊嚴的生活。在經濟發展的水平達到相當高的程度之後，社會的注意力不應再集中在追求物質財富的增長上，不應再讓占人口多數的勞動階級終日為餬口而勞動，而是應讓他們有機會受教育，有閒暇發展其才華和提高其修養。總的說來，尊重個人、鼓勵個性的發展和個人的自主與提高生產率是一致的。但當提高生產率與尊重個人之自律有矛盾時，個人的自律應被優先考慮。自律是幸福的關鍵組成部分，是人之尊嚴所在。經濟增長僅是為了提供個人普遍自律的條件，所以應放在個人自律之後考慮。在人類的理想社會中，經濟水平處在一種穩定狀態，而不是一種持續增長狀態。穆勒已認識到社會之一味追求財富增長並不能帶來最大多數人的最大幸福，而只能會導致金錢至上的物質主義和激烈的階級衝突、甚至自由與進步文化的毀滅。

此外，無止境地追求經濟增長，還會導致自然資源的枯竭和環境汙染，因而危及人類基本的生存權。這些都是他以前的政治經濟學家，包括他的父親，不曾考慮到的。據說正是因為他的新觀點是對其父的一種尖銳批評，所以他在父親去世前一直沒有發表他有關政治經濟學的論文。[20] 簡言之，穆勒對經濟上的理想穩定狀態之推崇顯然使其政治經濟學不同於其以追求財富持續增長規律為主要目標的古典政治經濟學前輩。在史密斯和李嘉圖那裡，經濟上理想的穩定狀態並未被提出。雖然，穆勒的父親詹姆斯可能對此有所提及，但他沒有對此進行過討論。可見，正是穆勒提出這樣的一個穩定狀態才是理想狀態。他之所以將此看作理想狀態，主要是由於他注重自律、自由、自尊對人類幸福的意義，因而比他的功利主義前輩更明確地將政治經濟學納入了求最大多數人的最大幸福的思想體系之中。

對於當時日益激化的勞資矛盾，穆勒所提出的解決方案既不同於托利黨的保守主義結論，也不同於社會主義的激進主張。他的觀點處於二者之間，但更傾向於社會主義。實際上他曾在《政治經濟學原理》中說他和哈麗特都應算作社會主義者。不過，他所說的社會主義並不是與空想社會主義和馬克思主義相聯繫的社會主義，而是更具調和色彩的工團主義。穆勒對社會主義的看法大概經歷了三個階段。[21] (1)認為它只是空想；(2)認為它是人類進步的最終結果，但目前人類對它還沒有準備；(3)認為當今社會的巨大進步正在使它越來越有可能。這三個階段清楚地體現在他對其《政治經濟學原理》的修訂過程之中。在該書的第一版中他對社會主義的批評是很明顯的，而在第二和第三版中，他對社會主義的批評已漸弱，尤其在第三版中對傅立葉特別讚揚。總的說來，他一方面認為資本主義的使命將要完成，而同時又不認為資本主義必定使工人階級生活日趨惡化。他反對用革命來結束資本主義，主張一種進化社會主義。[22]

按照托利派的觀點，統治階級、富有階級是窮人的庇護人，而勞動階級則沒有能力保護自己。前者就像成人，而後者如同孩子。所以解決勞資矛盾的方法不是勞動階級自主自立，而是讓統治階級、有產階級給窮人更多的施捨，正像父母應對孩子給予很好的照顧。穆勒對此觀點當然是堅決反對的。穆勒相信勞動階級有自立自主的能力。如果他們有條件發展自我，他們能像其他人一樣有修養、有創造力。所以，勞資矛盾之解決在於改善工人生活條件、為他們創造發展自主自制能力和提高道德與文化修養的機會。他對勞動階級的信心在很大程度上受了哈麗特的影響。像前面已提到的那樣，討論此問題的「勞動階級之可能的未來」一章是哈麗特提議加入《政治經濟學原理》一書的，且它也基本反映了哈麗特的思想。

至於如何提高勞動階級生活水平的問題，穆勒的回答頗受馬爾薩斯影響。他認為首先要阻止工人生活水平的不斷下降，而控制人口增長是阻止工人生活水平不斷下降的主要途徑。當然，除了人口增長會降低工人生活水平的觀點外，他並沒有接受馬爾薩斯人口論的其他部分。他並不認為人口增長將不可避免地大大超過生產的增長，更不同意天災人禍是控制人口的唯一途徑。像所有他的經濟學前輩一樣，他曾忽視了資本家的貪婪對工人生活水平的影響，而將工人生活水平的下降歸於人口的增長。他後來對其結論的片面性有所認識，但並沒有放棄他對人口控制的強調。他希望透過對勞動階級進行教育，使他們對控制人口的好處有所瞭解，而使他們能自願控制生育。他在青年時代之所以散發宣傳節育傳單（他曾因此而被捕）， [23] 也是出於這樣的信念。另外，穆勒主張提高工人工資，改善工人生活，而不應將勞動階級的工資壓低到維持最低生活的水平。與他的經濟學前輩不同的是，穆勒並不認為勞動階級在工資高過維持最低生活水平時一定會多生孩子。換句話說，他並不認為勞動階級的低工資是控制人口的必要條件。在他之前的政治經濟學家基本上都認為維持工人最低生活水平的費用是資本家所必須付

的生產成本，而這種成本就是資本家給工人的工資。如果將工人工資提高到超過他們維持最低生活水平之上，不僅資本家的生產成本過高，而且工人會多生子女，從而將工資水平再降低到僅能維持最低生活水平、甚至更低的程度。所以，為了控制人口，有必要將工人工資保持在僅可維生的水平。對穆勒來說，從根本上控制人口的方法正好相反。當工人的工資高過最低維生水平之後，當工人們有一定機會受教育、提高修養時，他們會認識到控制人口的必要性而自願節育。穆勒的這一結論已被後來的事實所驗證。今天在許多發達國家，人口出生率正隨著人們普遍生活和教育水平的提高而降低。即便在中國這樣有重視傳宗接代的傳統的國度，出生率在生活和文化水平較高的大城市（如上海）比其他地區也要低得多。對穆勒來說，工人生活和文化水平的提高是道德的要求，也是有效政治民主的需要。勞動階級有權利過上有尊嚴的生活，成為自主自立的人。廣大勞動階級的自主自立是廣泛民主的保障。只有當占人口多數的勞動階級有了較高的文化和道德修養水平時，民主制度才能發揮出最大的優越性。

　　穆勒認為提高工人生活和文化水平的重要途徑是組織工人合資企業，讓工人當企業的主人，成為其財產的所有者和管理者。因此，他高度讚揚了當時剛剛從英國大曼徹斯特地區的羅切戴爾（Rochdale）城鎮興起的合作化運動（Co-operative Movement）。羅切戴爾以世界性合作化運動的發源地而聞名天下。在1844年，世界上第一個成功的勞動合作社——羅切戴爾公平開拓者社（"The Rochdale Society of Equitable Pioneers"）——誕生。它的第一批社員有28人，他們都是紡織工人或手藝人。他們每人出了1英鎊，用總共28英鎊的資金開辦了一個食品店。為了確保合作社的成功，他們制定了一些原則。這就是反映了世界性合作化運動的理念並在其後成為世界性合作化運動指南的羅切戴爾原則。這些原則包括開放入社（open membership），民主決策（一人一票）、按貿易額的比例分配等等。　[24]　16年後他們的資產超過了37000英鎊，有了3450個社員，年利潤約16000英鎊。　[25]　今天在許多西方國家，類似的合作社仍存在。合作社運動早已是一個具世界意義的運動。穆勒之所以支持合作社運動，是因為合作社既能有效的幫助勞動階級積累財富，又提供了讓他們學習管理、提高自主自立能力的機會。而且，合作社可以是很有經濟效率的，因為它們是在市場經濟的框架中運轉的。為了生存，一個合作社必須同其他合作社以及其他企業展開競爭。穆勒所希望看到的是一個由多個合作社構成的勞資合一的社會。在這樣的社會中，勞動者同時也是企業的所有者和管理者，勞動者和有產者的劃分不再存在。

　　需特別加以指出的是，穆勒所提倡的勞動者所有制不同於國家所有制。反對國家對經濟的干涉、堅持自由的市場經濟是穆勒與當時許多激進社會主義者的主要不同。穆勒認為，若實行國有制，取消了競爭機制和市場自發的調節，經濟則不會有效率。首先，國家計劃不會像市場調節那樣準確的反映供求關係。與史密斯一樣，他相信市場這個「無形的手」能最好地使供求達到平衡。在市場經濟下，當某一產品短缺時，其價格自然上升，於是自然會有人為了賺錢而轉向這類產品的生產，而當此類產品不再短缺時，其價格的下降自然會使人們停止對其的過量生產。人們的經濟行為雖然是由利己的動機所決定的，但其效果卻是有利於全社會的。儘管，就個別的企業而言，生產的不足或過剩是會出現的，但整個社會的供求會是均衡的。同凱恩斯之前的大多數經濟學家一樣，穆勒沒有看到自由市場經濟可能會帶來的供求不等。第二，在取消了競爭的國有經濟下，人們不會有勞動積極性。就目前廣大勞動者的思想水平而言，他們的行為主要由自我利益所驅使，不會為公益而努力工作。不過，他相信在遙遠的將來，隨著人們文化和道德水平的極大提高，人們的行為將不再主要被自私的動機所決定，同情心一類的利

他情感會對人們的行為起更大的作用。到那時，經濟效率將不再像現在這樣依賴於競爭機制。在這方面，穆勒明顯地不同於他的政治經濟學前輩。他並未把利己看作人類永恆的行為動力、把自由市場經濟看作有效經濟的最終理想模式。對他來說，自私自利的人和以此為基礎的市場經濟都是人類社會發展在一定歷史階段上的產物。

在國家與經濟的關係問題上，穆勒雖反對國家干預經濟，但他並沒有忽視國家在經濟發展中的職能。他認為在與公益事業直接有關的經濟發展方面，國家應起主導作用。與公益事業直接有關的經濟實業不應以贏利為目的，所以國家的主導有利於這些事業的健康發展。例如，鐵路、煤礦、供水等應由國家占有，但由國家交私營企業來經營，以求高效率。另外，國家應採取法律和經濟措施來普及教育，促進全民文化和道德水平的提高。當然，國家不應直接管理學校，而是應讓非官方人士來經營教育。這是因為國家直接管教育不僅工作效率差，而且還會妨害思想的自由發展而導致思想專制。[26]

在對古典經濟學，尤其是李嘉圖所推出的經濟規律進行歷史的考察中，穆勒得出結論說：生產的規律是自然的，但財富分配制度是人為的──就每個社會的分配制度是由其特有的社會條件決定的而言。所以，分配制度不是一成不變的。當歷史條件變化時，分配制度也相應地發生變化。 [27] 他基本上沒有否認私有制存在的必要性，但他並不認為現存分配制度是最好的、最合理的私有制。他認為人們應對現有的私有制進行許多改進。 [28] 現存私有制的最大弊病是沒有遵從按勞分配的原則。除了提倡勞動者自願組織勞資合一的合作社外，穆勒還提出一系列改造現存分配制度的措施。他主張國家要用立法來逐步削減不勞而獲的收入。例如，地租收入應加以限制或剝奪。土地是公共資源，應是國家的財產或廣大農民的財產（國家可用贖買政策將土地從地主手中拿過來），而不應成

為占人口少數的地主不勞而獲的專利。另外，他還認為應對遺產和惠贈財產收高稅，並限定可繼承財產的上限。 [29] 因為繼承人或受贈人並沒有透過勞動來得到這些財富。由於能有大筆遺產的人只占總人口極少數，這樣的稅收制度對社會的多數人有百利而無一害。至於普通的收入稅，他主張統一比例稅，反對隨收入增加稅收比例遞增的累進稅。他的理由是後者不利於鼓勵多勞多得。但他主張收入中用於維持生活的部分應免稅，例如，如果一個人所收入的150英鎊中有100磅必須用於生活必需品，這100英鎊就應免稅，而只有另50磅應納稅。由於窮人所得常常是剛夠溫飽、甚至不足溫飽，根據穆勒所建議的免稅方案，窮人應免稅或交極少的稅。[30] 而且，免稅量應隨通貨膨脹率而增大。關於社會救濟制度，他堅持社會給失業者的福利不應使其生活高於一個在業勞動者的最低生活水平。只有這樣才能鼓勵人們勞動而不是依靠福利。總的說來，穆勒的這些建議基於對經濟效益與公平分配的統一的考慮，符合功利主義的最大幸福原則。從今天的眼光看，這些思想仍很有價值。

註釋：

[1]熊彼特：《經濟分析史》，第2卷，楊敬年譯，朱泱校（商務印書館，1996），239頁。

[2]Donald Winch（唐納德·溫池），"Introduction", in John Stuart Mill, Principles of Political Economy Books IV and V, ed.by Donald Winch (London: Penguin Books, 1970), 2.

[3]轉引自V.W.Bladen，"Introduction", in Collected Works of John Stuart Mill, vol.3, ed.John M. Robson (Toronto and London: The University of Toronto Press and Routledge

and Kegan Paul, 1965), lxiii。

[4]參見本書第二章,「童年和少年時代」。

[5]E.A.Hayek(海耶克)ed., John Stuart Mill and Harriet Taylor: Their Correspondence and Subsequent Marriage (Chicago: University of Chicago Press, 1951),第118頁。

[6]Mill, Autobiography,第186—88頁。

[7]Hayke,第143頁;Michael St. John Packe(邁克爾·聖·約翰·派克),The Life of John Stuart Mill (New York: The Macmillan Company, 1954),第308頁。

[8]Packe,第308—309頁。

[9]Packe,第309頁。

[10]Hayke,第122頁。

[11]Hayke,第120頁。

[12]Hayke,第121頁。

[13]CWII, ed. J. M. Robson (1965), 3;熊彼特,第242頁。

[14]CWIV 319, 320—21, 322; Samuel Hollander, The Economics of John Stuart Mill, Vol.l (Oxford: Basil Blackwell, 1985), 106-7.

[15]Hollander, 112.

[16]CWIV, ed.J.M.Robson (1967), 325, Hollander, lll.

[17]Hollander, 116.

[18]CWVIII, 906; Hollander, 113-114.

[19]Bladen, xxvii；熊彼特，233。

[20]見Nicholas Capaldi（尼古拉斯·凱帕羅蒂），John Stuart Mill: A Biography (Cambridge: Cambridge University Press, 2004)，第205頁。

[21]熊彼特，237-38頁。

[22]熊彼特，237-38頁。

[23]參見本書第三章。

[24]關於「The Rochdale Society of Equitable Pioneers」，參見Sidney & Beatrice Webb, The Consumers'Co-operative Movement (London: Longmans, Green, and Co., 1921)，第5頁；J.Reeves, A Century of Rochdale Co-operation, 1844-1944 (London: Lawrence & Wishart, 1944)。本文提及的僅是最初的羅切戴爾原則。其後又有1966年和1995年的修正版。

[25]Packe，第308頁。

[26]對穆勒這個觀點更具體的討論，見本書第十章，《論自由》。

[27]Mill, Autobiography, 187; Hollander, 86.

[28]CWII, xiviii.

[29]CWIII, 811.

[30]關於穆勒在免稅份額及遺產稅的觀點的一個較詳細的討論，參見Robert B. Ekelund Jr. and Douglas M.Walker, "J.S.Mill

on the Income Tax Exemption and Inheritance Taxes: The Evidence Reconsidered" in History of Political Economy 28: 4 (1996), 559-81。

第九章　有情人終成眷屬
二、精神伴侶的結合

在1840—1850這十年中，由於《邏輯學》和《政治經濟學原理》的出版和不同一般的反響，穆勒在事業上已獲得了巨大成功。在接下來的幾年中，他沒有發表任何重要著作，但卻計劃並完成了其後他那些最著名的偉大著作的草稿。在個人生活方面，他終於同他愛慕了二十年之久的哈麗特·泰勒結成夫妻，共同渡過了他一生中最為幸福的時光。

《政治經濟學原理》完稿之後不久，穆勒和哈麗特就開始有健康問題。先是哈麗特在1848年冬開始犯老病（麻痺和風濕痛）加新病（臉痛——可能是一種慢性牙痛），[1] 接著是穆勒在1848年夏在海德公園跌傷臀部並因將用在身上的石膏弄到眼裡而引起眼部感染，以致暫時失明。

1849年夏天，哈麗特的丈夫約翰·泰勒因患癌症而去世。約翰去世後，穆勒和哈麗特並沒有立刻考慮結婚。原因可能有三。第一，他們想說明二人關係的純潔性，不願讓那些有關二人有性關係的傳言得到支持。第二，二人對當時的婚姻制度持批評態度，尤其是激烈反對法律所規定的婚姻關係中男女不平等（例如，一切財產歸丈夫所有）。第三，二人的朋友關係已長達二十多年，向夫妻關係的轉變需要時間。但經過一段猶豫之後，二人還是選擇了婚姻。不過，為了表明在婚後與哈麗特關係的完全平等、對哈麗特的財產無意占有，穆勒在1851年3月曾作了一個聲明，其主要內容如下：

穆勒與哈麗特的結婚登記表

　　如果我很榮幸地得到她的許可，我將與我真正瞭解的唯一女人結婚（她是我所想要結婚的女人）。現存法律所規定的婚姻關係特徵是我和她都從心裡完全反對的。我們反對的原因之一是：這樣的婚姻關係給予其中的一方一個契約，即合法的權力（legal power）去控制另一方的人身、財產和行動自由，而不顧另一方的意願。我無法從法律上拋棄這些可憎的權力（因為我無疑會有這些權力——如果婚約對我有法律效力），但我感到有義務在此記錄下一個反對現存婚姻法授予這些權力的正式抗議，並莊嚴許諾在任何情況或條件下絕不使用這些權力。就我和泰勒夫人的婚姻而言，我聲明以下是出於我的意願的結婚條件：在所有方面她保有完全的行動自由、支配她已有的和可能將擁有的一切財產的自由，就像我們的婚約不曾存在一樣；我完全放棄和否認由我們的婚姻而獲得的任何權力。[2]

　　在約翰去世近兩年後，穆勒與哈麗特於1851年4月21日在英格蘭南海岸上的麥爾康伯·瑞格斯（Melcombe Regis）登記結婚。他們有意選擇在這個沒有人認識他們的鄉間結婚，以便儘可能少地引起人們的注意。除了給他們辦結婚手續的兩位當地官員和哈麗特的女兒海倫和次子阿爾杰農（Algernon，也就是哈基——Haji），沒有其他人在場。手續一辦完，他們就回到臨時住處並開始工作（為哈麗特的一篇文章的發表做準備）。一週後，他們回到

倫敦，並在《時代》上宣布了他們結婚的消息。為了避開社交、遠離熟人，他們在離倫敦約7英里處的布萊克黑斯公園（Blackheath Park）租了一棟房子住下來。哈麗特的女兒和次子與他們同住（後者5年後搬出）。他們雇了一個廚子和一個園丁。一家人還養了一個聽話的鳴鳥和一只漂亮的波斯貓。

需要說明的是，穆勒在婚後與他自己的家人基本已無來往。當他與哈麗特做出結婚決定之後，穆勒通知了他的母親和在倫敦的兩個妹妹。由於不知所措的她們沒有做出他所期待的熱烈反應，尤其是沒有馬上對哈麗特做出歡迎的表示，穆勒對她們極為不滿，並從此與她們很少聯繫。哈麗特為了緩和穆勒與其家人的關係，曾主動到穆勒家拜訪，但由於穆勒的一個妹妹待在房間裡不肯出來見她，穆勒對他的家人可能更加憤怒。幾天後，當他的這個妹妹來到哈麗特住處以彌補過失時，卻被穆勒擋在門外，不得入內。他最小的弟弟喬治，比他小近20歲，本是與他很親近的，並且是哈麗特的兒子們的朋友。穆勒結婚時，他正在外地養病——他患了肺結核。穆勒既沒有把結婚的決定在事先告訴他，也沒在婚禮後讓他知道。喬治為此而有些傷心。而且，當他聽說穆勒和哈麗特結婚後，曾寫信給哈麗特的兒子，批評穆勒和哈麗特結婚是對世俗價值的屈服、對他們自己的原則的放棄。這使穆勒和哈麗特都對他很不滿，致使他們與之關係破裂。在之後的幾年中，穆勒的母親一直都對穆勒對她的態度感到傷心，並一直自責。直到去世前，她仍希望穆勒能原諒她、對她好些。 [3] 這一點清楚地反映在穆勒的小妹給穆勒的信中。他的小妹瑪麗這樣寫道：

母親很不快樂，因為她認為沒有很好地對待你的妻子。她不斷地催我們去布萊克斯拜訪她，說這樣會使你很高興；現在沒有什麼能把她的注意力從這種想法上移開。她現在仍然很虛弱，不能站起來，並且顯然認為你很生她的氣，因而不來看她。…所以，你能否讓我們知道我們怎樣做更好，或為了母親，給她寫幾行字，以免

她希望我們到你那去，或以某種方式使她安心些。[4]

在收到這封信後的兩天，穆勒給他母親寫了一封信。兩個月後，他母親病重，他曾去探望過一次。母親去世時，他在國外。他母親的後事處理完畢之後，他與自己的家人的聯繫就中斷了，直到晚年才有所恢復。[5] 這就是目前所存的資料對同哈麗特結婚前後穆勒與其家人關係的描述。如果這些資料是準確和全面的，作為他母親的長子和弟弟妹妹的長兄，他對母親和弟弟妹妹的態度讓人感到太不近人情。也許一個能像穆勒那樣去愛一個女人的男子和天才，已難以像普通人那樣合乎常情地對待家人和朋友。不同尋常的愛情導致不同尋常的思想和行為。他的愛情令人讚嘆，但其對家人的不寬容則令人難以接受。

which I hope will be soon. & for us, I must shew you the Report of a Committee at Calcutta on Prisons & Prison Discipline in India. It is full of good observations & the writer is up to the most advanced ideas on penal law. Though the subject is prisons, all the questions of secondary punishment are in

穆勒書信手稿(1)
（英國政治經濟學圖書館 The British Library of Political and Economic Science）

穆勒書信手稿(2)

（英國政治經濟學圖書館The British Library of Political and Economic Science）

二、恬靜的婚後生活

　　婚後穆勒和哈麗特的生活非常恬靜。他幾乎沒有社交活動。除了到倫敦上班，穆勒只去參加政治經濟學俱樂部的會議。在倫敦他也很少與人來往。即便是貝恩，也只能在他的辦公室短暫見面（除了有幾次陪他從辦公地點走到去布萊克黑斯的火車站）。[6] 在布萊克黑斯居住的7年中，穆勒很少在家接待客人。據說只有一開始就支持他與哈麗特來往的福克斯（Fox）及其女兒和三個外國人（義大利學者Gomperz Villari、Pasquale Villari，和Giuseppe Mazzini）去過他家做客。像穆勒和哈麗特這樣相愛的伴侶，在最終得以結合之後，其幸福和滿足感足以使他們對社交活動無興趣。正如有人評論道的那樣：「實際上，他們如此全神貫注於探究彼此，以致將任何外來的交往都看作不受歡迎的打擾而儘可能加以避免。」[7] 但他們之儘量避免社交也與他們對普通社交之弊害的看法有關。穆勒在《自傳》中曾這樣說過：

　　現在英國所進行的一般社交是件枯燥乏味的事。即使對那些使其成為現在這個樣子的人，也是如此。這樣的社交之繼續存在，是為了理性上的考慮，而不是為了其所帶來的快樂。...對一個在思想和情感上不平庸的人來說，這樣的社交必是非常沒有吸引力的，除非它有助於他的某些個人目的之實現；當今多數心智很高的人很少加入這樣的社交；...那些心智很高但卻又不這樣做的人幾乎毫無例外地因這樣的社交而極大地使自己退化，更不用說浪費時間和使情調下降。他們對那些不能在其常打交道的社交圈裡說的主張越來越不熱誠；他們開始認為崇高的目標不現實或至少僅是遙遙無期的見解或理論；...一個高心智的人絕不應該進入低心智的社交圈，除非他能作為一個使徒而進入；然而只有具有崇高目標的人才能安全地

進入。即使那些精神上有抱負的人，如果可能，最好經常同與他們同等水平的人交往，且儘可能同在知識上、精神上和情感高度上高於自己的人經常交往。進一步說，如果品格已經形成，對人類意見的基本看法已經確定，在一個真正最熱誠的人的心中，就總會感到信念上的一致性和對這些信念的同感是真正的友誼所最不可缺少的東西。這些聯繫在一起的因素使我現在願意尋求交往的人數很少，願意尋求密切關係的人數更少。 [8]

另外，他們儘量避免社交也必與他們強烈感到了時間的迫切性有關。由於身體不好，感到來日不多，他們想抓緊分分秒秒，在有生之年完成儘可能多的著作。婚後的頭一年，穆勒生活得比較悠閒。可以說，有生以來，他第一次過得如此放鬆。早上他通常同哈麗特聊天，一直到需離家去上班為止（大約早上9點）；晚飯後或與哈麗特的小兒子哈基下棋，或是讀點書，或是彈鋼琴給哈麗特聽。穆勒需要做的唯一家務事就是下班回來後燒燒茶。星期天則給了他的植物學業餘愛好：他通常步行再加乘坐火車到野外去收集植物標本。 [9] 相對以前而言，在這一年中，穆勒較少寫作，而較多地享受生活。但這樣的悠閒日子並不長。從婚後第二年開始，穆勒和哈麗特都開始生肺病。可能是穆勒的父親將肺結核傳染給了穆勒，他又把它傳染給了哈麗特。在那個時代，人們並不知道肺結核是傳染的，而以為是遺傳的。那時也沒有對肺結核有效的治療方法。 [10] 所以，得了肺結核幾乎就等於得了不治之症，正像今天得了癌症一樣。開始穆勒並不清楚他是否得了肺結核，但他的症狀很像。直到1854年3月他才被確診為肺結核。知道得了「不治之症」後，穆勒並沒有放棄戰勝病魔的希望。由於給他確診的大夫對他的治療毫無信心，穆勒去找了另一位對肺結核很有研究並相信其可能被治癒的醫生。這位醫生建議他每天做三次呼吸練習（每次半小時）。這種練習可有助於擴肺，從而防止結核的進一步發展。

在被確診為肺結核兩週後，穆勒將自己的病情告訴了哈麗特。正在法國養病的哈麗特趕回了布萊克黑斯。面對早逝的可能性，二人重新制定了生活計劃，以便在最短時間中完成儘可能多的著作。[11] 在穆勒的病確診之前，他對自己的健康狀況已感到很不好，所以同哈麗特共同研究，一起列出了要寫的論文集的論文主題單目，計劃了下幾年的寫作計劃。他當時最擔心的是在生前不能完成這些著作，因而有負他的道德使命。他在日記中這樣寫道：「我很痛切地感到我是怎樣地耽擱了完成寫作的神聖使命。這樣的使命要求我將心中所有那些能幫助摧毀謬誤與偏見和扶植正義感和真理的思想寫出來，而不讓它們與我一同死亡。」 [12] 在給哈麗特的一封信中他曾這樣說：「我近來一直強烈地感到（如果我沒有如此感覺我必是失去了感覺任何東西的能力）生命之短暫和不確定性以及未將我們想說的最好的部分寫出來而是將它們留給機遇的控制的錯誤。我決心更好地利用我們能有的時間。如果好好利用，我想兩年能讓大部分我們最好的思想達到可發表的程度——如果達不到就普及效果而言最好的形式，但也可達到濃縮的思想的狀態，...我想像著看到身後發表的一大卷或兩小卷論文集，以《人生》 [13] 為其第一部分。如果我們能活到1855年聖誕節，我會盡全力把這些論文弄到可以發表的程度，到那時如果我們仍能活著對它們加以改進和擴充，則先不發表它們。」 [14]

由於面對死亡的可能性穆勒想得最多的是如何將其思想留給世人，他的病不僅沒有使他消沉，反而使他爭分奪秒地不停工作。身體越不好，他的寫作越起勁。 [15] 不過，到了1854年6月，他的健康狀況已明顯惡化（例如，明顯的消瘦），以至於他只得到氣候溫暖的法國去休養。到法國不久，他的身體明顯好轉。僅在到法國的頭3周內，他的體重就增加了4磅，在其後的10天又長了兩磅。在法國修養了7周後，他的病情已得到很好的控制。此後雖然仍有健康問題，但肺結核卻不再是問題。要不是穆勒奇蹟般地治好了肺

結核，他那些最有影響的著作（例如《論自由》、《功利主義》）就不可能出現了。這真像是上天給了他機會，好讓他把其最好的思想留給人類後再走。順便說一下，那時在法國生活比在英國便宜得多。加之穆勒又很節省，所以，在法國的7周他一共只花了31英鎊。 [16] 自1854年12月至1855年6月，穆勒獨自在歐洲大陸旅行了半年（因哈麗特的身體不好，無法與他同行）。要寫《論自由》一書的念頭就是在此次歐洲之行中出現的。在這之前他只是想寫一篇論自由的文章。 [17]

在此後的幾年中，穆勒幾乎完全停止為雜誌寫文章，而是集中精力地寫他計劃寫的東西。他將已發表的《邏輯學體系》和《政治經濟學原理》看作僅是他要完成的工作的序幕，認為它們只建立起了他的第一原則。他下面要做的是將它們應用到更具體的領域，而這才是更重要的工作。 [18] 他後來的一系列著作都是在這樣的前提下動筆的。他後期的主要著作（例如《論自由》、《功利主義》、《代議制政府》、《論宗教的三篇論文》和《自傳》等）的草稿都是在婚後的幾年內完成的或計劃的。從這個意義上說，婚後的幾年是他最有成果的時期。哈麗特參與了穆勒後來所有重要著作的寫作，儘管她並沒有直接執筆。穆勒並不將他的思想與哈麗特的思想區分，而將他的著作看作二人的共同成果。他在《自傳》中曾這樣說：

當兩個人的思考完全一致；當他們精神上的或道德上感興趣的所有問題在他們的日常生活中得以討論，並探討的比在那些為一般讀者而寫的著作中通常或方便聽到的深入得多；當他們從一樣的原則出發並一起經歷探討過程而達到結論，就原創性問題而言，他們中誰執筆都是無關緊要的。寫的最少的那個可能提供了最多思想，由此產生的著作是二人共同的產品，且這必是不可能去分清各自的部分並確定什麼屬於這個人、什麼屬於那個人。從這種廣義上說，

不僅我們婚後的那些年，而且在我們婚前作為親密朋友的那些年間，就我所發表的著作而言，她的貢獻跟我的一樣大。但是，隨著時間的推移，她的貢獻越來越大。[19]

從現有的資料看，穆勒之肯定哈麗特的貢獻、將其著作看做他和哈麗特的合作並非僅僅出於愛情，而是有事實根據的。例如，二人一起反覆推敲了《論自由》；穆勒的《婦女的屈從》是自哈麗特的文章《婦女之權利》發展而來的。[20] 從下面哈麗特給穆勒信中的這段話，我們可以看到她是一位多麼有思想的女性：

親愛的，說到論文，宗教，也就是「宗教之功用」難道不是你最有話可說的題目之一嗎？你可以解釋某種宗教（迷信）之普遍的存在是由於恐懼、希望及神秘之本能；拋開被稱為宗教的所有學說、理論及權力工具，說明宗教和詩如何滿足了同樣的需求——對更高的對象的渴求，對痛苦的安慰，出於自私而對天堂的希望，上帝對溫順者和感恩者的愛；說明這些如何必須被道德所代替——道德之力量源於同情和仁慈，而道德之獎賞來自我們尊敬的人們的認可。[21]

對此，在給哈麗特的回信中穆勒說道：「你關於論宗教的文章設想非常好，但它需要你來完成——我可以試試看，但我對這個題目要說的一切用幾段話就可以說完。」[22] 儘管這樣說，後來穆勒還是在《宗教的功用》一文中討論了哈麗特在給他的信中建議他討論的題目。[23]

在身體不佳卻又急於完成更多的著作的情況下，穆勒沒有辭職，而是繼續在東印度公司上班。這主要是因為他若在那時自願退休，退休金可能不足以維持他和哈麗特所習慣於的生活水平。雖然哈麗特擁有她前夫留下的所有財產，但穆勒信守婚前聲明中的諾言，把哈麗特的收入排除在他的家庭預算之外。但他如果是因病被迫退休，他則可能會得到相當於在職工資三分之二的退休金（也就

是一年800英鎊）。而且，如果他的大夫認為他需到海外休假養病半年，東印度公司還要支付他海外養病的費用。所以，在1854年6月之前他一直堅持上班，且工作得很有效率——曾在兩個半月中完成半年的工作。由於想留住他，東印度公司還給他加薪200英鎊（原年薪為1200英鎊——在那時已是相當高的）。[24] 不過，當他後來身體得到恢復後，退休問題已不再迫切。1856年穆勒成為新的印度通訊總審查員——一個他父親曾做過的位子。這也就是說他成為東印度公司倫敦辦公室的第一把手，擔負著相當於一個部長的責任。1857年他的薪水從1400英鎊提到2000英鎊。

但是，到了1857年年底，東印度公司本身的生存已成問題。此時《更好的印度政府案》已通過。一個部長即將被任命來處理印度事務。也就是說，印度將被英國政府直接統治，東印度公司將被解散。[25] 1857年在印度曾出現兵變反英。東印度公司為此而受到嚴厲指責。當時的東印度公司已是一個龐大的官僚機構，負責印度的軍政事務。當時印度人對英國人日益加深的不滿被當做東印度公司統治不利的證據。所以，要求解散東印度公司而由英國政府直接統治印度的意見占了上風。

穆勒為東印度公司在統治印度中的作用作了很有力的辯護。他認為在印度的兵變不是由於東印度公司的管理無效，而是由於英國政府的干涉和控制。他認為東印度公司在保護印度當地人方面有積極作用。他反對當時英方對兵變的鎮壓方式。在任職期間，穆勒支持讓更多的印度當地人參與管理，以獲得自治的經驗。他認為用英國政府的直接統治取代東印度公司的腳色只會更有利於在印度的白人。[26]

穆勒反對英國政府直接統治印度，主要不是出於對東印度公司的忠誠，而是出於他的政治信仰。在根本上，他是反對殖民主義的。他認為一個國家不應對另一個國家進行直接統治且這樣的統治

也存在不下去。殖民統治有悖他的自治理念。一個先進國家管理一個還不具備自治條件的落後民族的唯一正當理由是幫助後者走向自治和獨立。 [27] 在他看來，像印度這樣古老而又落後的國家，專制統治仍是必要的，其人民需要長期的啟蒙後才能實行民主制度。[28] 所以，在現階段，最好透過英國政府的代理人而不是英國政府本身來管理。東印度公司，作為這樣的代理人，其工作是很有成效的。 [29] 他很清楚地知道英國的海外殖民是為經濟利益所驅使。他既不認為這在道義上站得住，也不認為英國的經濟有必要依賴海外殖民。 [30]

儘管穆勒對東印度公司在印度的管理功能作了有力辯護，東印度公司還是於1858年被解除了在印度的行政和軍事指揮權。從這時開始印度成了英國政府直接統治的殖民地。新任命的負責印度事務的部長曾邀請穆勒為其顧問委員會成員，但被穆勒婉言謝絕了。1858年，穆勒以高達1500英鎊的年薪退休，因而其後在經濟上無任何問題。 [31] 得知他退休的消息後，他的朋友和助手柔頓（Thornton）向幾個同事提議一起湊錢做個紀念品送給穆勒。大家立即響應他的提議，很快湊了50—60英鎊。他們用這些錢為穆勒定做了一個極好的銀製墨水臺。但穆勒聽說了他們的計劃，很生氣地找到了柔頓，說他不能接受他們的禮物。無論柔頓如何讓他相信大家是心甘情願這樣做的，穆勒堅持總有人是不好意思拒絕才會同意湊人數的。最後，柔頓等只得讓銀製墨水臺的加工者派人送到穆勒家，並吩咐去者把銀製墨水臺交給穆勒家的僕人後，不等回話，立刻就走。這個辦法可能奏了效，因為後來柔頓在穆勒家看到過這個銀製墨水臺。至於是否是由於哈麗特的勸說穆勒才把它收下，則無人知曉。[32] 這雖是一件小事，也可看出穆勒的為人。

三、永遠的思念

哈麗特·泰勒·穆勒Harriet Taylor Mill

（倫敦國家肖像美術館National Portrait Gallery，London）

　　穆勒退休後，他和哈麗特終於可以自由自在地享受生活並將更多的時間投入寫作。他們都很喜歡在法國旅遊和生活。於是他們決定一起先到法國旅遊，然後再去義大利和希臘。二人在1858年10

月離開倫敦前往巴黎。哈麗特的女兒海倫從阿伯丁（蘇格蘭的一個城市）趕來送別。到達法國後，開始一切都很順利。但當他們到達萊昂斯（Lyons）後，哈麗特開始生病：發燒、咳嗽。但她以前也有過類似的病症。在停留了一週後，他們堅持著到達了更南邊的阿維尼翁（Avignon）。但到阿維尼翁時，哈麗特的身體已經完全垮下來了。到那的第一天，當地醫生給哈麗特看過病，但他們開的藥不管用。哈麗特加用了一些隨身帶來的藥品。第二天，也就是10月28日，穆勒寫信給以前曾治好過哈麗特類似病狀的一位在奈斯（Nice——法國南部城市）的大夫格內（Gurney）。[33] 在信中穆勒寫明，任何費用都不成問題，最重要的是他能盡快趕到。他寫道：「我懇求您立刻來。我幾乎不需要說，同救她相比，多大的費用都比鴻毛還輕。」[34] 但是在這位遠在150英里之外的大夫趕到之前，哈麗特的病情急劇惡化並在穆勒的信發出幾天後（也就是11月3日）病故。[35] 穆勒的悲痛是難以描述的。但他還是盡快地做了他認為有必要為哈麗特做的幾件事情。他寫信給阿維尼翁市長，通知他哈麗特在此地去世，並附上捐給當地窮人的1000法郎；他還給當地新教教堂捐了錢。僅僅由於哈麗特病故在此地，他想盡其所能對當地人做些事情。當格內大夫從奈斯趕了一週的路到達阿維尼翁時，雖然已經太晚，穆勒還是說服他收下了1000英鎊的酬金——相當於一個高級專家從倫敦到奈斯救活一個病人的報酬。 [36] 另外，穆勒還為哈麗特寫了一個訃告，托他的朋友桑頓送《時代》發表。在托桑頓發訃告的信中，穆勒也提到了哈麗特去世給他帶來的悲痛和打擊。他寫道：

　　我的妻子——我所有情感的分享者、所有最好思想的激發者、所有行動的嚮導——已經走了。...很難說我今後還能做好任何事——無論是公共的還是私人的。我生命的彈簧已經斷了。但是，我將竭力實現她的願望，透過堅持嘗試做有用的事。 [37]

在其後的日子裡，對哈麗特的懷念和完成她的遺願的決心使穆勒更加努力地工作。「化悲痛為力量」這句話用到穆勒身上實在是再確切不過了。當然，穆勒在哈麗特去世後之所以能順利地生活和工作下去，哈麗特的女兒海倫對他的幫助和照顧是至關重要的。

在哈麗特病重時，穆勒曾在11月1日給海倫發了電報。海倫一收到電報就趕往阿維尼翁。但還是太晚了。她到達後，在給他兄弟哈基的信中，海倫曾提及穆勒悲痛欲絕的情形並說她必須照顧他。[38] 實際上，從此以後海倫就留在了穆勒的身邊，擔負起照顧穆勒的責任。如果海倫沒有這樣做，我們很難想像穆勒如何生活下去，更不用說完成他後來那些偉大著作。在談到海倫時，穆勒在《自傳》中這樣寫道：

雖然激發了我最好的思想的人已不再與我在一起了，但我並不孤獨：她留給了我一個女兒，即我的繼女海倫·泰勒小姐。海倫繼承了許多她母親的智慧和她所有的高尚品格。從那時到現在海倫之不斷發展和成熟的才華一直都貢獻給了同樣的偉大目標，而且比她母親的才華更好地和更廣泛地為人所知，儘管現在她的才華遠還沒有像我所預料的那樣多地為人所知、遠還沒有她此生定能達到的那麼為人所知。關於她與我直接合作之重要性，今後多少會被人說到；而我欠她的——就她極大的思想創造力和極高的正確實踐判斷力所給予我的指導而言，則無法讓人有充分瞭解。無疑，在我之前無人如此幸運——在遭受了我所遭受的那麼大的損失後，在人生的賭場上又中了另一個彩——另一個具有罕見品格的夥伴、激勵者、顧問和老師。無論是現在還是將來，任何想到我和我的著作的人絕不可忘記我的著作不是一個人的而是三個人的才智和良知的產物，而且在它上面署名的正是在這三人中最不重要、最少創意的那個人。

穆勒的這些話當然表現了他一貫的謙虛，但也的確說明了海倫

對他的重要性。正是海倫陪伴他走完了他人生的最後十五年。

　　哈麗特被葬在阿維尼翁的聖維蘭公墓。為了儘可能地靠近她，穆勒在哈麗特墓地附近買下一座房子。從這座房子，可以看到聖維蘭公墓。穆勒還買下了哈麗特去世時所在旅館房間裡的家具，將其搬入這座房子。直到去世，穆勒每年都在此處住很長一段時間。當他在此居住期間，他每天都要到哈麗特的墓地去至少兩次。　[39] 雖然哈麗特已不在了，但她仍是穆勒的靈感和動力之源。在很大程度上，穆勒在哈麗特逝世後的著作是為了紀念哈麗特、完成二人一起計劃的工作而寫的。穆勒對哈麗特的愛真正可稱得上是一生一世，始終不渝。

No 3 [237]

of communication have not only removed all the disadvantages
to a political writer, in tolerably easy circumstances, of distance from
the scene of political action, but have converted them into advantages.
The immediate & regular receipt of newspapers & periodicals keeps him
au courant of even the most temporary politics, & gives him a much
more correct view of the state & progress of opinion than he could
acquire by personal contact with individuals: for everyone's social
intercourse is more or less limited to particular sets or classes
whose impressions & no others reach him through that channel; &
experience has taught me that those who give their time to the
absorbing claims of what is called society, not having leisure to
keep up a large acquaintance with the organs of opinion, remain
much more ignorant of the general state either of the public mind
or of the active & instructed part of it, than a recluse who reads
newspapers need be. There are no doubt disadvantages in too long
a separation from one's country — in not occasionally renewing
one's impressions of the light in which men & things appear when
seen from a position in the midst of them; but the deliberate
judgment formed at a distance, & undisturbed by inequalities of
perspective is the most to be depended on, even for application to
practice. Alternating between the two positions I combined the
advantages of both. And, though the inspirer of my best thoughts was
no longer with me, I was not alone: she had left a daughter
my stepdaughter, Miss Helen Taylor, the inheritor of much of her wisdom
& of all her nobleness of character, whose ever growing & ripening
talents from that day to this have been devoted to the same great
purposes & have already made her name better & more widely known
than was that of her mother, though far less so than I predict, if
she lives, it is destined to become. Of the value of her direct
cooperation with me something will be said hereafter: of what
I owe to her great powers of original thought & soundness of practical
judgment I can give no adequate idea. Surely no one ever before
was so fortunate, as, after such a loss as mine, to draw another
prize in the lottery of life — another companion, stimulator, and
adviser, of the rarest quality. Whoever either now or hereafter
may think of me & of the work I have done must never forget that
it is the product not of one intellect & conscience but of three, the
least considerable of whom & above all the least original, is the one
whose name is attached to it.

穆勒《自傳》手稿（在此頁上有對海倫的稱讚）

[此手稿存於英國政治經濟學圖書館The British Library of Political and Economic Sciencel]

在穆勒生前，他竭盡所能讓世人知道哈麗特對他的思想的影響並說他的若干重要著作實際上是他與哈麗特合著。但是他越是表白哈麗特之不平凡，他的朋友和讀者就越是不相信哈麗特真是像穆勒所說的那樣。由於他對哈麗特的摯愛和崇拜，幾乎沒有他的同時代人相信哈麗特對穆勒的著作真有貢獻。直到1951年海耶克所編的穆勒與哈麗特的通信集（即《約翰·斯圖亞特·穆勒和哈麗特·泰勒》）出版後，世人才第一次相信穆勒與哈麗特不僅是一般意義上的愛人，而且是精神上的知音和著作的合作者。穆勒若地下有知，從此總算可以安心了。

註釋：

[1]參見Michael St.John Packe（邁克爾·聖·約翰·派克），The Life of John Stuart Mill (New York: The Macmillan Company, 1954)，第331頁。

[2]Collected Works of John Stuart Mill, vo1.21, ed, John M.Robson (Toronto and london: The University of Toron to Press and Routledge and Kegan Paul, 1984)，第97—99頁。

[3]關於這些情況，參見Packe書，第353—357頁。

[4]轉引自Packe書，第355頁；原文見MT Coll.47/26, MS.3 April, 1854（「MT Collection」即「The Mill-Taylor Collection

in British Library of Political and Economic Science」——穆勒與泰勒通信手稿，存於英國政治經濟學圖書館，也就是倫敦政治經濟學院圖書館：「MS」指「手稿」；「47/26」指「47卷，第26大張」）。

[5]關於穆勒晚年與小妹關係的恢復，參見本書第十五章，《生命的盡頭》。

[6]Alexander Bain（亞歷山大·貝恩），John Stuart Mill: A Criticism (London: Longmans Green & Co., 1882), 93頁。

[7]Packe書，第358頁。

[8]John Stuart Mill（約翰·斯圖亞特·穆勒），Artobiography（《自傳》），ed.John M.Robson（約翰·魯伯森），London, Penguin Books, 1989，173—74頁。

[9]參見Packe書，第358—359頁。

[10]參見Packe書，第360頁。更詳細的說明，參見北京市衛生局的《結核病的歷史》，其中說道：「1882年科霍發現了結核病的病原菌為結核桿菌，人類對結核病的認識才取得革命性的飛躍，但由於沒有有效的藥物治療，結核病仍在全球廣泛流行。自1945年，有效抗結核藥物鏈霉素發明並應用於結核病的治療以來，結核病不再是不治之症，結核病的治療才有革命性的進步」（hnp://yljk.beijing.cn/fjh_h/n2_14063851.shtml；2012年8月5日網頁）。

[11]Packe書，第367頁。

[12]E.A.Hayek（海耶克）ed., John Stuart Mill and Harriet Taylor: Their Correspondence and Subsequent Marriage

(Chicago: University of Chicago Press, 1951)，第190—91頁。

[13]指《自傳》。

[14]Hayke，第191頁。

[15]Packe書，第368頁。

[16]Packe書，第374頁。

[17]Mill, Autobiography，第182—83頁。

[18]Packe書，第368頁。

[19]Mill, Auto biography，第183—84頁。

[20]參見Packe書，第370頁。

[21]Hayke，第195—96頁。

[22]Hayke，第197頁。

[23]關於次文的內容，見本書第十五章。

[24]參見Packe書，第371—73頁。

[25]參見Packe書，第387—88頁。

[26]參見Capaldi Nicholas, John Stuart Mill: A Biography (Cambridge: Cambridge University Press, 2004)，第242—243頁。

[27]參見Capaldi Nicholas, John Stuart Mill: A Biography (Cambridge: Cambridge University Press, 2004)，第242頁。

[28]這類思想在他後來發表的《代議制政府》中有清楚的表述。

[29]參見Packe書，第389頁。

[30]參見CWXIX，第565頁；也見Capaldi書，第242—243頁。

[31]Packe，390.

[32]參見W.T.Thornton，"His Career in the India House"，in Herbert Spencer and others (no editor), John Stuart Mill: His Life and Works (Boston: James R.Osgood and Company, 1873), 36—37頁。

[33]參見派克書，第392—93頁。

[34]CWXV, ed.Francis E.Mineka and Dwight Lindley (1972), 572.

[35]參見Capaldi書，第245—246頁。

[36]參見Packe書，第398頁。

[37]轉引自Bain書，102頁。

[38]MT Col.24/708MS；也見 Packe書，第398頁。

[39]參見Capaldi書，247頁。

第十章　論自由

　　在辦完哈麗特·泰勒的後事並買下哈麗特墓地附近的那棟房子後，穆勒回到了在布萊克黑斯的住處。1858年冬天，仍處在極度悲痛之中的他感到最迫切需要做的是讓世人瞭解哈麗特、讓她在思想上的貢獻得到承認。這可以解釋穆勒為何在回到英國不久就與出版商聯繫，討論出版《論自由》一書。按照穆勒的說法，此書的思想主要是哈麗特的，雖然他自己是執筆者。對穆勒來說，在他的所有作品中，此書最是他和哈麗特直接合作的產物。[1] 在他11月30日給出版商帕克的信中，他告訴對方，《論自由》的書稿已可交他出版。[2]

　　《論自由》最初的雛形是穆勒1854年完成的一篇文章。但穆勒在1855年遊羅馬時產生了將它寫成書的想法。實際上整個書稿在哈麗特去世18個月前已寫完。穆勒和哈麗特已一起進行過仔細的討論和修改。用穆勒的話說，「其中沒有一句話未經我們一起多次研究和推敲」。[3] 不過他們還想等等再發表，以便加入可能的進一步修改。但現在哈麗特已經不在了，同哈麗特一起修改此書已無可能。[4] 所以，他想盡快發表此書。《論自由》於1859年2月出版，並在出版後很快售完。同年8月出了它的第二版，印數為2000冊。1864年又出了其第三版。1865年，售價便宜的大眾本出版。[5] 從初版的問世到今天，《論自由》已重版了許多次，譯為多種語言，[6] 其影響經久不衰，一直被視為論述自由的經典。

　　一個人若要瞭解西方自由主義思想，不可不瞭解穆勒；而要瞭解穆勒，最不可不讀的就是《論自由》。[7] 正像穆勒自己所認為的那樣，《論自由》是他一生寫得最好的著作，最能體現他思想的精華，最能在他身後流傳千古。他在《自傳》中說道：在我的著作

中沒有一部像《論自由》那樣仔細地寫出並進行過如此認真的修正。[8]「《論自由》很可能比我所寫的任何東西（《邏輯學》有可能除外）都生存得長久」。[9]

一、主旨

　　《論自由》旨在闡明社會施用於個人的權力的適當範圍或社會干預個人自由的適當限度。它所建立的是「一條很簡單的原則」（穆勒語），[10] 即社會不應干涉個人自由，除非當個人行為危害他人之時。也就是說，社會對個人的強制只應是自衛性的。只要個人行為不危害他人利益，社會（無論是政府還是公眾）都不應干預。[11] 穆勒所提出的這條原則通常被稱為「自由原則」（Liberty Principle）、「不干涉原則」（The Principle of Non-interference），或「傷害原則」（Harm Principle）。在談到《論自由》和穆勒的這個原則對自由主義的意義時，著名的穆勒學者約翰‧斯高汝普斯基（John Skorupski）說道：「在所有自由主義經典中，穆勒的論文《論自由》居第一位。它所闡述的那個原則，對許多人來說，幾乎定義了自由主義本身。」[12]

　　在《論自由》的一開篇，穆勒就說明此書所要討論的不是意志自由，而是公民或社會自由。穆勒認為，個人和社會之間權力界限問題雖然不是個新問題，但在新的歷史條件下需對此予以不同於過去的新處理。他所說的新的歷史條件即民主社會建立了多數人的統治後的社會情況。他所主要關心的是在西方民主社會建立之後如何防止多數人統治對個人的壓制的問題。對穆勒來說，真正的民主必須保障所有個人的權利、允許不同個性的充分發展，而不是用多數人的意見取代所有個人的意見、用多數人認可的方式塑造所有的個人。西方民主社會所建立的還僅僅是多數人壓倒少數人的民主，而這種民主對個人自由發展的妨害已日益顯露出來，儘管這種對自由的妨害與非民主社會的不能相提並論。到了社會發展的這個階段，自由、民主的真正實現有賴於對多數人統治權的適當限制。

穆勒認為，對自由的追求古而有之，不過在人類社會的不同歷史階段，人們所爭取的自由之含義是不同的。在社會發展的第一階段，也就是在專制或權威時代，自由意味著防範政治統治者的暴虐，對其權力有所限制。在那樣的時代，統治者和被統治者處於對立狀態。凌駕於多數人之上的政治統治權被視為是必要的，少數人統治多數人，統治者不代表多數人的意願。統治者通常是透過繼承或征服而獲得其權力的。在這個階段，爭得自由的途徑主要有兩個。第一，讓統治者承認大眾的某些政治自由或權利。如果統治者侵犯這些權利，人民的反抗則是正當有理的。第二，在憲法上規定政權的某些重要舉措必須得到群體或代表群體利益的組織的同意。這第一種方式在那時的大多數歐洲國家已或多或少地取得了成功；而第二種方式（出現的較晚些）進行得沒有那麼順利。

在社會發展的第二個階段，自由意味著大眾的自治。這時政權不再獨立於多數人、與多數人利益相悖。相反，它是多數人的統治，代表大眾的利益和願望。 [13] 這正是盧梭在《社會契約論》中所倡導的。 [14] 這樣的民治可以是直接民主或代議制。在這個階段，自由與權力的鬥爭體現為不同民主政黨間的競爭。不過，在這個階段，大眾自治政府的權力不受限制。所以，儘管政權反映多數人的意志，每個人的個性並沒受到尊重，不同於多數人的少數人並沒有得到保護。行使權力的人民不等同於實際存在的人民，「自治」不是每個人的自治，而是每個人被人口的多數所統治。「進一步說，人民的意志實際上意味著人民的最大多數或最活躍部分的意志，也就是多數人或那些成功地被接受為多數的人的意志；作為結果，人民可能想壓迫他們的部分成員，所以防止這種權力濫用的措施正像防止其他類型的權力濫用的措施一樣必要。」 [15] 總之，在這個階段，存在「多數人的暴政」（the tyranny of the majority [16]）的問題。

在社會發展的第三階段，自由意味著對民治政府權力的限制。美國是最先進入這一階段的國家。在這一階段，政府不僅要代表多數人的意願，而且要在法律上保證少數人不被多數人或他們的代表加以不公平的對待。不過，這僅僅限於保障個人平等的政治權利，只在行政層面上解決「多數人的暴政」問題。但是，「多數人的暴政」並不僅僅限於政治權力方面。多數人的意見與情感對個人的壓迫是「多數人的暴政」的重要方面。

在社會發展的第四階段，自由意味著免於多數人的意見和情感（尤其是商業精神）對個人的壓迫，而這種壓迫實際上就是輿論與習俗對個人的壓迫。穆勒很清楚地知道輿論與習俗對個人的壓迫在人類發展的早些階段也很嚴重。但在社會發展的第四階段，由於其他類型對個人的壓迫已不是主要問題，反對輿論與習俗對個人的壓迫才成為爭取自由之鬥爭的主要形式。穆勒認為，社會透過輿論和習俗對個人所施的暴虐比其政治上的暴虐更可怕，因為這樣的暴虐使人「更難逃避，深入得多地滲入生活細節，奴役心靈本身。」[17] 這樣的暴虐將社會通行的思想和做法當做行為準則強加於意見不同的人，阻礙與其不協調的個性發展、甚至扼殺這樣的個性之形成。 [18] 托克維爾在其《民主在美國》中對美國社會的這種「多數人的暴政」的觀察和分析為此提供了大量證據。穆勒已料想到，在民主國家，中產階級權力的增長將使商業型的人格成為社會普遍認可的東西，因而使商業精神決定社會的道德和文化，使人難以有與眾不同的個性和思想。平庸的見解將越來越占上風，有創造力的個人將越來越受壓抑。 [19] 事實上，美國及西方民主國家還一直繼續向這個方向走，儘管穆勒在150多年前就想使之得到矯正，並且《論自由》的基本思想在這些國家已廣為人知。

穆勒認為，雖然很多人都會同意有必要防範社會對個人的暴虐，但迄今為止人們還沒有劃出個人自由和社會控制間的適當界

限。他的《論自由》就是要完成這個任務，建立起一個劃分個人權力和社會干涉之適當限度的普遍原則。這樣的原則就是一個關於自由的原則。 [20] 但是，《論自由》不是僅僅要建立一個保護個人自由的消極原則，而是更為強調積極自由——個人發展的自由。整部《論自由》都在論證這樣一個信念：對人類和社會來說，個性的極大多樣性和充分的自由發展對人類社會至關重要。他將此稱為「一個很簡單的真理」，將《論自由》看作關於這個真理的教科書。 [21] 一旦瞭解了這個「很簡單的真理」在《論自由》中的份量，我們自然也就明白了穆勒為何在《論自由》的正文前引用洪堡（Wilhelm von Humbolt）下面的話來表明該書的要旨：「在這些頁中所展開的每一個論證都直接集中到一個總的和主導的原則，即人類在最豐富的多樣化中發展之絕對與根本的重要性。」 [22]

二、論思想自由和討論自由

思想自由和討論自由是穆勒自由原則的首要應用。按照他的自由原則，只要個人行為不損害他人利益，社會無權干涉。人們的思想和對其意見的表達基本上屬於無害於他人的東西的範圍，所以，總的來說，社會不應該壓制不同思想和意見。即便一個代表多數人利益的政府，也無權這樣做。在穆勒寫《論自由》時，英國和許多西方國家已建立了民主制度，政府已是民選的。所以，在理論上，這些國家的政府是代表民意的，是在行使多數人的統治。因此，穆勒對思想自由和討論自由的闡述是針對這樣的情況而發的，所強調的是多數人不應壓制少數人的言論和思想自由。對他來說，不代表人民的專制政府無權為了其自身的利益而壓制言論自由，這是顯而易見、無須再討論的結論。他要向人們說明的是：一個代表人民的民主政府也無權壓制思想和言論自由。社會中人口的多數無權壓制少數人的不同意見。他這樣說道：「最好的政府並不比最壞的政府更有權這樣做。迎合公眾意見來進行壓制與違背公眾意見來進行壓制相比，同樣有害，甚至更加有害。假如除了一個人以外，全人類都持有一樣的意見，全人類之使那一人沉默並不比那一人（如果他有權力）使全人類沉默更正當。」[23]

為何思想和言論自由不應被壓制？因為思想和言論自由有助於發現和發展真理。穆勒主要分三個層次論述了這一點。首先，壓制不同意見有可能壓制真理。如果一個不合乎習俗的意見是正確的，壓制它就是壓制真理。由於沒有人能一貫正確，與我們不一致的意見就有可能是對的。因此，壓制它就有可能是在壓制真理。第二，壓制不同意見無助於發展真理。不受歡迎的意見可能會有真理的成分，而流行的意見中也有錯誤的成分。前者可用來補充或糾正後

者。第三，壓制不同意見無助於堅持和光大真理。即便一種意見真是錯誤的，讓它說出來，然後去駁斥它，也有利於弘揚真理。正如中國俗話所說，理越辯越明。[24]

下面從這三個方面看一下穆勒更詳細的論證。首先，許多眾人認為是錯誤的意見實際上是正確的。在穆勒看來，眾人之慣於壓制不同意見主要是由於對自己的可錯性缺少認識。由於多種原因，包括歷史和社會原因，我們的看法不可能總是正確的，且眾人的認可並不證明我們意見的正確性。他用歷史事實說明，許多人們當時認為不容置疑的信條後來被發現是錯誤的。對不同意見的不容忍釀成了許許多多的歷史悲劇。例如，智慧而高尚的蘇格拉底竟被雅典人以不虔誠、敗壞青年的罪名處死。穆勒有力地論證了為何自由討論不應有禁區。沒有任何信條是神聖不可侵犯的。就那些被多數人認為是千真萬確的真理的信條或原則而言，如果它們的確是對的，少數人的批評並不能打倒它們；如果它們並不真的正確，人們就該放棄它們。有些人認為，對某些信條之堅持對社會有益，無論它們是否是真理。對此穆勒回答說：那些信條對社會有益的說法本身就不一定對，就是需要討論的。而且，只有真理才對社會真正有益。有些人認為壓制不同意見在現代社會已不是大問題。畢竟，思想犯不再被處死。穆勒從兩個層次反駁了這種觀點。第一，在當時的英國，在法律上懲罰或歧視異教徒或無神論者的情況仍然存在；第二，社會輿論、占主導的意見對少數人的、非正統的意見的壓制非常嚴重。在這種缺少精神自由的氣氛中，有獨立見解的人往往只在私下表達自己的真正信仰，而在公眾場合則儘量迎合流行的信條，或只談無關緊要的事情。這無疑極不利於思想家的產生。要成為一個偉大的思想家，一個必要條件就是自由地追隨自己的智力之指引，無論由此會得出怎樣的結論。但精神自由遠不僅是產生偉大思想家所需要，其對普通人民之實現其智力潛能同樣重要，甚至更加重要。在缺少精神自由的氣氛中，雖然很難，但畢竟曾出現過，且

將來可能還會出現偉大的思想家。但在這樣的氣氛中，從來也沒有，將來也不會有精神活躍的人民。哪裡不允許對原則進行爭議，哪裡對重大問題不允許討論，哪裡就沒有希望發現在大範圍內的高度精神發展。只要人們的談話需要避開那些能激發熱情的至關重要的問題，人民的頭腦就不能從根本上被調動起來，就沒有推動力把具最普通智力的人提高到有思想者的尊嚴的水平。[25]

第二，穆勒論證說，在多數情況下，一個學說最多只是部分的真理，而與之相反對的觀點也含有部分的真理。例如，盧梭對文明社會的批評、對自然狀態的推崇未必在總體上正確，但他的思想中有許多正確因素。他對文明社會中虛偽的揭露、對簡樸生活的價值之肯定都很可貴。再如，持不同見解的政黨，一方可能強調穩定，另一方可能強調進步，但二者都不全對，也不全錯。正是在二者的對立和鬥爭中，各自的正確方面才得以顯現出來。針對有人認為基督教道德教義為完備的真理，穆勒指出基督教道德教義不僅吸取了遠古的思想，而且本身並不全面——許多高貴的道德學說存在於世俗思想中而沒有被包括在基督教教義之中。只有允許自由討論，才能使真理得以補充和完善。真理在很大程度上就是對立物的協調和結合。由於人們易於固執己見，自認完全正確，僅靠自身很難認識自己觀點的侷限性、彌補自己觀點的不足。因此，只有透過不同意見的自由辯論，真理的各個方面才能得到公平競爭的機會，從而得以全面發展。[26]

第三，如果不允許自由討論，真理就不能為人們真正理解和掌握，就不能成為真正有生命力的信仰。在沒有自由討論的情況下，所能有的只能是教條，對人們的生活並不產生實際的作用。當對一信仰的反對意見不允許被表達，因而此信仰不需為自己辯護時，它只是簡單地灌輸給人們，不讓人們對此做出自己的思考。這樣一來，不僅其根據被人忘掉，而且其本身的意義也常被人忘掉。於

是，對它的信奉者來說，它不再是活生生的信仰，而僅是未經理解的說教。人們雖然可以聲稱信奉這些教條，但他們並不在生活中將其付諸實踐。這解釋了為什麼幾乎所有道德教義和宗教信條在其早期充滿活力，但獲得統治地位後卻不再有生氣。對其創始人和最初的信仰者來說，這些教義或信條是被深切瞭解和領會的，而這是與他們不斷地反駁其反對者密切相關的。可是一旦其生存不再是問題，其正統地位一旦確立，它不再需要同反對者論爭，因而也就失去了讓人們懂得它的機會。所以，它也就不再是活生生的思想。早期基督徒和後來的基督徒之不同清楚地說明了這一點。前者對基督徒教義身體力行，為世人樹立了可歌可泣的道德榜樣。但基督教在西方世界取得了絕對優勢之後，信徒們則大多言行不一。他們雖說相信基督，以基督教教義為生活準則，但實際上並不按其行動。這主要不是因為他們虛偽，而主要是因為他們並不真正理解這些教義，它們在他們心中沒有扎根。它們對他們來說只是外在的東西，對他們來說並沒有活生生的意義。可見，即便要使人們真正相信某種東西，也需要自由討論作為條件。 [27]

　　總之，為了獲得和完善真理以及掌握和光大真理，思想自由和言論自由必須被允許。

三、個性發展與人類的幸福和進步

　　穆勒認為個性的自由發展是人類幸福的一個基本要素，也是人類進步的重要條件。雖然行動之自由（甚至言論之自由）都是有限度的，即以不損害他人利益為前提的，但人們的大量行為都是在可允許的自由範圍之內的。若在一個社會中，人們的個人自由能在最大限度內得以實現，人們的個性能得以最大限度的發展，在那個社會中人們就是最幸福的，那個社會就是最發達的。可見，在根本上，穆勒是用功利主義為其自由理論辯護的。 [28]

　　為何個性之自由發展是人類幸福的一個基本要素？因為個性的自由發展意味著自我實現、自我完善，而自我實現、自我完善則是人之目的和最高的幸福。自我實現、自我完善意味著最充分地發展個人的才智和道德，而只有個性的自由發展才能使個人的才智與道德得以最大限度的發展。不同的人有不同的能力和秉性。正像世上沒有完全相同的兩片樹葉，世上也沒有在能力和秉性上完全相同的兩個人。只有允許人們在最大限度上自由地選擇其行為，他們才有可能最大限度地發揮其潛能，因而達到最大限度上的按其本性生活，獲得最大限度上的自我實現。穆勒並不是說每個人的人生道路都應與他人不同，而是強調每個人都應自由地選擇他的道路，而不是消極地由他人決定。 [29] 只有在這種自由選擇中，一個人的個性才能得以發展，才智得以發揮。更具體地說，人的多種能力，例如感知力、判斷力等，只有在使用中才能發展和完善。如果一個人基本上聽命於習俗和權威而不是把自己的行為建立在獨立思考之上，他的特有能力就不會得到發展，甚至會退化。「智力的與道德的能力也和肌肉的能力一樣，是在使用中得以改善的。」 [30] 至於人性中慾望和衝動的部分，也應得到發展。其發展也是人的自我

完善的一部分。 [31] 一個有強烈的慾望和衝動的人是一個富有精力的人。雖然慾望和衝動可以用到做壞事上，但一個富有精力的人可以比缺少精力的人能做更多的好事，只要他將精力用到好的方向上。「自然感情最豐富的人也總是可以具有最強烈的修養出的情感的人。使一個人的衝動生動而有力的那種強烈的感受力，也正是對美德最熱烈的愛和最嚴格的自我節制的源泉。」 [32] 一個缺少屬於自己的慾望和激情的人必缺少個性。屬於一個人自己的慾望和激情是其本性的表現。所以，慾望和衝動的豐富和發展是個性的充分發展所必需的。在人類發展的較低階段，人們的慾望和衝動過強，以致人們的自發性和個性需要被大大地約束。否則，正常的社會生活則不能進行。但在現代社會中，問題正相反。人們太習慣於趨同他人，以致太多地失去了個性。

在我們的時代，從社會的最高等級到最低層，每個人都像生活在一個有敵意的、可怕的檢查官的目光之下。不僅在有關他人的事情上，就是在僅關乎自己的事情上，一個人或一個家庭並不問自己：我更喜歡要什麼？什麼適合我的性格和氣質？什麼能讓我身上最好與最高級的東西得以施展、發展並茁壯成長？…他們從不想到做與習俗不同的事。…他們作為人的能力枯竭了；他們不再能夠有強烈的願望或自然的快樂，一般也沒有了源於自己的或真正屬於自己的看法和感情。 [33]

為何個性之自由發展也關係到社會進步呢？個性的自由發展不僅使個人的生活更充實、更幸福，同時也使個人對他人、對社會更有益、更有價值。由於作為社會的集體是由個人組成的，所以，其成員自身價值之提高意味著社會整體價值的提高。人類整體價值的提高取決於個人價值的提高。允許個性發展才能產生出更好的人類。更進一步說，個性的發展可以產生出有益於全社會的創見。首創性對人類的價值是公認的。「所有美好的事物都是首創性之

果」。 [34] 首創性只有在允許個性自由發展的社會中才易於出現。雖然有創見的人總會是極少數，但他們卻是人類進步必不可少的。他們是人類中最具個性的人。自由是他們存在的土壤。「天才只有在自由的空氣中才能自由地呼吸。」[35]

在穆勒看來，當時的社會是平庸統治的社會。社會中的多數人總是平庸的。讓多數人的意見統治社會，必是讓平庸主導社會。「思想卓越者之越來越顯著的個性則是對這種傾向的抗衡和矯正。...在這個時代裡，僅僅是不隨波逐流的例子，僅僅是拒絕向習俗屈膝，這本身就是很有作用的。」 [36] 對他來說，習俗總是妨礙個性發展的。它們是進步的敵人。[37]

只有當人們有個性地生活，最大限度地發揮其才智，他們才最有創造力、生命力。當一個社會充滿了有活力和創造力的個人時，這個社會才能富於進取，欣欣向榮。相反，如果人們被迫按習俗和權威生活，個性被泯滅，才智就無從發展和施展，他們所在的社會必會死氣沉沉、停滯不前。他認為那時的中國就是這種壓抑個性、長期無進步的例證，儘管中國歷史上有偉大的成就。 [38] 所以，個性發展與社會進步緊密相連。因此，穆勒說：「哪裡個人不以自己的特性卻以傳統或眾人的習俗為行為的準則，哪裡就缺少人類幸福的一個主要成分——也是個人與社會進步的一個相當主要的成分。」[39]

四、自由原則的恰當應用

儘管穆勒認為他的自由原則具有普遍性，但其應用是有範圍限制的。穆勒明確地說過，此原則既不適用於未成年人和其他需要別人照顧的人，也不適用於仍不具備民主條件的社會。 [40] 除了這樣的限制，自由原則普遍適用。在這一原則適用的範圍之內，對它的恰當使用取決於無害於他人與有害於他人行為的正確區分。這是因為穆勒的自由原則——社會不應干涉個人自由，除非當個人行為危害他人——所劃出的個人自由與社會干預之間的界限之應用取決於無害於他人與有害於他人的行為的區分。那麼，一般來說，哪類行為是無害於他人因而可以自由去做的行為呢？

穆勒認為，那些基本不涉及他人而主要關乎當事者本人的行為是無害於他人的，因而是可以自由地去做的。 [41] 那麼，哪些行為主要只關乎當事者本人呢？在穆勒看來，除了內心的思想，首先，不妨害他人的個人生活方式就在這個範圍之內。所以，在無損於他人的前提下，人們有根據自己的特點計劃自己的生活的自由；有選擇不同品味和追求的自由。 [42] 他人或政府不應強迫一個人改變其無害於他人的生活方式，即便出於改進當事人生活質量、增進其幸福的動機。也就是說，「為了他好」的家長式干涉與強制違背了自由原則，不應被允許。 [43] 第二，個人間自由地達成的不損害他人的契約也是只關乎當事者的事情，社會不應進行干涉。 [44] 許多商業契約屬於這一類。不涉及第三方利益的婚姻也不應在被干涉之列（但若涉及孩子或其他人的利益，情況則不同）。 [45] 他也強調，自由原則旨在保護個人自由，所以它不允許個人完全放棄自由。例如，一個人選擇賣身為奴不屬於他人無權干涉的自由範圍。 [46] 如果某些主要關乎個人的行為引起他人感情上的不悅，

但並不造成直接的損害，他人或政府都不應加以干涉。

但是，如何準確劃分主要關乎當事人本人的行為與其他行為的界限？真的存在不關乎他人的行為嗎？許多批評者認為穆勒對此沒有做出令人滿意的回答，且這個問題的確不好回答。因而，這是穆勒自由理論的一大弱點。但在這一點上為穆勒辯護的學者則認為，我們的常識可以告訴我們主要關乎當事者本人的行為和不是主要關乎當事者本人的行為的區別，儘管在個別情況下二者的區別會有些模糊。所以穆勒的自由理論基本是可行的。[47]

值得注意的是，對穆勒來說，雖然所有只關乎當事者本人的行為（因而無損於他人）都不應受到社會的干涉，但並不是所有對他人有傷害的行為都應受到社會干涉。有些正當行為也會傷害別人，但當事人卻仍有自由行之。例如，在競爭性的考試中，或職業性的競爭中，得勝者自然會傷害失敗者，但人們有自由去參加競爭。社會不應干涉自由競爭，除非有人在競爭中使用了不正當的手段（例如，欺詐）。[48] 因此，「有害於他人」是允許社會干預個人的一個必要條件，但不是其充分條件。

另外，自由原則並非鼓勵對他人毫無關愛的自私自利。[49] 穆勒認為強調社會不應干涉主要關乎當事者本人的行為不等於對他人漠不關心，並不意味著對只關乎當事者本人的行為不表示任何意見。人們應該鼓勵、勸告彼此改進其主要關乎當事者本人的行為和品格。但在這種事情上，一個人可參考他人意見，但不應被強迫接受。最終，當事人是決定者。當然，人們也有權利討厭、迴避具有某些行為的人。

在穆勒看來，由於迄今沒有一個公認的關於自由的普遍原則，人們在該自由的地方往往得不到自由，而在不該自由的地方卻很自由。這也就是說，在只關乎當事者本人的行為方面，人們被社會干涉過多（包括來自習俗的以及來自於政府的），而在關乎他人利益

的事情上、在履行義務方面卻沒有得到足夠的管束。例如，就當時英國政府在這方面的情況而言，對家長讓孩子受教育的義務就沒有進行應有的干涉。國家應出錢讓出不起學費的孩子受教育，並對不讓孩子上學的家長進行處罰。做父母的既然把孩子生出來，就有義務讓孩子的身心都得到發展。不這樣做的家長，就道德上而言，不僅是對其後代的犯罪，也是對整個社會的犯罪。國家應該監督家長去履行他們對其子女的義務。但政府不應干涉家長對其子女學校的選擇，且不應直接管理、指導教育。只要有條件，教育的具體管理就應交私人來做。如果政府直接主辦的某些學校有必要存在，它們也只應與非官方學校並存、與之競爭。 [50] 那麼，為何政府不應直接管理教育、指導辦學呢？因為政府直接管理教育、指導辦學會扼殺個性、導致專制。如果政府直接掌管普通教育，它必用統一的模子把人鑄造成一個樣子。「...由於這個模子又必定是政府中的主導者——君主、牧師、貴族或當今的多數人——所高興有的那個，且這個模子越有效、越成功，他們就越高興，」這樣的教育就會建立對精神的專制。 [51] 為了限制政府對教育的不當影響，對各級教育和各類學科的考試應限制在知識和事實之內，而不應以與意識形態相關的、有爭議的東西為內容。他說：「國家在有爭議的題目上使其公民傾向於某種結論的一切企圖都是罪惡，但國家來確定和證明一個人具有必要的知識以對任何一個值得用心的題目得出結論則可能是恰當的。」 [52]

雖然《論自由》一書討論習俗對自由的妨害多於政府對自由的妨害，但其對政府權限的論述很能代表自由主義的經典觀點。在穆勒看來，反對政府過多干涉的理由除了有損於個人自由之外，還有以下三個：第一，有些事情，例如工業，由有興趣的個人做會比政府做得更好。第二，有些事情雖由政府來做總的說來可能會辦得更好，但也最好讓個人來做，因為這樣可以發展個人的才能和判斷力以及豐富個人的知識，因而有助於訓練出有自治能力的公民。而

且，這樣做也能帶來由於發展個性和鼓勵多樣化的益處。政府做事趨於千篇一律，而個人或個人自願結成的組織則會有多種模式。第三，不必要地增加政府的權力是大害。這是三個理由中最有份量的一個。如果政府控制社會的一切重要企業、機構和教育，人民就會依附政府而失去獨立性。一個政府的這種控制越有效，它的害處就越大。一旦人民習慣於指望政府為他們代辦一切，他們就會把事情的結果都歸於政府。如果結果之壞超過了他們的承受力，他們就會進行推翻政府的革命。但是，只要政府機制不改，這樣的革命只能是改朝換代。在強大的國家官僚機構統治下，每個人都是其奴隸。他認為當時的中國就屬於這種情況。 [53] 對於發展個性、鼓勵個人發展之事，國家應多做。「從長遠看來，一個國家的價值就是組成它的所有個人的價值」。 [54] 如果國家機器不允許個人的發展，最終它將失去原動力而一事無成。[55]

　　《論自由》中的基本思想是以承認個人的自立性為前提的，雖然穆勒並不否認人必須在社會中生活。 [56] 對他來說，個人的發展極大地受其環境的影響，一般不能超越其歷史條件。所以，建立好的政治制度、創造好的社會環境對人的才智與道德發展至關重要。但是，個人是真實的實體，社會是個人的相加。與之相反的集體主義觀點則認為個人為社會之有機部分而不是獨立實體。派克（Packe）為穆勒爭辯說，儘管他的自由學說並不完整，但比與其完全對立的集體主義在邏輯上更連貫。社會不是一個有機體，個人不是社會的有機部分，因為當一個有機體的一部分受到傷害時，整體必感傷害，但當一個普通個人死亡時，社會並不受到影響。 [57] 不過，在《論自由》發表的年代，各種集體主義理論正占上風。[58] 況且，《論自由》中對那些將教義看作教條而不解其真義的基督徒的批評冒犯了眾人。此外，既存傳統和制度的辯護者也可能故意曲解了《論自由》中思想，以致讓它聽上去更有懈可擊。所以，

《論自由》提出的基本觀點在當時並不受歡迎。在穆勒的有生之年直至他去世後不久的那個時期，《論自由》雖產生了極大反響，但得到的評論多是很不友好的。[59] 然而，隨著時代的前進，《論自由》的敵人大多已被遺忘，但穆勒的自由主義卻繼續教育和激勵著一代又一代追求自由、民主的志士仁人。

註釋：

[1]John Stuart Mill（約翰·斯圖亞特·穆勒），Autobiography（《自傳》），ed. John M.Robson（約翰·魯伯森），London, Penguin Books, 1989, 188.

[2]Michael St.John Packe（邁克爾·聖·約翰·派克），The Life of John Stuart Mill (New York: The Macmillan Company, 1954), 399.

[3]Mill, Autobiography, 188.

[4]Packe, 399.

[5]Jonathan Riley（喬納森·賴利），Routledge Philosophy Guidebook to Mill on Liberty (London and New York: Routledge, 1998), 30.

[6]關於《論自由》傳入中國及在當時的影響和意義，參見 Xinyan Jiang, "Enlightenment Movement" in Bo Mou ed., History of Chinese Philosophy (London: Routledge, 2009)，第477—79頁。

[7]父於穆勒的自由主義與現代西方自由主義的同與異，參見 Alan Ryan, "Mill in ([a-z]) ([A-Z]) iberal Landscape", in John

Skorupski ed. The Cambridge Companion to Mill (Cambridge: Cambridge University Press, 1998)，519—537頁。

[8]Mill, Autobiography, 183.

[9]Ibid. Mill, Autobiography, 189.

[10]John Stuart Mill（約翰·斯圖·亞特·穆勒），On Liberty（《論自由》），ed. Currin V. Shields (Indianapolis, IN: The Bobbs-Merrill, Company, Inc., 1956)，第13頁。本章自該書的引文均為作者的翻譯，但對程崇華的中譯本（北京：商務印書館，1982）有所參考。

[11]Ibid

[12]John Skorupsiki, Why Read Mill Today (London and New York: Routledge, 2006), 39.

[13]Mill, On Liberty, 13.

[14]Riley, 40.

[15]Mill, On Liberty, 6.

[16]「多數人的暴政」（the tyranny of the majority）的提法在穆勒的《論自由》之前早已出現，但《論自由》使其更廣為人知。「多數人的暴政」最初出現在美國第二屆總統約翰·亞當斯（John Adams 1735—1826）的一本論文集中［A Defence of the Constitutions of Government of the United States of America, Vol.3 (London: Printed for C.Dilly, in the Poultry, 1788), p.291］。後來，法國歷史學家和思想家阿歷克西·托克維爾（Alexis de Tocueville 1805—1859）在其著名的《民主在美

國》（Democracy in America, 1835）一書中將此作為其中一節的題目並加以論述。從那時開始，這個提法已有了相當大的影響。在《民主在美國》一書發表的當年，穆勒就發表文章給予高度讚揚。在穆勒的《自傳》中曾談到此書對他的影響，但也說明了他關於民主的理論之形成經歷了一個多年的過程（參見Mil1, Autobiography, 149-50）。至於托克維爾對穆勒的影響到底有多大，還是一個學者們仍在討論的問題。

[17]Mill, On Liberty，第7頁。

[18]關於這四個階段的論述，參見Mill, On Liberty，第3—7頁。穆勒本人沒有明確地在行文上使用四個階段的提法，但賴利（Riley）在解釋穆勒有關思想時使用了這樣的概括（見Riley，第39—42頁）。我在此沿用了賴利的用法。

[19] 對穆勒有關思想的概括，參見Riley, 42；關於穆勒原著中的相關論述，參見Mill, On Liberty, 80-82; "De Tocqueville On Democracy in America [II]", in Collected Works of John Stuart Mill, vol.18, ed., J.M.Robson (Toronto and London: The University of Toronto Press and Routledge and Kegan Paul, 1977)，198頁。

[20]參見Mill, On Liberty，第7—8頁。

[21]參見Mill, Autobiography，第189頁。

[22]引自Wilhelm von Humbolt（洪堡）的Sphere and Duties of Government（《政府的勢力範圍和職責》）。穆勒在《自傳》中提到洪堡和其他幾位德國推崇個性發展的思想家對《論自由》的影響（見Mill，Autobiography，190—91）。關於洪堡

的思想與穆勒的《論自由》的關係，包括《論自由》與洪堡的《政府的勢力範圍和職責》的某些異同。參見Nicholas Capaldi（尼古拉斯·凱帕羅蒂），John Stuart Mill: A Biography (Cambridge: Cambridge University Press, 2004)，第266—70頁。

[23]Mill, On Liberty，第21頁。

[24]在《論自由》，第2章。穆勒將他的論證總結為四點，但他所說的第三和第四點可以大致並為一點。在這方面，我參考了Currin V. Shields的觀點（見Shields. "Introduction", in John Stuart Mill, On Liberty, ed.Currin V. Shields, 1956, xvi-xvii）。

[25]Mill, On Liberty, 41-42。

[26]Ibid.47.

[27]Mill, On Liberty, 48-53.

[28]對這一點的討論，參見Riley，151—154頁；Ryan，501頁。關於功利主義的基本原則，參見本書第十二章及第一章、第二章有關部分。

[29]Richard Reeves, "The Genius of Autonomy", The Philosopher's Magazine (tpm), No.46 (2009), 67.

[30]Mill, On Liberty, 71.

[31]參見Mill, On Liberty，第69頁。此處穆勒也引用了洪堡的話，說明人生目的在於人的各種能力的和諧與高度發展。

[32]Mill, On Liberty, 73.

[33]Ibid.74-75.

[34]Mill, On Liberty, 80.

[35]Ibid.79.

[36]Ibid.81.

[37]Ibid.85.

[38]Mill, On Liberty, 87-88.

[39]Ibid. 68.

[40]Ibid.13-14，關於建立民主制度的條件，參見本書第十一章。

[41]Mill, On Liberty, 68.

[42]Ibid.16-17.

[43]Ibid.13.

[44]Ibid.

[45]Ibid., 126-127.

[46]Ibid.125.

[47]Skorupsiki, 47-48.

[48]Mill, On Liberty, 115.

[49]Ibid.92.

[50]Ibid.129.

[51]Ibid.

[52]Ibid. 131.

[53]Ibid.136-137.

[54]Ibid.

[55]Ibid.141.

[56]對穆勒關於人之社會性和非社會性的討論,參見Ryan,第530—31頁;Capaldi,281—282頁。

[57]Packe,403.

[58]有關討論,見Packe書,第403頁。

[59]Riley, 31.

第十一章 代議制政府

在《論自由》發表兩年後，穆勒於1861年發表了《代議制政府》一書。此書系統地闡述了他的政府理論，至今仍是研究民主政體的最重要的著作之一。在為此書所寫的導言中，穆勒這樣說道「承蒙讀過我以前著作的人，也許從目前這本書中得不到任何強烈的新奇印象，因為其中所敘述的原則是在我大半生中逐漸形成的，而所提出的實際建議則大多經別人或我自己先前提到過。然而，新奇之處在於我把它們彙集一處，並在它們的彼此聯繫上將它們展示出來；而且，我相信，還在於為支持它們而提出的許多論據。」
[1] 儘管穆勒本人如此謙虛地強調此書無內容上的創意，只是他自己和他人已有觀點的集合，但綜合與組合就形成了新體系，而且書中並不乏閃光的新思想。

一、政府形式的選擇和評判標準

在此書中，穆勒首先討論了一國的政府形式在多大程度上是個選擇問題。在這個問題上，他的觀點介於兩個極端之間。在極端的一邊是政府形式上的絕對自由意志論。這種觀點認為，政府完全是人之自由發明的產物，正像一臺機器是人的創造一樣。既然如此，人們當然可以任意選擇政府形式。也就是說，一個國家採納什麼政體，完全是個自由選擇問題，並不受其國情和民族性的限制。與此相反，在極端的另一邊則是政府形式上的絕對決定論。根據這種觀點，任何政府形式都不是人為選擇的，而是自然生成的。這意味著一國的政府形式完全是由其社會條件和民族習慣與特性決定的，沒有任何選擇餘地。穆勒認為二者都只對了一部分。在他看來，政府形式在本質上是個自由選擇問題，但只是有條件的選擇。一方面，政府是人的創造，不同於自然產物。沒有人去發明、去努力，就沒有任何政府形式。但另一方面，一種政府形式的生存與運轉取決於與其相關的人民。所以，一個國家能採納何種政府形式不完全是個自由選擇問題，而是受某些外在條件制約的。

更具體地說，一種政體要在一個社會生存，它必須滿足三個條件。第一，它的人民願意接受它，或至少不強烈反對它以至設置不可踰越的障礙去阻止它。第二，它的人民願意並能夠為它的生存做必要的事情。例如，若要使民主體制得以生存，人民需具公共精神，願意參與政務，並為民主之維護而鬥爭，而不將自身基本自由放棄、將權力委託於某個強人。第三，它的人民必須願意並能夠為實現它的目的而履行義務。例如，要達到一個文明政府的目的，其人民需有克制力。否則，一定程度的專制就是必需的。再如，要使一個重法治的政府達到其目的，其人民必須積極協助法律的實施。

當它的人民習慣地將法律看作與其利益無關、甚至將法律看作其敵人時，法制是無法實現的。當然，他也看到，民眾對法制的無視或敵對通常是先前的壞政府所導致的。這種狀況最終將會被好政府所克服。不過，當人民仍處於這種可悲狀態之下時，他們還不能履行一個法治政府所要求他們的義務。 [2] 在這方面，穆勒似乎看到了壞制度和民眾之低素質間的惡性循環——壞政府產生人民的低素質，而人民的低素質又使好的政府形式難以生存。

如何打破這種惡性循環？穆勒似乎沒有提出明確的解決途徑。但他講到，當一國人民對一種更好的政治制度缺少準備時，設法讓人民瞭解好的制度是極為重要的。他說：「一國人民也許對好的制度缺乏準備，但激起他們的渴望就是這種準備的一個必要部分。推薦和擁護特定的制度或政府形式，並將其優點極大地突出出來，就是一種——而且經常是唯一一種可行的——教育人民在思想上不僅接受或要求這個制度，而且去實行這個制度的方式。」 [3] 他顯然看到了思想啟蒙在推動建立先進的政治制度方面的巨大作用。當一個社會不具備建立某種先進的政治制度的三個條件時，先進制度的支持者應積極地為新制度創造條件，而不應只消極地等待條件成熟。

與之相關聯，穆勒在討論一種政治制度的建立與一個社會的主導力量的關係問題時，又強調了輿論的作用。他認為，雖然一個社會中最強大的力量可主導該社會的政治制度，但政治力量是處在變化中的，而不是消極靜止的。在衡量力量時，意志是不可忽視的。一個有信仰的人抵得上九十九個沒有信仰的人的力量。人的信念是很受輿論影響的。所以，輿論本身就是一種極大的社會力量。當認為某種政府形式是更好的、是應被採納的信念在一個社會中得以廣泛認同，支持這種政府形式的人們在使社會力量倒向自己一邊方面就邁出了最重要的一步。 [4] 可見，他堅信思想在社會變革中的巨

大力量。 [5] 他也進而指出了知識分子在改變社會力量對比方面的重要性。他認為,雖然普通人的信念在很大程度上是由其在社會中的地位所決定的,但那些與他們地位不同的人的信念和那些有知識的人的權威對他們的影響是非同小可的。因此,當一個社會中有文化的人大多對某種政治制度的優越性達成了共識,社會上占優勢的力量也就在很大程度上轉向支持那種制度。 [6] 因此,知識分子對政治制度的進步負有特殊使命。

那麼,什麼是判斷政府形式好壞的標準呢?要瞭解此,首先要知道政府的恰當功能何在。要知道政府的恰當功能何在,必須注意以下兩點。第一,政府的恰當功能並非是一成不變的。在不同的社會狀態下,政府之恰當功能也是不同的。在較落後的社會,其政府的適當權限就比在較先進的社會廣泛得多。第二,政府的特徵不會被充分估計到,如果我們只限於考察其在合法權限之內的作用。雖然一個政府的好處會限於其法定範圍之內,但其壞處卻會大大超出這個範圍。人類所能遭受的各種苦難和各種程度的苦難都可能來自政府。所以,考察政府時需從社會利益的總合去看。不過這樣做要求我們對社會利益先有所分類。關於社會利益的分類,迄今只是分為「秩序」和「進步。」但這種分類不科學也不正確。

先以秩序為例。秩序之意時寬時窄。但無論其意多麼寬,它也不能包括進步之外的所有社會利益。就其最狹之意而言,它只是指服從。再放寬一點,秩序可以指一國人民將其糾紛交由政府解決而和平相處,而不用私人暴力自行解決。一個政府若不能建立這樣的秩序,其統治不能維持。但這樣的秩序只是政府生存的條件,而不是其目的,所以不能用作判斷政府的好壞標準。若將「秩序」定義為保持既存一切好東西,並將「進步」定義為增進這些好處,實現二者的條件則是同一的。「例如,什麼樣的公民個人品質最有助於保有社會現有全部良好行為、良好管理、成功與繁榮呢?大家都會

同意，那就是勤奮、正直、公正和明智。但這些品質不同樣最有助於進步嗎？...又如，人類的哪些品質看起來最與進步相關而不直接關係到『秩序』與『保存』呢？它們主要是智力活動、進取心和勇氣。但這些品質，不是對保有我們已有的利益同增進我們的利益一樣需要嗎？」 [7] 總之，若對「秩序」做最廣義的解釋，保有秩序所必需的東西在較低程度上對進步也是必需的，而對進步所必需的東西則在較高程度上對保有秩序是必需的。 [8] 當然，如果從區分秩序與進步的角度看，秩序有時需為進步犧牲。總的來說，進步包含秩序但高於秩序。不過，就具體的進步與秩序而言，某種進步可能要以某種秩序的破壞為代價。但這種犧牲是為了更高的秩序，而這種更高的秩序則與更高的進步相統一。

對穆勒來說，將「秩序」與「進步」區別為兩個獨立、甚至相對立的概念，是不恰當的。但如果勉強用二者去衡量政府的好壞，則應以促進進步作為好政府的標準。他認為秩序是進步的手段和組成部分，而不具有自身獨立的目的。所以，進步包含了秩序。就總體而言，有進步才有真正的秩序。由於他反對將「秩序」和「進步」相分離的做法，他反對用二者作為衡量政府好壞的標準。所以，他提出了一個衡量政府好壞的新標準。這個新標準可以這樣表述：最能促進其人民之美德和才智的政府即最好的政府。在這方面做得最好的政府很可能是在其他一切方面也是最好的政府。 [9] 人民的優秀品質提供國家機器有效運轉的動力，而好的政治制度則能促進其人民的才智和道德的普遍提高。他還進而指出，好的政治制度的雙重優點在於：(1)有效提高社會普遍的精神水平（包括才智、道德、工作效率等方面），(2)有效利用其社會所具有的才智、道德資源，對公共事物發揮積極作用，對政府施加巨大影響。 [10] 壞的政治制度則使人民道德敗壞，使人民的才智和能動性受到嚴重壓抑。 [11] 他指出，當一國的政治制度不適合其國民的發展階段時，它將阻礙、甚至中止其社會的進步。在他看來，政府對人

民的影響是極為巨大的。除了宗教，政府就是塑造人民性格的最大力量。另外，在考慮何種政府適合某個社會時，也應考慮到在現階段上政體的形式對下一發展階段的影響。如果在現階段上所採納的政體會妨礙社會下一步的前進，則這樣的政體就不該採納。他這樣說道：「這樣的事例是常有的，而且是屬於歷史上最可悲的事件。埃及的等級制度、中國的父權專制曾是將這些民族帶到他們已取得的文明水平的恰當工具。但是，當他們達到了那樣的文明之後，他們則由於缺少精神自由和個性而處於永久的停滯不前。將他們帶到現有文明水平的制度使他們無力獲得進一步前進的必要條件；而且，既存制度至今都沒有垮掉以讓位於新的制度，因此，進一步的改進就停止了。」 [12] 而猶太人的情況則非常不同。雖然他們也採納了絕對的君權和等級制，並還有祭司的統治，但他們卻是古代最進步的民族。這是因為在他們的制度中保有一種與君主和神職人員抗衡的力量，即被稱為先知的一群人。「先知」們可以批評世俗的權威和宗教的組織，因為他們能直接以上帝的代言人的身份出現，並對聖典不斷進行新的解釋。他們的存在保證了猶太民族的不斷進步。 [13]

　　根據他所提出的判斷政府好壞的標準，專制政體顯然不是最好的政府形式。即便在一個賢明君主治下的專制政府也無法具有民主政體的優越性。專制政體的本質決定了其統治下的人民沒有權利參政，無法主宰自身利益。他們必須聽命於政府，將自己的幸福寄託在好君王身上。專制政府不可能有效地為人民謀福利。就多數人而言，一個人對自身利益的關心總是多於對他人利益的關心。執政者自然更關心其自身利益，而忽視人民的利益。即便有時他們想到人民的利益，他們也很難從人民自身的角度看問題。 [14] 所以，如果社會的多數人被排斥在政權之外，對自身利益無發言權，他們的利益不可能被很好地顧及。由於國家不為民眾謀福利，民眾對國家也不會真正關心。在這樣的制度下生活的人民之性格必是極為消極

的。由於對國家大事、公共事物無法參與，人民必然就對這些很冷漠。這就使他們的知識和能力之發展大受限制，而越發狹隘與愚昧。由於對自己的命運無能為力，自身利益之獲得倚賴於上面的恩惠，民眾自然會傾向認命、迷信。越是認命、迷信，人民則越有嫉妒心。「生活中的成功越是被認定為命運和偶然性的結果，而非努力所致，嫉妒就越會成為一民族性的特徵。」 [15] 可見，專制統治下的人民，其才智、道德都無法得以積極向上的發展。由於這一點，一個專制社會不能具有長期的活力和繁榮。儘管專制對某些社會是需要的，由於其人民需要學會服從或還不具備管理自己的能力，但那絕不是人類發展的高級階段，專制體制絕不是人類最理想的政府形式。

與專制政體形成鮮明對比的是民主政體。穆勒認為，真正的民主政府是唯一可以取得最佳當前和長遠社會效果的政體。「它比任何其他政體既更有利於提供良好的管理，又促進較好的和較高形式的民族性格的發展。」 [16] 民主體制的優越性建立在具有普遍真理性和適用性的兩個基本原則之上。「第一個原則是，就每個人或任何一個人的權利和利益而言，只有當相關的個人能夠並習慣於捍衛它們時，才可免於被忽視。第二個原則是，從事於促進普遍繁榮的個人能力愈大，愈是富於多樣性，普遍繁榮就愈達到高度，愈是廣泛普及。」 [17] 第一個原則解釋了為何民主政體使政府的目的——為民謀福利——得以實現。由於「每個人是他自己權益的唯一可靠捍衛者，」 [18] 而在民主政體中人民可以參與政治、有為自己爭取權益的機會，所以他們的利益才有保證。民主社會中的政府無法置人民的意願於不顧，因而人民的利益得以最大限度的實現。除此而外，民主社會必然鼓勵積極進取的性格的發展。由於個人的努力往往富有成效，人們就趨於改造環境，而不是竭力適應環境。具有這種積極性格的人民，精力充沛，富有創造性。與專制社會中人民的消極性格相比，這種積極性格無疑更有利於社會的進步

與繁榮。除了對積極性格的塑造之外，民主政體有利於民眾智力與道德水平的提高。在參與政治和公共事物的過程中，民主社會中的人民能得到很多鍛鍊，因而增加見識，提高能力和道德修養。在討論這一點時，穆勒談到民眾參與公共事物或擔任公職可直接幫助他們走出狹隘的小我，加強公共意識，進入更高的智力和道德境界。由於多數民眾整日為生存而工作，他們的精神難以超出對個人的事情的考慮。讓他們為公眾做些事情，就多少可以彌補所有這些缺陷。如果情況允許分派給他相當多的公共義務，就會使他們成為有教養的人。 [19] 他以古希臘民主對公民素質的提高為證。他說：「儘管古代的社會制度和道德觀念存在著缺點，但是古雅典的陪審員和公民議會的實踐將普通雅典公民的智力水平提高到遠遠超過古代或現代任何其他群眾曾有過的事例。…中等階級較低階層的英國人，由於他們負有擔任陪審員和教區職務的責任，於是產生了性質與此相同的好處，儘管在程度上遠遜於古雅典人。 [20] 他認為，「更為有益的是普通公民參與公共職能的行使（即使這種情況極少）所得到的道德方面的教育。當一個人這樣參與其中時，他要衡量的不是他自己的利益；遇有相衝突的權利要求，他要以和他個人偏愛不同的原則為指導；他要到處應用以公共福利為其存在理由的原則和準則；並且他通常發現在同一工作中和他共事的人們比他更熟悉這樣的觀念和實際運用——對它們的學習會為他對普遍利益的理解提供理由，並進一步激發他對普遍利益的感情。這一切使他感到自己是公眾的一分子，凡是對公眾有利的也是對他有利的。」[21]

　　由於民主政體以上的優越性，民主社會的公正與繁榮就是必然的。若對同一時代的不同政府進行比較，自由國家的發達是不可否認的。儘管在民主社會也存在一些問題，但這些決不可與專制社會之暴政對民眾的踐踏和掠奪相提並論。 [22] 總之，只有民主政體才是理想上最好的政府形式。在理想的民主政體下，社會整體掌有

最高支配權，每個公民對其主權的行使都有發言權，並能有一定機會參與政府或公共事物。由於在一個有一定規模的國家，每個公民的直接參政是不現實的，所以代議制政府就是可行的最佳政府形式。 [23] 在代議制政體下，全體人民或一大部分民眾透過由他們定期選出的代表行使對政府的最後控制權。人民是決定政府行為的主人。 [24] 與其他政府形式相比，代議制更能將社會上普通人的美德與才智和精英的才智與美德用於左右政府。 [25] 當然，穆勒並不認為代議制應在現存的不同社會都得以推行。像前面已提到的那樣，對他來說，處在不同發展階段的社會，應有不同的政體。

二、實行代議制的條件及議會的恰當職能

　　那麼,在什麼樣的條件下代議制才能生存呢?將前面提到的一種政體要在一個社會生存需滿足的三個條件應用於此,穆勒對實行代議制的必要條件作了以下概述。第一,人民必須願意接受它。「當一國人民對代議制缺乏足夠的估計和愛慕時,他們就幾乎沒有希望保持住這種政體。」 [26] 但只要一國的代議制是其本國人民自己建立的,而不是由其開明的統治者恩賜給他們或由外國人強加給他們的,這一條件的滿足是不成問題的。第二,人民必須願意並能夠做為代議制的生存所必要的事情。如果負責制約政府行政權力的機關得不到國內有效輿論和感情的支持,政府行政就會專權,代議制也就名存實亡。「代議制的永久性必然有賴於人民在它遭到危險時隨時準備為它而鬥爭。如果過低估計這一點,代議制就根本難以站住腳,即使能站住,一旦政府首腦或任何能集合力量搞一次突然襲擊的政黨領袖願意為取得絕對權力冒些微風險的話,也幾乎肯定會被推翻。」 [27] 第三,人民必須願意並能夠履行代議制加給他們的義務和職能。如果公眾對政治和公共事物的興趣達不到形成公共輿論的程度,議會政治就變成了政客謀私利的工具。在這種情況下,民主不復存在。「如果行政的力量弱,國家就會因單純的爭奪職位而趨於混亂;如果行政的力量強,它就用分贓來安撫代表或其中能製造麻煩的人的便宜代價使自己變成專制政府;而全國代表制所產生的唯一結果就是:除真正進行統治的那些人以外,多了一個由公眾供養的議會,而且凡涉及到議會一部分人的弊端就根本得不到消除。」 [28] 他還進一步談到人民還不具備建立代議制的兩種情況。第一,極沒有紀律的野蠻人不適合於代議制政府。當一個

部族仍處於游動狀態時，其人民很勇敢卻還沒有服從的習慣。在這種情況下，其軍事首腦的專斷，而不是代議制的民主，更能使人民走出野蠻，進入文明。第二，極端消極被動、習慣服從暴虐的人民同樣不適合於代議制政府。「假如這樣屈從於人物和環境的人民能夠得到代議制度，他們將不可避免地選擇暴虐者作為他們的代表，他們身上的枷鎖將會因為這個表面上可能指望將它減輕的新辦法而變得更為沉重。」[29]

另外，他還指出，即便在那些適合於代議制的社會，民族性格中的不同傾向也會導致代議制優點在發揮程度上的不同。他認為，如果一個民族統治他人的渴望大大強於不受別人統治的願望，當有一線希望得到前者時，他們就有可能願意放棄不受別人統治的個人獨立。他們注重於得到權力的機會，而不注意限制當權者的權力。這樣的民族所建立的代議制偏於獲取職位上的平等性，而不惜讓權力損害個人自由。他批評說：「這些人就是職務獵取者民族的成員，政治的進程在他們主要決定於職務的獵取；在那裡關心的只是平等而不是自由；…在那里民主觀念僅僅是把職位向一切人而不是少數人的競爭開放；在那裡制度越帶有民主性，所設置的職位就越多，而一切人對每個人，以及行政部門對一切人所實行的過分干涉就越可怕。」[30] 雖然他說把法國人看做這樣的民族是不夠公平的，但法國人的確在某種程度上具有這種性格。他認為英國人的性格則與之相反。英國人一般地來說，不願被人統治的願望大大強於統治別人的願望。他們不熱中於獲取權力，但對別人施於其上的權力卻很敏感。所以，他們注重限制權力，而不是謀求得到權力的機會。「如果外國人瞭解了這一點，他們就會理解英國人的政治感情上的某種表面上的矛盾；他們毫不猶豫地願意讓較高的階級統治自己，同時卻很少個人的卑躬屈節，沒有一個民族那麼喜歡反抗權威，如果它越出某種規定的限界，或者那麼堅定地使他們的統治者永遠記住他們將只接受按照他們自己最喜歡的方式的統治。」[31]

穆勒由此認為英國人的性格最能將代議制政府的好處發揚光大。所以，在英國沒有歐洲大陸那麼龐大的官僚機器。作為一個英國人，他的觀點可能帶有英國人的偏見，但他的分析對瞭解英國與歐洲大陸民主之不同也的確有借鑑意義。

在代議制政體之下，由於國家的實際最高權力歸人民代表，由人民代表組成的議會是否很好地承擔其適當的職能則具根本性的意義。那麼，到底議會應有的適當職能是什麼呢？穆勒對此進行了較為詳盡的討論。為了知道議會應該做什麼，有必要先知道它不該做什麼。首先，議會不應該管理國家事務。「對政府事物的控制和實際去做這些事務，其間有根本的區別。同一個人或同一個團體可能控制一切事情，但不可能做一切事情；而且在許多情況下它企圖親自去做的事情愈少，它對一切事情的控制就愈完全。」[32] 作為一個人數眾多的團體，議會是不適合進行國家事務的管理的。它應對負責行政管理的人進行監督，但卻不應取而代之或過多干涉。行政管理應讓有管理才能和經驗的個人去做。每個公共行政部門都有其特有的專業性，需要有才能、有經驗的內行來管理。第二，議會也不適合於直接的立法事務。「幾乎沒有任何腦力工作像立法工作那樣，需要不僅是有經驗和受過訓練，而且透過長期而辛勤的研究訓練有素的人去做。這就是為什麼立法工作只有由少數人組成的委員會才能做得好的充分理由，即使沒有其他理由的話。」[33] 那麼，議會應有的職能是什麼？那就是監督、控制政府，表達人民的意見。議會有權罷免和任命政府的高級官員。一切法律必須經議會批准才能生效。人民中的各種意見都應在議會中得以反映。在論述議會的職能時，穆勒做了這樣概括：

代議制議會的適當職能不是管理──這是它完全不合適的──而是監督和控制政府：把政府的行為公開出來，迫使其對人們認為有問題的一切行為作出充分的說明和辯解；譴責那些該受責

備的行為，並且，如果組成政府的人員濫用職權，或者履行責任的方式同國民的明顯輿論相衝突，就將他們撤職，並明白地或事實上任命其後繼人。這的確是廣泛的權力，是對國民自由的足夠保證。此外，議會還有一項職能，其重要性不亞於上述職能：既是國民的訴苦委員會，又是他們表達意見的大會。它是這樣一個舞臺，在這個舞臺上不僅國民的一般意見，而且每一部分國民的意見，以及儘可能做到國民中每個傑出個人的意見，都能充分表達出來並要求討論。[34]

鑒於議會的性質與職能，議員不必為國民中最優秀的人，而應是最能代表人民意願的人。所以，穆勒認為，人民議會不是一國「最偉大的政治人物的拔萃（關於國民的意見很少能從這種人物的意見中可靠地推論出來），而是（當適當地組成時）畢竟有資格在公共事務上發言的、人民中各種程度的智力的一個相當好的標本。」[35] 總之，只有當議會將其職能限制在其恰當權限之內時，代議制政體的優點才能充分表現出來。

穆勒認為，就具有高度政治技巧和能力的政府而言，它們不是代議制，就是官僚政治。君主制和貴族統治都屬於後者。將代議制與官僚政治相比較，前者無疑是更好的。官僚政治就是由官僚管理國家。在官僚政治下，官員有可能較有經驗，有一定的專業訓練（因為他們終生從事於行政）。但是，由於沒有對其權力的有效監督和限制，內部腐敗必然嚴重。而且，由於年復一年地做同樣的事情，官員們必然將管理看做是例行公事，只求無過，而不求創新。所以，官僚政治必然是保守的、無生氣的。他認為沙俄政府和滿清政府都是說明官僚政治弊病的明顯例子。在這樣的政治制度之下，即使最卓越的君王也無法克服這些問題。[36] 在代議制下，管理者仍可以是訓練有素和有經驗的，但他們受到人民的監督和限制。所以，他們不會像官僚政治下的官員那麼腐敗和守舊。可見，代議

制可以克服官僚政治的弊病。因此，在那些可以實行代議制的地方，如果在代議制政府和可以想像得到的最完善的官僚政治之間進行選擇的話，不應有任何猶豫地選擇前者。[37]

三、代議制的完善和理想的民主

但是，代議制也有其自身容易有的弊病。代議制容易產生的弊病主要有兩種：第一，議會及控制它的民意在智力上不足或偏低；第二，構成人口多數的階級實行階級立法，即立法為與不同於社會普遍利益的階級利益所左右。對這兩點，穆勒都進行了較詳細的討論。首先，如果議會和左右其決定的民眾才智和知識水平差，議會就無法很好地監督和控制政府的行為。例如，它有可能在官員任命和罷免上犯錯誤。它也可能會支持對國家有害的立法或政策。在談到這一點時，穆勒這樣說道：

它的構成愈不能保證這種智力條件，它就愈將用特別決議侵犯行政的職權範圍；它將攫走一個好閣員或提升和支持一個壞閣員；它將對他們（官員）的濫用權力加以縱容或姑息，將被他們的虛偽藉口所矇騙，或對那些忠心耿耿地努力盡其職責的人不予支持；它將贊助或者加強一種自私的、任性的和感情衝動的、眼光短淺的、無知和有偏見的對內對外的一般政策；它將廢除好的法律，或制定壞的法律，導入新的弊端，或固執地墨守舊的弊端；也許，在發自它本身或其選民的一時的或持久的使人誤解的衝動下，當公平審判不會得到公眾感情的同意時，它甚至將容忍或縱容將法律完全撇開不管的做法。如此種種就是從代表的構成不保證議會中適當的才智和知識而產生的代議制政府的危險。[38]

穆勒對占人口多數的階級利益左右立法的壞處的分析，在很大程度上基於他理想的或真正民主的理念。他認為，真正的民主應平等地對待所有人，包括那些在人數上極小的階級或階層的成員。真正的民主和在人口上占優勢的多數人對少數人的統治不是一回事。而且，最有修養、最有智慧的人在人口中總是少數，他們比大眾更

能看到社會的長遠和普遍利益。如果簡單地用少數服從多數的辦法來決定大政方針和有關的政務，不僅對少數人不公正，而且有損於社會的真正利益。一般而言，人們通常只看到眼前的、顯而易見的利益。所以，處在不同階級的人們，通常也就努力爭取其階級的眼前和直接的利益。而對立階級的眼前利益一定是衝突的。況且，人們常常不瞭解他們長遠的真正利益。在代議制下，如果議會只代表在人口上占多數的階級的利益，其決定就可能不僅損害少數人的利益，而且不利於社會的整體利益。他舉例說，在任何社會，勞動階級都是多數人，他們的利益與僱主階級的利益是對立的。假如一個國家的多數人是體力勞動者，而且他們在代議制下成為統治階級，那麼，種種減少勞動力市場競爭的立法（諸如對使用機器克稅，限制技術改進，閉關貿易保護）就是他們要力爭的。 [39] 但這樣的立法顯然不符合社會的長遠利益。一個階級，無論是在人口中占多數還是少數，都不應獨攬大權。此外，穆勒認為，當一個人或一個階級獨攬大權時，他或它就會被權力腐化。一旦一個階級或一種單一力量在一個社會中占了絕對優勢，這個社會必然停止不前。社會進步正是在不同勢力之間的鬥爭中得以實現的。「當任何一方取得結束爭鬥的完全勝利，又未發生其他衝突時，最初的停滯就跟著發生了，然後就是衰退。」 [40] 正由於穆勒對這一點的強調，認為社會進步有賴於多個權力中心間的碰撞被有些學者看做是穆勒思想的一個重要特徵。 [41]

在解釋為什麼任何一個階級或一種力量的絕對統治必然帶來不良結果時，他這樣說道：

一個人或一個階級的人，一發現他們手中有權力，這個人的個人利益或這個階級的獨有的利益就在他們的心目中具有更大的重要性。發現他們自己被別人崇拜，他們就變成他們自己的崇拜者，認為自己應當身價百倍；另一方面，他們所得到的為所欲為、不考慮

後果的便利，不知不覺地削弱了那種使人期待後果，甚至是影響到他們自己的後果的習慣。這就是建立在普遍經驗之上的、人們被權力所敗壞的普遍規律。人人都知道，以一個人處於普通人的地位的行事來推論他處於專制君主地位將同樣行事，那會是何等可笑。處於後一種地位時，他的人性中的壞的部分，不是受到他的生活狀況和周圍的人的限制和壓制，而是受到所有人的阿諛奉承，並且一切情況都對他有利。就一個階級來說，如抱同樣期待也將會是完全一樣可笑的，平民階級或任何其他階級都一樣。即使在他們之上有更強大力量時他們是非常謙虛和通情達理的，但當他們自己成為最強大力量時，我們就可以料想到這方面的全然變化。[42]

　　對穆勒來說，民主制和其他政體一樣，也存在著當權者的腐化和損害社會普遍利益問題，只是當權者可能是個人數眾多的階級。「由人數上的多數掌權比其他的人掌權較為公正也較少危害，但它伴隨著同樣性質的危險，甚至更為確定的危險。」[43] 在個人或少數人為統治者的社會中，民眾作為對立面而存在並為政權的反抗者提供道義上的支持。但在多數人進行統治的民主社會中，少數人所發出的不同聲音就很難被重視和支持。所以，民主社會所面臨的一大挑戰就是如何容納不為占優勢的公眾輿論所支持的意見，保護少數人進行社會批評的權利。　[44]　在這裡，我們可以再一次看到，像托克維爾一樣，穆勒對「多數人的暴政」極為關注。在這方面，穆勒與他父親詹姆斯不同，因為他並不認為多數人的意見一定代表真理、多數人所要求的利益一定符合社會普遍而長遠的真正利益，而且穆勒也不認為不同個人的利益可以作為同質的東西簡單地相加為一個作為集合的集體利益。　[45]　像已有人指出的那樣，「他的代議制概念包含著平等原則和個人表達（即自由）原則。」[46]

　　那麼如何防止代議制會有的那些弊病呢？為了防止在人數上占

優勢的階級以其利益損害社會的整體利益，任何一個階級或可能聯合起來的階級都不應該在政府中有壓倒一切的優勢。具體地說，在議會中相對立的階級應在代表的安排上保持平衡。例如，利益相對立的勞動階級和僱主階級在議會中應勢均力敵，每一方左右議會中大致相同的票數。當兩方爭執不下時，每一方中那些能超越本階級利益的少數人就可以使最後的表決傾向於公正。關於這一點，他是這樣說的：

　　因為，假定每一階級的多數在他們之間的分歧中主要受他們的階級利益的支配，在每一個階級中就會有一個少數，它的考慮服從於理性、正義和全體的福利；而任一階級的這個少數和另一階級的全體結合在一起，就會使天秤倒向他們一邊來反對他們自己階級中多數的那些不應當得逞的要求。…代議制度應當組織得能保持這一事態，它不應當容許任何一種地方利益強大到能夠壓倒真理和正義以及所有其他的地方利益的總和。永遠應當在各種個人利益之間保持著這樣一種平衡，使任何一種個人利益要獲得成功必須有賴於得到至少一大部分按照更高動機和更全面更長遠的觀點行動的人們的支持。[47]

　　但在實際運作中，如何保證議會不為在人數上占優勢的階級的利益所左右？他認為必須設法讓少數人的選票起作用，而使他們在議會中有一定的席位。而要做到這一點，就必須改變現行的議員選舉制度。根據英國那時的選舉制度，在每一選區當選的議員是在競選中獲得半數以上選票的人。有時，當選人僅僅獲得剛剛過微弱半數的選票。所以，他實際上僅僅是剛過半數的選民的代表。當議會用勉強的過半數通過某種決議時，它所代表的則最多只是半數人民的半數之意見。能贏得過半數選票的人，往往是樹敵最少的人，但也往往是沒有出眾的見解的平庸之輩。穆勒認為，這種情況在美國非常突出。這種問題很難解決，但這不意味著不應解決、根本無法解決。不允許在投票中占少數的選民在議會中有自己的代表，違背

了按人數比例決定代表這一民主制的原理。但如何才能讓少數派也能在議會中被代表？

對此，穆勒竭力支持當時湯瑪斯·黑爾（Thomas Hare）提出的選舉改革方案。這個方案的要點如下：首先，將選民總數除以下院席位數，得出每一個議員應代表的選民人數。只要一個候選人得到了這個數量的選票，他就可當選，不論這些選票是從多少個地方選區聚集起來的。選民們仍在地方進行投票，但他們可以自由地投全國任何地方的候選人的票。這意味著那些不願意選舉本地候選人的選民可以用他們的投票幫助在其他地區的他們喜歡的候選人。此外，黑爾的改革方案還建議，在選票上，選民可按其選擇的先後列出三個候選人，但只按給一候選人的一票計算。當一個選民的第一候選人落選時，他的票則自動投給其第二候選人；當他的第二候選人也失敗時，他的票則投給其第三候選人。這樣，少數人的投票權就會造成相當大的作用。 [48] 此外，這種選舉制度也有利於提高下院的智力水平。如果實行這種選舉制度，有些在地方上或政黨中影響不大的傑出人士就有可能當選，因為他們的著作或在某一領域中的工作可能會為他們在全國範圍內贏得足夠的選票。也就是說，在各個地方選區支持他們的可能都是少數，但這些少數加在一起就足以讓他們當選。這樣不僅使占少數的人口的投票權起作用，使一定數量全國性的優秀人物當選，而且也能促使多數派推舉更有能力的候選人。由於人們不再必須在投贊成票或反對票給地方領袖所提出的候選人之間選擇，地方候選人所面臨的競爭加大，地方領袖不得不推出更有競爭力的候選人。穆勒認為，將一部分社會精英選入議會對實現真正的民主至關重要。在他看來，由於在現代文明社會中選舉權的不斷擴大，代議制政府自然會越來越趨於集體的平庸，以致主要權力越來越置於教養水平不高的階級手中。美國就是一個這樣的例子。他說，在美國修養最高的人，除非願意成為在知識上低於自己的人們的代言人，很少參加議會競選，因為他們當選的機

會甚少。 [49] 雖然社會精英的人數很少,但他們的意見是否能被聽取對社會的影響還是很大的。即便採納黑爾的改革方案,最出色的人在議會中也只能是少數。但只要他們能進入議會,無論他們的人數多麼少,他們都能對多數人產生影響。由於要同他們辯論,或與他們進行討論,其他的議員就會得到提高;而且他們的才能,一旦有了表現的舞臺,也會說服一些群眾。「只有在有教養的少數這部分人中才能夠給民主制的多數的本能傾向找到一種補充或使之臻於完善的矯正物。」 [50] 在現存的民主制下,這樣的少數沒有發言權。穆勒認為黑爾的改革提案為此提出了可行的方法。當然,他不認為人們會輕易接受這樣的改革。美國人的表現說明了這一點。但他對英國的情況持樂觀態度。他說:「在美國,人數上的多數長期以來完全保持著集體的專制,他們大概會和一個專制君主或由少數人統治的貴族整體一樣不願把它丟開。但我相信英國的民主政體還是會滿足於防止他人的階級立法,同時也不要求他們自己實行階級立法的權力。」[51]

　　穆勒並不認為代議制可能有的弊病應透過限制選舉權來解決。在智力上高水平的議會有賴於高水平的選民。得到高水平選民的方法不是將眾多水平不高的民眾排除在選舉之外,而是把他們提到更高的水平上。像在前面已提到過的那樣,民眾透過參政可以在道德和才智上得到提高。「自由政府的主要好處之一就是,當人民被要求參加直接關係到國家巨大利益的行動時,就會對人民的最底層進行知識和思想感情的教育。」 [52] 參政對人民的提高在美國人身上已清楚地體現出來。由於美國人的廣泛參政,他們的中下階級比別處同樣的階級更有修養和才智。當然,這不否認美國民主的缺點——將最優秀的人排除在政治之外。在一個充分發達和文明的民主社會中,不應存在沒有投票權的賤民。當然,在實行普選前,一定的社會條件是必要的。穆勒認為,普及教育必須先於普選。讀、寫以及普通的算術運算應當成為選民的必要條件。社會應讓民眾免

費或以窮人也能付得起的費用來獲得這樣的技巧。另外，選民應都是納稅人。這樣每個選民才會感到他投票表決的款額是他自己的錢，因而關心壓低花費。

　　穆勒認為，在現有的社會條件下，也就是在大眾——選民的主體——普遍文化水平低的情況下，一人一票的投票制度很容易導致對社會長遠利益不利的結果。為了糾正這種結果，他主張讓文化水平高的人享有復票。在他看來，有較高道德和才智的人的意見和判斷比道德和才智較低的人的意見和判斷更有價值，這是很明顯的道理。當二者的意見相衝突時，讓前者退讓，採納較壞的意見顯然是很不公平的。在代議制下，用占多數的意見壓倒少數人的意見往往就是這種情形。所以，一人一票的投票平等並非絕對正確。他說：「我並不把平等的投票看做屬於那種只要能避免不便就是本質上好的事情。我把它看做僅僅是相對說來是好的事情。它比根據不相干的或偶然的情況產生的特權的不平等要好些，但它在原則上是錯誤的，因為它承認一項錯誤標準，並在投票者心中產生壞影響。國家的憲法宣布無知有資格享有和有知一樣多的政治權力，不是有益而是有害的。」 [53] 在這方面，他批評了美國。他這樣說道：「美國的制度把這樣一個信條深深銘記在美國人的心裡：任何一個人（有白色皮膚的）和任何別的人一樣好；人們感覺到，這一錯誤信條是和美國人性格中的某些更為不利之點密切聯繫著的。一個國家的憲法竟承認這種信條，不是一件小禍害；因為相信這種信條，不論是明示的還是默示的，對道德和智力上優越性的影響幾乎和大多數政府形式所能產生的影響一樣有害。」 [54] 也許有人會爭辯說，一人一票的投票平等有利於教養低的民眾提高以及教養高的人們在智力上進一步發展。對此穆勒回答說：他當然同意並已力主讓大眾在參政中提高，但他反對的是讓素養低的多數占絕對上風，以致他們不再有動力改進。「無人能反抗的這些人，通常總是過分滿意於他們自己的意見，以致不願改變它們，或者不耐心地聽別人告

訴他們說他們錯了。給予智力增長以強大刺激的是正在崛起的地位，而不是已經掌握權力的地位；而在上升的道路上的所有階段中，不管是暫時的還是永久的，發展最好和最高品質的是這樣一種人的地位，他們強大到足夠使理性占優勢，但又不是強大到勝過理性。」[55]

儘管穆勒認為在社會發展的現階段，才智與道德高的人應有更大的投票權，但他反對投票權上的性別和膚色歧視。他著重論證婦女應同男人一樣有投票權。既然人們已經承認，婦女不應被奴役，她們有權利思想、寫作及從事教師的職業，剝奪她們的政治權利是完全沒有道理的。婦女同男人一樣希望有好政府，甚至比男人更需要好政府，因為她們更仰賴法律和社會的保護。和男子一樣，她們需要政治權利不是為了可以進行統治，而是為了防止受到壞政府的暴虐。有了選舉權，婦女就有了更多的尊嚴。握有選票就使她們具有了她們的男性親屬想從她們那裡得到卻又不能強求的東西。男女都有選票也能促進兩性間的互相提高，因為他們需討論如何投票。婦女能在參政中得到提高，並對男性施與積極的影響。女性對男性的消極影響恰是在女性沒有直接參政權的情況下更易發生。雖然對公民膚色與投票權的不相關性穆勒沒有在此加以論述，但他在本書「擴大選舉權」一章的結束語中說道，希望在不遠的將來「性別這種偶然事件，將和膚色這個偶然事件一樣，不被認為是剝奪公民同等保護和正當權利的一項充足理由。」 [56] 可見，穆勒對種族歧視和性別歧視具有一樣強烈的反對，並早已將反種族主義看作理所當然。

他對人類自由、平等的信仰在很大程度上可以解釋他為何能在美國內戰爆發之初就堅定地站在解放黑奴的北方一邊，支持北方將戰爭進行到底。美國內戰於1861年開始（正巧也是穆勒的《代議制政府》發表的那一年）。在這場戰爭的頭兩年，英國的中產階級

以及上等階級總的來說是支持美國南方的，雖然勞動階級和部分知識分子並非如此。儘管英國在多年前已在法律上廢除了奴隸貿易和奴隸制，但這時許多人卻支持美國的奴隸制，或將美國的南北之戰看作與奴隸制無關的貿易之爭。前者是由於道德上的問題，而後者則是出於對美國的無知。 [57] 穆勒是當時在英國為數不多的、從一開始就看清了那場戰爭的道德性質並堅定地為反奴隸制一方助戰的人。據兩位在1882年—1883年與穆勒有一定直接接觸的友人回憶，穆勒那時激烈地反對南方一邊，是個徹底的廢奴主義者；在他聽支持美國北方的講演時，他像一個年輕人那樣激動。 [58] 他將美國的南北之戰看做是邪惡與進步的較量，將廢奴烈士約翰·布朗等視為真正的英雄。他在1865年給友人的信中高度讚揚林肯，說後者之死像蘇格拉底之死一樣高貴，並斷言從此林肯的名字將載入史冊。 [59]

註釋：

[1]穆勒著，汪瑄譯：《代議制政府》（北京：商務印書館，1982年），第3頁。

[2]穆勒著，汪瑄譯：《代議制政府》（北京：商務印書館，1982年），第7—10頁。

[3]John Stuart Mill, Representative Government, in Utilitarianism, Liberty, and Representative Government (no editor but with A.D.Lindsay's Introduction, New York, E. P. Dutton and Company, Inc., 1951), 245。自該版本的引文，均為我的翻譯，但對汪瑄的中譯本有所參考。Representative Government 一書的全名是Considerations on Representative

Government。

[4]John Stuart Mill, Representative Government, in Utilitarianism, Liberty, and Representative Government (no editor but with A.D.Lindsay's Introduction, New York, E.P. Dutton and Company, Inc., 1951), 245。自該版本的引文，均為我的翻譯，但對汪瑄的中譯本有所參考。Representative Government 一書的全名是Considerations on Representative Government。第246頁。

[5]C.L.Ten, "Democracy, Socialism, and Working Classes", in John Skorupski ed.The Cambridge Companion to Mill (Cambridge: Cambridge University Press, 1998), 381.

[6]Mill, Representative Government, 247.

[7]Ibid.Mill, Representative Government, 251-52.

[8]Ibid.

[9]Ibid.259.

[10]Ibid.262.

[11]Ibid.263.

[12]Ibid.268.

[13]Ibid.269-70.

[14]Ibid.280.

[15]Ibid.285.

[16]穆勒（汪瑄譯）：《代議制政府》，第44頁。

[17]穆勒（汪瑄譯）：《代議制政府》，第44頁。

[18]Mill, Representative Government, 279.

[19]Ibid.290.

[20]穆勒（汪瑄譯）：《代議制政府》，第53—54頁。

[21]Mill, Representative Government, 290.

[22]Ibid.282.

[23]Ibid.292.

[24]Ibid.305.

[25]Ibid.261.

[26]穆勒（汪瑄譯）：《代議制政府》，第57頁。

[27]穆勒（汪瑄譯）：《代議制政府》，第57頁。

[28]穆勒（汪瑄譯）：《代議制政府》，58頁。

[29]穆勒（汪瑄譯）：《代議制政府》，60頁。

[30]穆勒（汪瑄譯）：《代議制政府》，66頁。

[31]穆勒（汪瑄譯）：《代議制政府》，66—67頁。

[32]穆勒（汪瑄譯）：《代議制政府》，70頁。

[33]穆勒（汪瑄譯）：《代議制政府》，76頁。

[34]穆勒（汪瑄譯）：《代議制政府》，80頁。

[35]穆勒（汪瑄譯）：《代議制政府》，82頁。

[36]Mill, Representative Government, 331.

[37]Ibid.332.

[38]穆勒（汪瑄譯）：《代議制政府》，第91頁。

[39]Mill, Representative Government, 336.

[40]穆勒（汪瑄譯）：《代議制政府》，第115頁。

[41]Ten, 380.

[42]穆勒（汪瑄譯）：《代議制政府》，第96—97頁。

[43]穆勒（汪瑄譯）：《代議制政府》，115頁。

[44]穆勒（汪瑄譯）：《代議制政府》，115頁。

[45]參見Nadia Urbinati, Millon Democracy (Chicago: University of Chicago, 2002)，第78—79頁。

[46]參見Nadia Urbinati, Millon Democracy (Chicago: University of Chicago, 2002，第79頁。

[47]穆勒（汪瑄譯）：《代議制政府》，第99—100頁。

[48]Mill, Representative Government, 351-53.

[49]Ibid.357.

[50]穆勒（汪碹譯）：《代議制政府》，第115頁。

[51]穆勒（汪碹譯）：《代議制政府》，117頁。

[52]穆勒（汪碹譯）：《代議制政府》，126頁。

[53]穆勒（汪碹譯）：《代議制政府》，139頁。

[54]穆勒（汪碹譯）：《代議制政府》，139頁。

[55]穆勒（汪碹譯）：《代議制政府》，139—140頁。

[56]穆勒（汪瑄譯）：《代議制政府》，143頁。

[57]參見John Stuart Mill（約翰·斯圖亞特·穆勒），Autobiography（《自傳》），ed. John M. Robson（約翰·魯伯森），London, Penguin Books, 1989，第199—200頁。

[58]Nicholas Capaldi（尼古拉斯·凱帕羅蒂），John Stuart Mill: A Biography (Cambridge: Cambridge University Press, 2004)，306—307頁。關於穆勒當時支持美國北方的更多細節，參見Michael St. John Packe（邁克爾·聖·約翰·派克），The Life of John Stuart Mill (New York: The Macmillan Company, 1954)，第423—27頁。

[59] "Mill to Cairnes" (May 28, 1865), in Collected Works of John Stuart Mill, vol.16, ed. John Robson (Toronto and London: The University of Toronto Press and Routledge and Kegan Paul, 1988), 1057.

第十二章 《功利主義》

　　作為自由主義在十九世紀最重要的代言人之一，穆勒對自由、民主給予了在那個時代最為著名的表達。他的自由主義不僅不是與其功利主義相衝突的，而且是以其功利主義為基礎的。對他來說，自由主義之所以正確，正是因為自由主義的道德和法律能使人類獲得最有價值的幸福。[1] 穆勒的功利主義倫理思想在他的《功利主義》一書中得以最好的闡述。《功利主義》發表於1862年。此書雖短，但卻是哲學史上最著名的作品之一，功利主義倫理學最為人知的經典。在闡發功利主義哲學的著作中，雖然穆勒的《功利主義》既不是最早的，也不是最後的，但卻是最有影響的。一百五十多年之後的今天，《功利主義》仍是學習功利主義的第一書。同《論自由》一樣，《功利主義》也是穆勒最為經久不衰的作品。這兩本書足以使穆勒青史留名。若以中國傳統的立德、立功、立言之三不朽的觀點來看，這兩本書就是穆勒最不朽的「立言」。

　　在他將《功利主義》作為一本書發表之前，穆勒已在面向受過教育的一般讀者的《費雷澤雜誌》（Fraser's Magazine）上將此書的內容分三次在1861年發表。實際上，《功利主義》的主要思想，早已在穆勒的許多作品中有所表述。《功利主義》只不過是將他的功利主義思想較為集中而系統地呈現出來而已。在談及為何該書如此受歡迎、影響如此深遠與長久時，有學者曾這樣說道：「雖然對這些問題會有多種回答，但《功利主義》之受歡迎在很大程度上一定在於其舉世無雙的集簡潔和廣度與一體。在短短的五章中，穆勒不僅較為詳盡地解釋了功利原則是什麼，而且也展示出它與其他理論的聯繫；他還嘗試表明功利原則根基於人性的種種事實之中；他帶有同情地陳述並回應了對功利原則的一些常見的異議；他表明功利原則如何能在很大程度上抓住普通道德與價值框架的複雜

性、精微性和多樣性。」[2] 在堅持功利主義基本原則的前提下，《功利主義》一書對邊沁等老一代功利主義者的思想作了修正和發展。當今西方倫理學對功利主義的討論，大多以穆勒的功利主義為主要對象，而很少將邊沁的功利主義作為重點。正像有的學者所評論的那樣：「穆勒被正確地認為是功利主義史上的一個主要人物，他的理論是當代倫理學家時常返回去找尋啟發的試金石。」[3]

一、最大幸福原則

　　功利主義之最核心的思想是個人、社會組織都應以增加全社會的幸福總量為行為準則。這樣的倫理學所追求的是人類之大利、最大多數人的最大幸福，與教人唯個人小利而是圖的利己主義完全不相干。穆勒強調指出：作為功利主義道德行為標準的最大幸福「不是行為者個人的最大幸福，而是總計的最大量幸福。」[4] 在《功利主義》中，他重申以最大多數人的最大幸福為道德行為標準的功利原則是倫理學的第一原則或最高原則。對他來說，這一原則是所有道德判斷的基礎。在《功利主義》一書的第一章，穆勒論述了在倫理學中建立第一原則的重要性。他認為，在科學上，具體的真理先於一般理論，但在道德哲學上則相反。也就是說，在科學上第一原則是對具體的發現加以反思而得到的最終結果，而在對道德探討中，我們必須首先知道行為目的和規則這一類基本概念。更進一步說，必須先確定是非標準，然後才能討論哪些具體的行為是道德的。這意味著道德的第一原則是基礎，先於其他一切道德概念。具體行為的道德性不是可以直接可感的問題，而是一個應用一般原則到個例的問題。[5] 即使那些認為人天生的道德感可讓人辨別是非的人，也並不認為道德感能提供對每一具體行為的是非判斷，而只是道德判斷的一般原則。相信先天道德感的直覺主義者和功利主義者在認為倫理學須從一般原則出發這一點上是一致的，只不過他們在一般道德原則的來源問題上持有完全不同的意見。前者相信道德的一般原則是先驗的，而後者則認為道德一般原則來自觀察和經驗。另外，穆勒認為，道德直覺主義者很少嘗試列出他們所相信的先驗道德原則，更沒有努力找出作為其他道德原則的基礎的第一原則。但是，沒有一個最終的或最高的道德原則，當不同的道德要求發生衝突時，就沒有解決的依據。因此，穆勒認為，道德的第一原

則是必需的，是道德哲學應首先建立的部分。當然，他從未否認第二級的道德原則的意義。對他來說，多數的道德行為所直接遵循的都是第二級的道德原則。只有在這些原則衝突時，第一原則才會被求助。[6]

那麼，到底穆勒是如何定義道德的第一原則——功利原則的呢？在陳述這一原則時，穆勒這樣說道：「根據被接受為道德之基礎的『功利信條』或『最大幸福原則』，正確的行為是那些趨於增進幸福的行為，而錯誤的行為則是那些趨於產生其反面的行為。幸福的意思是快樂或無痛苦；不幸福的意思是痛苦或無快樂。」[7] 他進一步解釋說，「快樂和免於痛苦是唯一作為目的而可欲的東西；所有可欲的東西（對功利主義像對其他理論一樣多），要麼作為快樂本身而可欲，要麼作為增進快樂和避免痛苦的手段而可欲。」[8] 像所有的第一原則一樣，道德的第一原則顯然不能演繹地從其他概念推出，所以它或是先天的，或是經歸納由經驗得出。作為一個經驗主義者，穆勒自然主張後者。根據經驗，道德的第一原則無疑是功利原則——最大幸福原則。在他看來，無論人們承認與否，他們的情感是為其對幸福的考慮所左右的。功利原則在任何道德學說的形成中都起了極大作用。那些相信先驗道德原則的哲學家實際上並不能真正否認功利原則是道德的基本原則和一切道德義務的來源。他以康德道德哲學為例說明這一點。他說，當康德從他的道德普遍律推導具體的道德義務時，他沒能證明最令人憤怒的不道德的行為規則之被理性的人們普遍採納會是自相矛盾和邏輯上不可能的，所有他能證明的是沒人願意承受最不道德的行為規則之普遍採納所帶來的結果。[9] 所以，歸根結底，採納康德之道德普遍律的真正理由是增進人類的幸福，而不是與人類幸福無關的理性要求。

在穆勒看來，最大多數人的最大幸福之所以是道德的最終標

準，是由於幸福是人類追求的目標。人類追求的東西則是人類所求的善。他說，「如果我現在所陳述的看法在心理學上是正確的——如果人性就在於只追求幸福的部分或幸福的手段——我們不能有、也不需要有其他東西去證明只有這些是人類所慾望的。可見，幸福就是人類行為的唯一目的，增進幸福就是判斷所有人類行為的唯一標準——由此而來的必然結論就是增進幸福一定是道德的標準，因為部分包含在整體之中。」[10] 至於如何證明人類都追求幸福，他認為最好的證明就是事實上人們都在追求幸福，這正像對人們能聽到某種聲音或看到某種東西的最好證明是人們事實上聽到了那種聲音或看到那種東西一樣。[11] 從人們普遍追求幸福推出幸福是善、增進幸福是道德目的，似乎是在從無規範意義的「是什麼」推出規範意義上的「應該是什麼。」對此，穆勒受到了許多人的批評。他的這些批評者認為他犯了邏輯錯誤，沒看到從「人慾望什麼」推不出「人應該慾望什麼」。[12] 但是，穆勒的辯護者指出，穆勒的論證是完全符合邏輯的。他們認為，由於穆勒所要證明的是無法從任何概念推出的道德的第一原則，這個最終的「應該」的證明，對一個像穆勒這樣的經驗主義者來說，只能求助於人的最終欲求本身。對穆勒來說，道德的最終依據就是人們作為目的追求的東西。在道德第一原則的層面上，「是」就是「應該」的依據，「實際慾望的」就是人們「應該慾望的」的最終證明。進而，人們實際最終慾望的也就是他們應該慾望的。既然幸福是人所欲求的最終目的，那麼它就是善，就是人應追求的，增進幸福就是最終的道德標準。[13]

　　當然，穆勒意識到僅僅表明幸福的可欲性和應該性是不夠的。為了證明幸福是道德的最終目的，他還需證明幸福是人們作為目的而追求的唯一對象。對此，他的論述是：人們所欲的其他東西，或者是達到幸福的手段，或者已經從幸福的手段成為幸福的組成部分。他這樣說道：「幸福的成分是多種多樣的，其每種成分本身都

可欲，雖然米爾格拉姆不認為穆勒在這裡有邏輯錯誤，但他認為穆勒對最大幸福原則的論證問題嚴重。他論辯說，穆勒對最大幸福原則的論證基於實踐推理上的工具主義（將所有實踐推理歸為尋找滿足慾望或目的之手段的推理）。在他看來，穆勒之論證的問題即實踐推理的工具主義的問題。這種觀點貫穿在他的〈Mill's Proof of the Principle of Utility〉全文（Ethics，110：2，283—310）。而不是僅僅相加為一個集合才可欲…。它們本身可欲並被欲：除了作為手段，它們已是目的的一部分。」 [14] 德性就是典型的這樣一種成分。「根據功利主義學說，德性不是目的之最初的和自然的部分，但卻能成為目的的部分；在那些無私的人們那裡，它已變成目的的部分，且作為幸福的部分，而不是手段，來被慾望和珍惜。」 [15] 但它是如何從手段變為目的本身的呢？簡單的回答是：透過德性與快樂的不斷關聯。對此，他解釋道：德性從手段變為目的的過程與另一些從手段變為目的的東西是相同的。例如，起初人類之所以追求金錢、權力和名聲，是由於它們是幸福的手段，但由於對它們的占有與幸福如此緊密地聯繫在一起，許多人則將占有它們當成目的來追求。「在這樣的情況下，手段已變成了目的的一部分，而且是比它們最初作為手段時欲達到的東西更重要的部分。曾作為獲得幸福的手段而被追求的東西，已變成了作為目的而被追求的東西。既然它是作為目的而被慾望的，它也是作為幸福的成分而被慾望的。」 [16] 就德性而言，人們起初追求它時，是因為它能增進快樂，尤其是避免痛苦。一旦行德與快樂、行惡與痛苦形成習慣性的聯繫，人們就會將德性作為目的來追求。「那些將德性當做目的來追求的人，他們之所以如此，或是由於從有德感到快樂，或是從缺德感到痛苦，或感到二者；事實上快樂和痛苦很少單獨存在，而幾乎總是在一起——同一個人會因獲得一定程度的德性而感快樂，為不能獲得更多的德性而痛苦。」 [17] 所以，德性不是異於快樂的目的。由於幸福就是快樂，追求德性就是追求幸

福。歸根結底，人們所追求的唯一目的是幸福。

就將幸福等同於快樂而言，穆勒的功利主義顯然是快樂主義的。在這一點上，他與邊沁並無不同。但在對快樂的解釋上他非常不同於邊沁。邊沁將所有快樂都看做是同質的。所以，對他來說，不同的快樂只有量上的不同，即只在強度和持續性上不同。穆勒認為，不同的快樂不僅有量上的區別，也可能有質上的區別。對邊沁快樂主義的修正部分地是由於穆勒需要反駁功利主義的批評者。當時有人將功利主義說成是只對豬有價值的學說——因為它將快樂看成人生的最高目的，而求快樂則正是豬所過的生活。針對這樣的攻擊，穆勒回敬道：不是功利主義者，而是它的攻擊者，將人降到了豬的水平，因為正是後者將人的快樂等同於豬的快樂。 [18] 他論證說：人的快樂不等同於動物的快樂，因為人能體驗動物無法體驗的高級快樂。他將快樂分為兩類：精神上的快樂和肉體上的快樂。二者有質的不同。前者是更高級、更有價值的快樂。更具體地說，精神上的快樂是智力活動的快樂，情感和想像活動的快樂，道德感的快樂。它們源自對人類特有的精神能力的運用。肉體上的快樂是感性的快樂，只是肉慾的滿足。它為人類與動物所共有。為何精神快樂高於肉體快樂？他的論證也富有經驗主義色彩。他的論點可歸為以下幾點：第一，體驗過二者的人都會很肯定地更喜歡精神快樂，而且這種喜好是純粹發自內心的，而不是出於道德的或其他利害的考慮；第二，肯定地喜歡精神快樂多於肉體快樂意味著不會為後者而放棄前者，即便前者包含著某種不滿足。第三，對精神快樂有很肯定的偏愛的人是已形成了自我意識和自我觀察的習慣的人，而不是未成年、未成熟的人。將這三條歸總起來說，就是經歷過兩種不同性質的快樂的成熟而有一定修養的人，都會更喜歡精神快樂；即便追求精神快樂會含有不滿足，他們也不會以肉體快樂來取而代之。這就是為何「做一個不滿足的人比做一個滿足的豬好，做不滿足的蘇格拉底比做滿足的蠢人好。」 [19] 人的幸福不僅僅

是得到肉體上的快樂或無痛苦，更在於得到精神上的快樂。這證明了精神快樂高於肉體快樂。穆勒不否認有些成熟的人有時選擇肉體快樂，但他認為這種情況的出現並不說明當事人不更喜歡精神快樂，因為他之選擇肉體快樂可能是屬於下面幾種情況之一種：(l)他的意志如此薄弱，以致明知精神快樂更好，卻無力戰勝肉慾的誘惑；(2)他沒有條件和機會去享有精神快樂；(3)他喪失了享受精神快樂的能力。 [20] 總之，他之選擇肉體快樂，不是由於他不更想得到精神快樂，而是由於他不能夠選擇精神快樂。

穆勒對快樂進行質上的分類的做法，雖然有效地駁斥了當時對功利主義的攻擊，但也引起了新的批評。有些學者認為他在論證精神快樂高於肉體快樂時使用了某種快樂之外的價值做衡量標準，所以他在邏輯上沒有前後統一，沒有真正堅持將快樂看作唯一作為目的而慾望的對象。但是，也有學者認為穆勒並沒有陷入自相矛盾，因為質和量可同時為快樂的固有特徵。所以，區分快樂在質上的不同與區分快樂在量上的不同一樣，無需求助快樂以外的標準。 [21] 但問題是在對不同質的快樂進行比較，給予不同的價值時，快樂之外的價值標準似乎需要被使用。 [22] 當然，穆勒是求助於經驗上的事實——人們的肯定性喜好——來決定不同質的快樂之高低之分的，但在人們很肯定地喜好精神快樂勝過肉體快樂時，他們之喜好是否是由快樂之外的價值所決定的呢？穆勒對這個問題的解決圓滿嗎？這是一個穆勒學者們至今仍在討論的話題。 [23]

二、個人幸福與總體幸福

　　作為一個教導人們以最大多數人的最大幸福為行為準則的道德哲學，功利主義必須指出個人幸福和最大多數人的最大幸福之間的一致性。早在他的青年時代，穆勒就已悟出個人幸福以關愛他人、情趣豐富為前提。 [24] 正是這種領悟在很大程度上幫助他走出了二十歲時所經歷的精神危機。在《功利主義》的第二章中，他將個人幸福的前提條件做了清楚的論述並與最大多數人的最大幸福聯繫在一起。他指出，如果一個人在生存基本條件方面沒有問題但卻感不到幸福，其原因主要有二：第一，這個人極為自私——除了他自己，不關心任何人；第二，這個人缺少精神修養，因而不能從知識和大自然中得到樂趣。他的具體論述如下：

　　當人們有過得去的外在運氣卻在生活中找不到足夠的快樂使生活有價值時，一般來說造成這樣結果的原因是他們只關心自己而不關心任何其他人。就那些既沒有公共感情也沒有私人感情的人而言，生活的興奮在很大程度上就被剝奪了；…除了自私，使生活令人不滿意的主要原因是缺少精神修養。一個有修養的心靈——我並非是指一個哲學家——是這樣的心靈：它向知識之泉開放，它在過得去的程度上被教會了去使用它的能力，即在它周圍的一切中發現取之不竭的興趣的源泉，也就是在自然對象中，在藝術成就中，在詩的想像中，在歷史事件中，在人類過去與現在的方式中以及他們對未來的展望中發現這樣的源泉。 [25]

　　他認為在正常環境下長大的人是可以獲得作為幸福之必要條件的道德和智力發展的。個人在道德上和智力上的發展是其幸福的必要條件，也必然促進社會發展和公眾的利益。「因此，只有透過高尚品格的普遍培養，功利主義的目的才能得以實現。」 [26] 顯而

易見，對穆勒來說，獲得個人幸福與增進社會的總體幸福是一致的。

但穆勒也明確指出了外在條件對人的幸福的影響。除了貧窮、疾病之外，由於壞的法律和被他人奴役而失去發展自由也是人們不能幸福的原因之一。不過，他相信，隨著社會的進步，多數阻礙人類幸福的「惡」最終都會被去除。就社會的政治制度和習慣與輿論而言，在理想的情況下，它們應創造個人幸福與社會全體幸福的高度和諧與統一。他這樣寫道：「作為最大限度達到這樣的理想（功利主義的道德理想）的手段，以下兩者的效用是必需的：第一，法律和社會安排應將每個人的幸福或利益（像在實際言談中它可能被稱作的那樣）與整體利益盡最大可能地和諧起來；第二，教育和輿論——它們對人的品格有極大的作用力——應將其力量用於在每個人心中建立個人幸福和整體幸福之間穩定的聯繫，特別是個人幸福和實踐尊重普遍幸福所要求的行為模式（無論是積極的還是消極的）之間穩定的聯繫；以至於不僅個人不會想像不斷與普遍利益對立的行為帶來他個人幸福的可能性，而且增進普遍幸福的直接衝動存在於其行為的每個習慣性動機之中，進而與普遍幸福相連的情感能在每一個人的情感世界中占據一個很大而且極重要的位置。」[27]

關於自我犧牲與最大多數人的最大幸福的關係，穆勒也作了論述。他認為在不理想的社會條件下，有時自我犧牲對最大多數人的最大幸福是必要的。功利主義並不認為個人利益高於他人利益，但也不認為個人利益低於他人利益。他說：「我必須重申攻擊功利主義的人很少公正地讓人知道的是：構成功利主義道德行為標準的幸福不是行為者個人的幸福，而是他的行為所影響到的所有人的幸福。在他的幸福和他人幸福之間，功利主義要求他嚴格的不偏不倚，像一個與其利害無關而又仁慈的旁觀者一樣。」[28] 由於在

計算幸福總量時每個人的幸福都一樣重要——都算作一個幸福單位——不更多也不更少,且道德行為需增進最大多數人的最大幸福,當一個人的幸福之犧牲能換來整體的最大幸福量時(例如犧牲一個人的生命,換取另外十個生命),自我犧牲就是道德的。所以,功利主義不否認這種自我犧牲的崇高性,但否認無助於增進幸福的自我犧牲的價值。穆勒明確地說:「功利主義的道德承認人類所具有的為了他人利益而犧牲自己的最大利益的力量。它只是拒絕承認這樣的自我犧牲本身是善。它認為不增進或不趨於增進幸福總量的犧牲是一種浪費。」[29]

三、功利與正義

在《功利主義》的最後一章，穆勒討論了功利原則和正義原則的關係，說明了二者在根本上的一致性，並論證了功利原則高於正義原則。首先，他承認人們的確有自然的正義情感。但這並不證明正義一定是行為的最高標準。為了說明正義的性質，他討論了正義概念通常被使用的六種情況：第一，正義即尊重法律上的權利。當一個人被無故剝奪了其人身自由或合法財產時，我們認為這是不公正的；第二，正義即尊重道德權利。當人們的道德權利被剝奪時，我們認為這是不公正的。穆勒在此沒有具體講哪些是道德權利。但可以理解為他所指的是生存權、自由等自然權利。這樣的權利不是在法律規定之內的，但高於法律所規定的權利。法律的公正與否不能由其自身裁決，而是由道德權利來決定。當一個法律對人的天然自由的限制不利於社會的總利益時，它就是不公正的。反抗不正義的法律的權利則屬於道德權利。第三，正義在於給予一個人應得的獎賞或懲罰，不這樣做就是不公平。第四，正義在於遵守約定。毀約或不遵守自願許下的諾言是不公正的。第五，不偏不倚即公正。這一點與第三點密切相關。這不是指在私人感情和交往上的不偏不倚，而是指有一定職務的人（例如法官、行政官）或在一定位置上的人（如家長），在給予裁決、賞罰或任命時不偏心，一視同仁。第六，平等即正義。關於何為平等，人們意見很不一致。有人主張相同權利應得以平等保護，但不同的人可能有不同的權利；有人則認為人們應平等地得到所需要的東西，但人們往往同意為了社會的總利益而犧牲平等不算不公正。例如，如果保持人們在身份、地位上的某些不平等可以使社會的利益得以更好地實現，平等可以讓位於社會功利。社會功利之實現才是真正的公正。[30]

顯然，人們對正義的理解不一，且正義的各種應用之間也時有衝突。所以，在正義原則之上必須有一更高的原則。對穆勒來說，這一更高的原則當然是功利原則。為了論證這一點，穆勒討論了作為道德義務的正義之特點。他認為，正義與其他道德義務（例如慷慨、仁慈）的不同在於它總是涉及個人權利。「正義所包含的不僅是這樣的東西——行之則對，不行之則不對，而且也是某個人可以向我們要求的道德權利。」 [31] 所以，正義在於保護個人的權利。保護個人權利的道德性在於社會功利。對此，穆勒明確說道「那麼，在我看來，有某種權利就是有某種社會應該保護我對其占有的東西。如果一個有異議者問為何社會應對此加以保護，我能給他的唯一理由就是總功利。」 [32] 在進一步談及何為正義所增進的社會總功利時，他認為那就是人們的安全。「這裡涉及的利益是安全。從每個人的感情說，它都是所有利益中最要緊的利益。」 [33] 人身安全是人們幸福的最基本的條件。沒有安全，一切別的利益都沒有意義。安全自然也是人們在一起生活的基本前提。沒有正義，人們對彼此的互相傷害會讓人人自危，以致無法有和平相處的社會生活。所以，正義存在的真正理由即保護個人的安全——最根本的社會功利。他認為，在通常情況下，所有人都有被平等對待的權利，但在社會功利要求不平等對待時，某些人的平等的權利應被犧牲。每個人的財產和人身自由都應受到保護，這是正義的要求，但在總功利需要的情況下，個人的財產、甚至人身自由都可以被侵犯。例如，為了搶救一個人的生命，道德上不僅允許，而且要求偷取或用強力得到必要的食物或藥品，甚至綁架和強迫唯一勝任的醫務人員到現場搶救。這樣的做法並非違背正義原則，而是在特殊情形下正義的體現，沒有脫離功利的正義。 [34] 「很明顯，所有合乎正義的情形也是符合功利的情形，二者之不同在於存在著與正義連在一起的一種特殊情感，且這種情感將正義與功利區別開來。」 [35] 這種情感就是通常所說的正義感。但是，一旦我們對

正義感的起源和性質有了真正的瞭解，我們就不再會將它看作功利的對立面。

至於人們的正義感，穆勒認為，其起源不能用功利解釋，但其道德性則必須用功利解釋。為了論證這一點，穆勒首先討論了正義感的性質。穆勒認為正義有兩種基本成分：(1)想要懲罰造成傷害的人，(2)知道或相信某個人或某些人受到傷害。前者源於自衛的衝動和同情心，懲罰造成傷害的人的慾望實際上就是自然的報復心。動物也有報復心，但人的報復心由於其同情心之範圍的廣大和其智力之高級而有所不同。關於報復心，穆勒指出：「在這上面，人類只在兩點上與動物不同。第一，動物所同情的僅僅是他們的後代，或對它們好的更高級的動物（某些較高尚的動物會有這樣的同情心），但人所能同情的是全人類，甚至一切有知覺的生命。第二，人有更為發達的智力，因而有更為豐富的情感，無論是自私的還是利他的。撇開其更大範圍的同情心不談，僅因為其高級的智力，人類就能懂得他自己和他所處於其中的人類社會在利益上的一致性，明白任何威脅社會安全的行為通常也威脅他自己的安全，因而喚起他的自衛本能（當他的本能感到如此時）。」[36] 人的報復心本身無道德可言，只是一種自然感情。只有當它服從於社會同情心，服務於社會的總利益時，它才獲得了道德意義。[37] 這也就是說，其道德性在於社會功利性。

總之，正義的標準基於功利。穆勒強調，他絕不想否認正義在道德中的重要性。他只是否認不以功利為基礎的正義。他說，「雖然我反對任何將想像的正義標準基於非功利之上的理論的主張，但我將以功利為基礎的正義看作全部道德的主要部分，甚至無與倫比的最神聖和最有約束力的部分。」[38] 對穆勒來說，人們的正義觀念和情感是他們接受功利主義的最大障礙。[39] 所以，他在《功利主義》一書中用了很大篇幅來討論正義與功利的一致性。該

書的最後一章集中討論這一問題，且是全書最長的一章。當他認為已圓滿地論證了正義與功利的關係時，全書也就到了結束之時。因此，《功利主義》一書也就隨著對正義與功利的關係論證的結束而結束了。

註釋：

[1]John Skorupski, "The Place of Utilitarianism in Mill's Philosophy", in Henry R.West ed.The Blackwell Guide to Mill's Utilitarianism (Oxford: Blackwell Publishing, 2006), 59.

[2]George Sher, "Introduction", in John Stuart Mill, Utilitarianism, ed. George Sher (Indianapolis: Hackett Publishing Company, 1979), viii.

[3]Wendy Donner, "Mill's Utilitarianism" in John Skoeupski ed. The Cambridge Companion to Mill (Cambridge University Press, 1998), 255.

[4]John Stuart Mill, Utilitarianism, ed. George Sher (Indianapolis: Hackett Publishing Company, 1979), ll.

[5]Ibid. John Stuart Mill, Utilitarianism, ed. George Sher (Indianapolis: Hackett Publishing Company, 1979), 2

[6]Ibid 25; Roger Crisp: Mill On Utilitarianism (London: Routledge 1997),19.

[7]Mill, Utilitarianism, 7.

[8]Ibid.

[9]Ibid. 4.

[10]Ibid. 37-38.

[11]Ibid. 34.

[12]伊萊賈米·爾格拉姆（Elijah Millgram）曾對這樣的批評給了一個簡潔而準確的概述，儘管認為它完全站不住腳（參見Elijah Millgram, "Mill's Proof of the Principle of Utility", Ethics, 110: 2, 283)。

[13]為穆勒辯護的類似論證，參見Henry R. West, "Mill's Proof of the Principle of Utility", in Henry R. West ed. The Blackwell Guideto Mill's Utilitarianism (Oxford: Blackwell Publishing, 2006), 175-76; Elijah Millgram, 286-290。

[14]Ibid 35.

[15]Ibid. 35-36.

[16]Ibid 36.

[17]Ibid. 37.

[18]Ibid. 7-8.

[19]Ibid.10.

[20]Ibid.

[21]Skorupski, 57.

[22]提出類似異議的有一批學者。克里普（Roger Crisp）列舉了他們中一些人的文章（見Crips，第33頁，注8）。

[23]關於對此問題的較詳細討論，參見Crips，第31—35頁。

[24]具體論證,見本書第四章。

[25]Mill, Utilitarianism. 13-14。

[26]Ibid. 11.

[27]Ibid. 17.

[28]Ibid. 16.

[29]Ibid.

[30]Ibid. 45.

[31]Ibid. 49.

[32]Ibid. 52.

[33]Ibid. 53.

[34]Ibid. 62.

[35]Ibid. 62.

[36]Ibid. 50.

[37]Ibid. 50-51.

[38]Ibid. 58.

[39]Ibid. 41.

第十三章　哲學家議員

　　自《邏輯學》和《政治經濟學原理》發表之後，穆勒已有了相當高的聲望，所以早在1851年，穆勒就曾被邀請競選愛爾蘭郡選區的國會議員。但他當時仍在東印度公司任職，因而謝絕了邀請。稍後，雖然他已從東印度公司退休，但正值與哈麗特結婚期間，欲過安靜的私人生活，並力爭完成盡可能的著作。而且，他也不認為自己的思想會為眾人所接受，在競選中獲勝。[1] 因此，沒有考慮從政。但在1865年他再次被邀請參選時，情況已不同於以前，而且這次他是被邀請作為威斯敏斯特選區的自由黨議員競選人——威斯敏斯特區可是對自由黨人　[2]　最為至關重要之地。此外，這時，由於《論自由》、《代議制政府》、《功利主義》等的發表和影響，穆勒的聲望更高，當選的可能性更大。儘管如此，穆勒在接到邀請後並沒有立即答應參選。當他最終同意有條件參選後，他所提出的條件曾是全國性新聞。不僅如此，他幾乎完全沒有進行競選活動而取勝。這樣的勝利大概在西方競選史上也是空前絕後的。

一、參選前後

　　為了說明穆勒當選的來龍去脈，有必要在此簡單提及一些他參選前後的細節。首先，在1865年3月，他收到了一封來自威斯敏斯特選區選民的來信，問他是否願意出來在即將來臨的議會大選中做他們的議員候選人。他當時有所猶豫。一方面，他想涉入實際的政治生活，將自己的理念付諸實踐；但另一方面，他感到也許他不適合於從政，繼續安靜地進行寫作會使他對社會有更大貢獻。[3] 最後，他決定先提出自己同意競選的不合習慣做法的條件。如果選民接受這些條件，作為其社區的一員，他則有義務接受提名，擔當起自己的責任，成為他們的議員候選人。在回信中，他提出了以下四個條件：第一，不為競選出錢；第二，不為當選而進行遊說；第三，如果當選，將不把精力和時間花在地方利益上；第四，如果當選，將為他明白表述的那些政治主張去行動，包括為爭取婦女的投票權而努力。 [4] 穆勒之所以提出第一個條件，是由於他認為競選者出錢的做法在道德上是錯誤的。雖然選民為自己喜歡的候選人捐款無可非議，「但是讓候選人出所有的或部分的競選費用在根本上是錯誤的，因為這實際上就等於買他的席位。」 [5] 如果一個人花錢為自己買在議會中的席位，他的從政動機是否是完全為公眾服務就值得懷疑。另外，要求候選人出錢競選就剝奪了那些出不起錢的人的競選權利，導致不公平的競爭。 [6] 關於第四個條件中所表明的對婦女投票權的支持，穆勒後來在《自傳》中頗為自豪的說道「無疑這是第一次選民聽到這樣的主張。我提出了此主張後而仍當選這個事實本身就是自此以後富有生氣的支持婦女投票權運動的開端。」[7]

　　穆勒的回信發表在1865年3月23的《每日新聞》（Daily

News）上。這使他的名字立即成為全國的關注點。 [8] 他的競選條件使人們震驚，所以許多人不認為他的當選是可能的。針對穆勒的競選條件，有位知名人士說，即便上帝也沒機會在這樣的情況下當選。 [9] 令人出乎意料的是，威斯敏斯特選民在一次大會上接受了穆勒的全部條件，將他確定為他們的候選人之一，並開始為他的競選捐款。對於他的競選條件所帶來的積極效果，穆勒頗為高興。他在給一個朋友的信中這樣寫道：「透過此我得到了這樣的結果：從這個國家的一端到另一端，我的想法中被人認為是最不流行的部分已經被並正在被討論著和傳播著，並且其中的一部分（特別是婦女的投票問題）正在得到許多未曾期待的支持。無論我能否當選議員，我都把這一切算作實踐上的卓有成效。」 [10]

穆勒的競選委員會、朋友和支持者為他的競選做了許多工作，而他本人則嚴格遵守他的競選條件，幾乎對他的競選什麼都沒做。在參選後的幾個月中，穆勒幾乎一直都住在法國。七月初他才回到英國，那時離投票日已僅有十天左右了。在穆勒的眾多支持者中，哲學家羅素（Bertrand Arthur William Russell 1872-1970）的父親安伯雷子爵（Viscount Amberley） [11] 放棄了對威斯敏斯特另一自由黨候選人的支持而站在穆勒一邊；羅素的爺爺，曾兩度任英國首相的約翰·羅素伯爵，也在6月9日說：「我期待穆勒將代表威斯敏斯特而進入議會。儘管我對他的觀點並不同意，但他是如此出色的人，以致無法被拒絕。」 [12]

穆勒在7月回到英國後，在投票日前一共參加了兩次集會。由於他同意人們在投票前有必要知道他的長期和近期目標，所以出席了這兩次集會。他一開始就宣布他將不回答有關他個人宗教信仰方面的問題，但願意回答其他問題。對他的這種態度，他的聽眾都給予認可。實際上，只有第一次集會是為選民而召集的，且進行得很平和。第二個集會是為沒有投票權的勞工舉行的，因為穆勒堅持他

們也和其他人一樣有權利瞭解議員候選人。這個集會不像第一個那麼彬彬有禮，但結局卻出人意料地成功。在那天的會上，正當穆勒解釋他的政治信仰時，有人將一個標語牌舉進會場，上面寫著穆勒在《對議會改革的想法》中的話：「下等階級，雖然是慣常撒謊的人，為撒謊感到羞愧。」人們問穆勒他是否寫了那樣的話。穆勒清楚地回答道：「我寫了。」會場上先是短暫的鴉雀無聲，接著是全體向他致意，人們拍手，吹口哨，喝彩，跺腳。會後他們的領頭人對穆勒說：「勞工階級不想不被告知他們的缺點，他們想要的是朋友，而不是奉承者。」 [13] 勞動者們對他的誠實的欣賞，深深打動了穆勒。在《自傳》中回憶此次經歷時，他說它是不尋常得非寫下不可的對坦誠之益處的證明。他寫道：「很顯然，勞工階級已習慣於期待那些尋求他們的支持的人的雄辯和迴避，以至於當他們沒有聽到那些，而是直截了當的、與他們的意見可能非常不合的表達時，他們沒有感到被冒犯，而是馬上斷定這樣的人可以被信任。」 [14] 投票在7月12日舉行。儘管穆勒總共在競選期間只參加了兩次集會，他所得的選票超過保守的托利黨 [15] 候選人700張，因而同自由黨的另一候選人一起在這次選舉中獲勝，成為新議員。 [16]

　　在過後回想這段經歷時，穆勒更感滿足的是他曾有機會更好地瞭解他的人民，也使他的思想被更多的人民所瞭解。他在《自傳》中寫道：「即便我在這次選舉中被擊敗，我也不會後悔由於此次選舉帶給我的同眾多同胞的接觸；這樣的接觸不僅帶給我許多新體驗，而且使我得以把自己的政治主張廣泛傳播。透過使自己被那些以前從未聽說我的地方所知曉，我的讀者數量增加了，我的著作的影響可以設想也增加了。」 [17] 事實上，他之參選的確使人們對他的著作倍感興趣。當他的《對威廉·漢密爾頓爵士的思考》一書在競選當年4月出版後，在兩個月內就賣光了。正是在這本著作中，在批判漢密爾頓哲學的同時，穆勒提出了他的現象主義哲學（phenomenalism）。穆勒被公認為是第一個對現象主義哲學給

以清楚表述和系統闡述的人。 [18] 他將物質定義為「感覺的永久可能性」（the Permanent Possibility of Sensation）， [19] 用感覺或感覺的可能性來說明外在世界的存在和構成。他並不像貝克萊那樣直接地肯定精神的實體性，但他的現象主義顯然受到貝克萊唯心主義的影響。 [20] 這時《政治經濟學原理》、《論自由》和《代議制政府》的簡裝本也得以出版（穆勒為了讓勞動階級買得起這些書，已同他的出版商談判了一年，但最終還是以完全放棄他通常所有的那部分利潤才達成協議）。《論自由》的簡裝本出現後，一週內就賣了1000本。《政治經濟學原理》的簡裝本在5年內賣出一萬本以上，而且這些簡裝本的發行，並沒有減少精裝本的銷售。[21] 《邏輯學》沒出簡裝本，因為穆勒認為沒有足夠的需求。在1870年，當一位勞工要求他出《邏輯學》的簡裝本時，他沒有答應，但自己花錢買了幾套他沒有出簡裝本的全部著作，將其中一套送給這位勞工，並讓他將其餘幾套贈送給勞工俱樂部和圖書館。兩年後這位勞工寫信告訴他，這些書已被廣為閱讀。 [22]

　　穆勒的當選絕非偶然。在當選之前，他的影響在知識界已相當大。許多大學生已是他的忠實信奉者。一個思想家在社會上有如此大的聲望和影響，頗類似於19世紀末和20世紀初的中國的情況（例如，康有為、梁啟超、陳獨秀、李大釗、胡適等都曾有很大影響），當然他的影響似乎比同時代的許多英國思想家更大。在談及穆勒對青年知識分子的影響時，福塞特（Fawcett） [23] 這樣說道：「在過去二十年中（1853-1873），任何一個上大學的人一定都注意到穆勒先生是這樣的一個作者：他對幾乎所有最有發展前途的年輕人都有著最有力的影響。...當我是個大學本科生時，我記得很清楚大多數我的那些很可能得到很高數學優秀學位的朋友都已很熟悉穆勒先生的著作，並將其中的精神融入其心中，所以可以說他們已是他的信徒。他們中的許多人把他尊為自己的老師；他們中

的許多人自那以後都感到他已將原則置於他們之中，這些原則在很大程度上指導著他們後來的人生。」 [24] 這就解釋了為什麼聖安德魯斯大學（University of St.Andrews）的學生們在1866年選穆勒為他們的名譽校長（Lord Rector [25]）。

　　穆勒入選的議會於1866年2月開幕。在下面的3年中，除議會休會期間，穆勒全身心地投入了議會的工作。當時自由黨是執政黨。穆勒進入議會的那年，羅素伯爵再度出任首相，但他已將大權交給了當時為下院領袖的威廉·尤爾特·格萊斯頓（William Ewart Gladstone 1809-1898），而在1868年格萊斯頓則成為新任首相（格萊斯頓曾四次出任英國首相）。由於自由黨當時在議會中的多數不是占絕對優勢，所以像穆勒這樣不嚴守黨派界限的獨立思想家就能起較大作用。一方面，穆勒常常能超越自由黨之見，堅持自己的主張；但另一方面，在原則允許的情況下，他常常與自由黨領袖合作，並希望在改革自由黨方面發揮作用。雖然他絕不是一個精於實際政治運作的職業政治家，但他也不是一個不懂政治的書生。為了取得好的效果，他很懂得如何做必要而又不違背原則的妥協。所以，「...他比通常所認為的更是一個政治家。」 [26] 格萊斯頓雖然把穆勒稱為「理性的聖徒，」但在談到穆勒的政治技巧時，他說，「我認為，雖然是個哲學家，但他不是一個怪人...在我看來，在具有一個隱士之高度的獨立思想的同時，他也對政治有很好地理解和實踐上的機智。」 [27] 據他的友人的回憶，穆勒初進議會時，無論是講演的內容，還是風格，都是很有缺陷的，遠不如職業政治家富有成效。但他能夠聽取友善的勸告，很快成為一個有效的講演者，並懂得何時應同自由黨保持一致，而不再一味孤軍作戰。[28] 總的說來，作為議員的穆勒，有力地推動了進步事業，發揮了一個哲人在政治活動中所能發揮的作用。

二、任職期間的作為

　　任議員期間，在三件事情上穆勒表現最為突出。其中最有歷史意義的是他將婦女投票權問題在議會辯論中提出。由於穆勒，「在近代史上，婦女投票權問題在一個文明國家的立法大會上第一次被聽到。」[29] 1867年5月20日，當議會就《改革法案》進行辯論時，穆勒站起來提出動議：將這個法案中的「男人」（man）改為「人」（person），以便將婦女包括在選民之中。剛開始，議員們覺得這是一個很荒唐的議題，但隨著穆勒有力的論辯，他們不得不認真對待之。在穆勒為此所作的講演中，他駁斥了那些反對婦女投票的主要論點，諸如婦女不想投票、政治不是女人的事、女人喜歡已擁有的權利、女人已被她們的天然保護者（男人）充分代表了，等等。他也勾畫了男女平等對幸福的家庭生活的意義。他後來將這次演講看作一生中最好的之一。他的講話之後，議會進行了一個短暫的辯論。投票的結果是73票支持，占參會者的三分之一。據說有些人由於怕被嘲笑而未敢支持穆勒。儘管如此，穆勒對所取得的支持已感很高興。他從未期待其動議能夠得以通過，只是想借此機會宣傳婦女的投票權。對此次的成功，他在一封信中這樣寫道：「那個提議所獲得的出乎意料的如此大的少數派，以及由此在那些從未考慮過此問題的地方所引起的思考和討論，給予這個問題巨大推動。從那以後，各個階層中的大量男人和女人對這一運動予以支持，對此的認同很快成為先進的自由主義的標誌。」[30] 在另一封信中他說：「關於婦女的這個問題是最決定性和最重要的成功，而且自從議會的那次辯論以來，正確意見如何在婦女和男人中傳播是真正讓人吃驚的。我們現在正在倫敦為婦女代表權組織一個社團，並希望其他人在愛丁堡和都柏林，及其他地方也進行組織（在曼徹斯特已有一個最有效的組織——它已為今年的請願書得

到13500這樣大數量的人的簽字）。」[31]

　　穆勒在議會期間所作的另一件影響很大的事是堅持對屠殺眾多黑人的英國駐牙買加總督愛德華·約翰·艾瑞（Edward John Eyre）進行嚴厲懲罰。雖然由於當時政界和民間存在的強烈的種族主義和帝國主義傾向，穆勒的努力未能取得他所希望的結果，但他在這個問題上的所表現出的勇氣和正義感已載入了史冊。艾瑞事件的大致由來是這樣的：艾瑞於1862年開始掌管牙買加，他接任後，曾允許投機商用巨額稅金修建一條穿越首都金斯敦主要通道的有軌電車路（後來報廢）。所以，他很不得當地人心。人們曾上書請求女王幫助改善牙買加的狀況，但卻被牙買加當局告知說他們所得到的答覆是他們需要更努力的工作，以便賺到更多工資。沒有人相信這真是女王的回覆。當局用其聲稱的女王回信來壓制當地人的做法引起人們的強烈不滿。因此，1865年10月在莫蘭特灣（Morant Bay）的一個小城爆發了叛亂。在這場武力衝突中，24人被叛亂者所殺（其中一半為白人），35人受傷。叛亂很快被平息，但戒嚴令繼續了相當一段時間。當戒嚴解除時，已有586個當地人被殺，上千座房屋被搗毀，無以計數的人被鞭打。不僅如此，艾瑞還藉機除掉了對他持有批評態度的喬治·威廉·戈登（George William Gordon）主教。他指控戈登是這次叛亂的幕後主使者，將其用絞刑處死。這一切傳到英國後，引起了一定程度的不安。艾瑞被停職，一個皇家委員會被派出進行調查。這個委員會的報告說：艾瑞在平息叛亂中表現出值得稱讚的魄力，但過長地使用了戒嚴，對當地人進行了可怕的過分懲罰；他對戈登的處決是完全非法的、不正義的。在這些不可否認的事實面前，圍繞如何處置艾瑞，人們的意見發生了極大分歧，多數人為艾瑞辯護。　[32]　艾瑞在1866年8月回到英國時，他甚至受到了其支持者的熱烈歡迎。　[33]　在描述當時情形時，穆勒在《自傳》中寫道：「做了那些壞事的罪犯受到那些長期支持黑奴制的人的辯護和喝彩；起初看上去好像大不列顛民

族將會因甚至不對此予以抗議而丟臉，……」。[34] 但好在一部分精英人士認為必須對艾瑞進行懲治，並成立了「牙買加委員會」，以尋求對艾瑞事件的公正處理。很快就有超過300人成為這個委員會的成員，其中包括17位議員。[35] 委員會開始時由與穆勒關係密切的查爾斯·巴克斯頓（Charles Buxton）做主席，但在他的一個動議被拒絕後，穆勒成為主席。巴克斯頓的動議的內容主要包括：譴責艾瑞和他屬下的行為，懲罰那些犯罪的官員，補償那些失去家園和財產的牙買加人，大赦那些由於參加騷亂而服刑的牙買加人。但他沒有提出對艾瑞起訴及法律制裁，因為他認為那樣做不會有好的結果。他爭辯說，首先，陪審團不會判艾瑞的罪；其次，即便艾瑞被判罪，政府也會赦免他。那樣做，到頭來，仍是艾瑞的勝利。他的意見在當時得到了許多自由黨人和政府的批評者的認同。但穆勒堅持必須對艾瑞追究法律責任。在穆勒就艾瑞事件所發表的演講中他強調了依法治國的原則，指出判艾瑞的罪是正義所要求的。[36] 作為一個功利主義者，他之強調正義而不強調效果聽上去有些違背他自己的哲學，但如果考慮到其《功利主義》最後一章中對正義與功利之統一性的論述，他之強調正義也就非常自然了，與其功利主義哲學毫無矛盾之處。[37] 由於他認為正義所保護的是最要緊的功利——安全，此時他之捍衛正義就是在增進功利。[38] 穆勒之堅持對艾瑞予以法律制裁，使他當時處於在各階層都極不受歡迎的境地。他不僅受到謾罵，而且受到恐嚇，但他從未動搖。[39] 牙買加委員會曾作了兩年多的努力，但最終未能將艾瑞予以法律制裁。不僅如此，後來艾瑞還得到了政府的補償並恢復了退休金。[40] 儘管如此，穆勒認為他的目標已部分地達到了，因為牙買加委員會向世人表明在英國畢竟還有一批為受害人尋求公正的人，因而對英國的品格有所補救，而且更重要的是有力地警告了那些可能犯與艾瑞同樣的罪的人，讓他們知道犯那樣的罪會給他們帶來多少麻煩。[41]

任議員期間，穆勒做的另一件非常重大的事情是幫助防止了一次流血衝突。事情發生在1866年7月。當時，由於格萊斯頓所提議的《改革法案》未能通過以及保守的托利黨政府的上臺，[42] 主張議會民主改革的社團——改革同盟（Reform League）——開始組織大規模的支持改革的集會。政府的對策則是關閉公園，因為公園是唯一可以進行大規模集會的場所。當局關閉公園的公開理由是公園是皇家所贈予，只為了國民的娛樂，而群眾性的示威集會則是讓公眾不悅的東西。政府的做法激起了強烈不滿。改革同盟宣布將於7月23日晚上7點在海德公園舉行一個集會。為此，警方根據內務部的命令，在海德公園的各入口處貼上了公園5點關門的告示。7月23日那天，工人們從全國各地湧入牛津街和愛德外爾路（Edgware Road）。他們有69000人之多，彙集在大理石拱形（Marble Arch）處，[43] 因警察擋住去路而停在那裡。在與警方交涉無效後，他們向特拉法加廣場（Trafagar Square）前進，然後，在喊了一大陣口號後就散開了。但是，當他們的領袖與警方談判時，一部分工人拉開了欄杆，強行進入了海德公園，一些圍觀者也加入了他們。他們進入公園後，在珍貴的花壇上奔跑，並向一些富人住宅投石頭。[44] 根據穆勒的描述，「雖然比勒斯（Beales）先生和其他勞工領袖在這一切發生時已結束了示威活動，在接著發生的混戰中，許多無辜的人被警察虐待，工人們的怒氣已到了極點。他們表示了在海德公園舉行另一次集會的決心，他們中的許多人很可能要帶著武器去參加這個集會，政府方面做了軍事方面的準備來對付這樣的企圖，所以相當嚴重的事件一觸即發。」[45]

在這種情況下，只有一個能讓工人們信服的人物才有可能勸說他們放棄他們的下個集會，避免流血衝突。當時只有三個人可能完成這樣的使命：穆勒、格萊斯頓、伯萊特（John Bright [46]）。但是，伯萊特在那期間正好不在倫敦，而作為自由黨領袖的格萊斯

頓也不合適出面，於是，穆勒則成了唯一可以承擔此任的人。對此穆勒寫道：「我相信我是防止嚴重後果的工具。作為議員，我一直站在勞工們一邊，指責政府的行為。我被邀請和另外幾位激進派成員一起去參加一個與改革同盟理事會領導人的會談，我們的任務是說服他們放棄在海德公園開會的計劃，把集會挪到別處，而這個任務主要落到我肩上。」 [47] 這個任務並不是容易完成的。雖然說服幾位此同盟的主要領導人並不難，但說服眾人卻很難。穆勒對大家說，與政府發生武力衝突只有在兩種條件下是合理的：第一，事態使革命成為可想望的；第二，他們認為他們自己能夠完成革命。穆勒的話說服了大家。他們同意取消在海德公園的集會，而將集會移至在伊斯靈頓區（Islington）的農業禮堂， [48] 但穆勒須到會講話。穆勒同意了這樣的請求，在幾天後的大會上講了話，一場危機就這樣解決了。

在議會任職期間，在穆勒的周圍，逐漸形成了一個志同道合的小圈子。在這些朋友的幫助下，加之議會之外某些專業人士的參謀性意見，穆勒甚至能夠提出一些由於太超前而不可能使當時的主要政黨感興趣的議案或設想。穆勒的主要目標是宣傳在當時極為先進或不受眾人歡迎的思想，設法引起人們對它們的注意。由於這些思想如此先進超前，在議會裡沒有人會真正去著手實施，所以，他對當時黨派之間所爭論的許多問題並不涉入，而是時常在討論中引進新思想。在這方面，他是相當成功的。 [49] 談到黨派問題，穆勒雖並不總是與自由黨一致，但他基本上可算作自由黨的人，只是有時他比其他自由黨人更激進。早在他進入議會之前，格萊斯頓就時常徵求他的意見。例如，在1861年，格萊斯頓和另一位重要的自由黨人曾就稅制問題進行了詳細討論，聽取了穆勒關於所得稅應按所掙和非所掙來加以區分。當格萊斯頓政府在1866年被托利黨擊敗時，穆勒感到很難過，對格萊斯頓本人給予高度讚揚。後來，當自由黨再度獲勝，格萊斯頓重新執政後，雖然穆勒已不在議會，但

他所支持的一系列議案都得以通過。這些議案包括：在愛爾蘭廢除新教教會，第一個著名的愛爾蘭土改，已婚婦女財產法案，全國教育法，在大學廢除宗教考試，結束軍隊中購買的頭銜。 [50] 後來，在談及穆勒在議會的那段日子時，格萊斯頓說：「至少對我來說，他的行為主要所顯示出的是他之不同尋常的道德高度。我現在仍記得，那時——二十多年前，我習慣於比較親昵地稱他『理性的聖徒』——這大概部分地表達了我在這裡想要表達的意思。在議會裡由於利己主義而讓人有各種各樣動機、激勵和刺激，但這一切都不能打動他，甚至無法觸及到他。...我無須告訴你，為了議會的全局，我為他在議會的出現而高興，為他的消失而難過。他對我們大家都很有益。無論在哪個黨中，根據哪種意見，我都痛苦地承認這樣的人是罕見的。」[51]

三、回歸哲人生活

儘管穆勒在議會中盡心盡職，甚至有突出的成就，但他未能連任。他在1868年的選舉中落選。在穆勒落選的同時，他數位參選的親密朋友也一一敗選，無論是初次競選，還是尋求連任。雖然他們的落選有複雜的原因，但也許與穆勒的落選有些關係。也有人認為這種關係是非常重大的。 [52] 至於他自己的落選原因，當然是複雜的。穆勒在《自傳》中也提到了一部分。至少包括了下面兩個方面。首先，他在艾瑞問題上的態度得罪了不少人，畢竟多數人沒有他那麼高的道德水準，而且不能理解他的道德理念。所以，穆勒為他的堅持原則付出了很大政治代價。第二，他之為工人的候選人捐款，尤其是為一名激烈的無神論候選人查爾斯·伯蘭德拉福（Charles Bradlaugh）捐款，極大地損害了他的競選。 [53] 伯蘭德拉福那時是北安普頓（Northampton）的候選人之一，他對有神論的挑戰非常著名。在當時的英國，無神論是不為社會的絕大多數人所容的，當時有些工人僅僅因為支持伯蘭德拉福而丟了工作。穆勒對伯蘭德拉福的支持遭到了輿論的強烈攻擊。他的競選委員會當時明確對穆勒說過：人們對其無神論的指控已讓他極大地失去了支持。此外，伯蘭德拉福的競選對手是穆勒的老朋友亨利爵士，所以穆勒的做法也必然讓一些他的朋友不滿。在為自己辯護時，穆勒給出了種種理由，其中包括伯蘭德拉福不可能獲勝，所以他對其的支持並不損害亨利的競選；他自己並不是無神論者，他的著作中沒有任何無神論思想，所以他對伯蘭德拉福的支持不表明他對無神論的支持。對他的這種辯護，尤其是他對無神論的完全否認和指責，海倫非常憤怒。當穆勒的辯護信在《每日新聞》上發表之後，海倫寫信給他，對他進行了嚴厲的譴責。 [54] 她這樣寫道：

我不知道哪個我最不喜歡——斷言被叫做無神論者是誹謗，或聲稱您像格萊斯頓一樣地信天主教，或英格蘭教會的大人物已找您談過話！！！使用這樣的論辯無疑是犧牲所有值得您當選的一切。您進而說您不比支持伯蘭德拉福的北安普頓勞工更是無神論者，您保證沒人能從您的著作中找到任何東西去證明您是個無神論者。我無法告訴您我感到多麼羞愧。您竟然還讓您的信發表出來，這使我真為您感到臉紅。您的做法必讓每一個瞭解您的並讀到您的那封信的人看低您。...請不要讓作為開放而真誠的您蒙受恥辱；請不要用像那封信那樣的手段和託詞，來關閉通向所有未來源於宗教自由的有用力量之門。 [55]

作為一個主張言論和信仰自由的思想家，他本應捍衛無神論者的權利，而不應透過否認自己的無神論而將無神論者置於被指責的境地。由此看出，穆勒的確不是完人。我們無法知道他那些有悖自己哲學的辯護是出於滿足其競選委員會的要求而作，還是他自己有意為了得到公眾支持而行。對許多職業政治家來說，穆勒的辯護無可非議——為了在競選中獲勝。但穆勒是具有很高的道德水準的公共知識分子，所以他的過失特別引人注目。海倫對他的批評也充分說明，正因為她對穆勒的敬仰之深，她才對其過錯感到如此不能容忍。

也許，穆勒完全接受了海倫的批評。所以。在《自傳》中解釋為何給伯蘭德拉福捐款時，他給出了有條理並符合他的個性的解釋。他這樣說道：「由於拒絕為我自己的競選出任何費用，並由他人支付我的競選費用，我感到有特別的義務為那些缺少資金但卻值得當選的候選人捐款。遵從這樣的想法，我給幾乎所有勞動階級的候選人，包括伯蘭德拉福先生捐了款。他得到了勞動階級的支持，而且在聽了他的講演後，我知道他是個有能力的人。由於強烈反對這個民主政黨 [56] 在馬爾薩斯主義和私人代理這樣兩個重大問題

上占上風的觀點，他已經證明他與那些蠱惑人心的人正相反。他這樣的人有著勞工階級所共有的民主情感，在政治問題上有獨立的判斷，而且有勇氣表明被眾人所反對的個人信念。在我看來，這樣的人正是議會所需要的。我認為不應由於伯蘭德拉福先生的反宗教觀點（即便他用激烈的方式表達了他的這種觀點 [57] ）而把他排除在議會之外。」 [58] 這段說明才道出了他支持伯蘭德拉福的真正原因，表現出一個支持宗教自由、提倡獨立思考、同情勞動階級的真實穆勒。

穆勒落選後，海倫給他寫了非常溫暖、體貼的信，盼他盡快回家。不久，穆勒離開倫敦，返回了法國的阿維尼翁。在穆勒由於議會的任職而住倫敦期間，海倫已將他們在阿維尼翁的住宅做了許多改進，以便使穆勒生活得更加方便和愉快。對未能連任議員，穆勒似乎沒感到難過，相反，他感到了自由和輕鬆。實際上，他很高興回到所熟悉的生活中，做一個哲學家通常要做的事情。儘管他得到了做另幾個選區候選人的邀請，他都謝絕了。「選舉結果剛一揭曉，我就收到了三、四個邀請，做其他選區（主要是郡）的候選人，但是，即便成功是可以預料的，並且無需有任何競選花費，我也不想剝奪自己回到私人生活的機會。」 [59]

註釋：

[1]John Stuart Mill（約翰·斯圖亞特·穆勒），Autobiography（《自傳》），ed. John M.Robson（約翰·魯伯森），London, Penguin Books, 1989，206頁。

[2]這時的自由黨雖有政黨之名，但實際上只是激進派和輝格黨的一個聯盟。

[3]Michael St. John Packe（邁克爾·聖·約翰·派克），The Life of John Stuart Mill (New York: The Macmillan Company, 1954)，446—479頁。

[4]Mill, Autobiography, 208.

[5]Ibid Mill, Autobiography. 207.

[6]Ibid.

[7]Ibid. 208.

[8]Packe, 448.

[9]Mill, Autobiography, 208.

[10]Packe, 448-449.

[11]關於他與穆勒的友誼，見本書第十五章。

[12]Packe, 450.

[13]Mill, Autobiography, 208-209; Packe, 450-451.

[14]Mill, Autobiography, 209.

[15]今天的英國保守黨就是由當年托利黨的一部分演變而來的。

[16]見Packe，451頁。

[17]見Packe，451頁。

[18]Andy Hamilton, "Mill, Phenomenalism, and the Self", in John Skorupski ed. The Cambridge Companion to Mill (Cambridge: Cambridge University Press, 1998), 139;

Richard Fumerton, "Phenomenalism", in Jonathan Dancy and Ernest Sosa eds. A Companion to Epistemology (Oxford: Blackwell Publishing, 1992), 339.

[19]Collected Works of John Stuart Mill, vol.9, ed., John M. Robson (Toronto and London: The University of Toronto Press and Routledge and Kegan Paul, 1979)，第183頁。

[20]至於穆勒是否真是一個唯心主義者，學者們有不同意見。例如，尼古拉斯·凱帕羅蒂（Nicholas Capaldi）認為穆勒信奉唯心主義，而查爾斯·道格拉斯（Charles Douglas）則說穆勒的哲學一定不是唯心主義。關於凱帕羅蒂的觀點，參見Nicholas Capaldi, John Stuart Mill: A Biography (Cambridge: Cambridge University Press, 2004)，309—414頁；關於道格拉斯的看法，參見Charles Douglas, John Stuart Mill: A Study of His Philosophy (London: William Blackwood and Sons, 1905)，第7-8頁。

[21]Packc, 448.

[22]Packc, 448，注1。

[23]關於他的生平及與穆勒的交往，見本書第十五章。

[24]轉引自Capaldi，328頁。

[25]「Lord Rector」本指蘇格蘭的四所古老的大學（聖安德魯斯大學、愛丁堡大學、格拉斯哥大學、阿伯丁大學）的第三號首長，主持大學管理機構「大學委員會」會議，但後來已演變為一個有名無實的名譽頭銜。

[26]Dennis F. Thompson, "Mill in Parliament: When

Should A Philosopher Compro mise?" in Nadia Urbinati and Alex Zakaras (eds.), J.S.Mill's Political Thought (Cambridge: Cambridge University Press, 2007), 167.

[27]見W.L.Courtney, Life of John Stuart Mil, (London: Walter Scott, 1889)，142頁。

[28]Packe, 451-54.

[29]Ibid. 492.

[30]Mill to Parker Pillisbury, the editor of The Anti-Slavery Standard in USA (July 4, 1867), in CW XVI ed. Francis E. Mineka (1972), p.1289.

[31]Mill to John Elliot Cairnes (June 30, 1867), CW XVI, p.1284.

[32]參見Packe，466—470頁。

[33]Packe, 471.

[34]Mill, Autobiography, 217.

[35]Ibid. 470.

[36]Thompson, 192—93.

[37]參見本書第十二章，《功利主義》。

[38]參見Thompson，191—92頁。

[39]Mill, Autobiography, 219; Packe, 470-71.

[40]Packe, 472.

[41]Mill, Autobiography, 218.

[42]由於在《改革法案》上的分歧，自由黨在議會中分裂，因而導致自由黨政府下臺，由本為少數派的托利黨上臺。為了贏得民心，托利黨在1667年重提改革法案，當年此法案在議會中得以通過。

[43]大理石拱形位於牛津街、愛德外爾路和公園巷的匯合處，並臨近海德公園。

[44]Packe, 458-59.

[45]Mill, Autobiography, 213.

[46]約翰·伯萊特（1811—1889）是激進的自由主義政治家，曾多次任英國下院議員（1843—1889）。

[47]Mill, Autobiography, 213.

[48]伊斯靈頓Islington是倫敦市內較好的居住區。

[49]Packe, 456-57.

[50]Ibid.455.

[51]Courtney, 141-42.

[52]Packc, 475.

[53]Mill, Autobiography, 227-228.

[54]關於穆勒與伯蘭德拉福（Bradlaugh）的這些資料，參見Packe，473—74頁。

[55]轉引自Packe書，第474頁；原文見The Mill-Taylor Collection in British Library of Political and Economic

Science（穆勒與泰勒通信手稿，存於倫敦政治經濟學院），第53卷，149—51頁。

[56]從上下文看，他指的是當時的自由黨。

[57]據說伯蘭德拉福曾在市場上當眾這樣挑戰上帝的存在：他手中拿著一塊表，說上帝如果存在，就在10分鐘內把他打死。見Packe，第473頁。

[58]Mill, Autobiography, 227-228.

[59]Ibid. 228.

第十四章　婦女的解放

　　男女平等是穆勒一生關注的主要問題之一。在他所處時代，他是最激進的男性女權思想家。他的《婦女的屈從》（The Subjection of Women）一書的開篇再明確不過地表明男女平等原則對他的意義。他這樣寫道：「這篇論文的目的在於盡我所能清楚地解釋我的一個意見的根據。這個意見在我開始對社會或政治事務形成看法的最早時期就已形成，而且隨著思考和閱歷的加深，不但沒有被削弱或修正，反而不斷地被強化。我的這個意見就是：規範兩性現存的社會關係的原則——一個性別被法定地服從另一個性別——其本身是錯誤的，而且現在是人類進步的主要障礙之一；它應被完全平等原則所取代，這意味著不承認一方享有權力或特權，而另一方被剝奪資格。」[1] 穆勒的聲望和著作在他去世之前曾一度幫助英國的女權運動得到過相當高的社會認可。可惜的是，隨著他的去世英國的女權運動也受到許多挫折，直到五十多年後（1928年）英國婦女才爭得了投票權。在哲學史上，大概不曾有第二個哲學大家像穆勒那樣為婦女解放做了那麼多。他不僅著書立說論證男女平等的正當性和必要性，而且直接在議會中積極推動有助男女平等的立法，並給予婦女團體大力支持。在他生前，在他每年給予的捐款中，爭取婦女投票權聯合會得到的數量最多；他去世後，根據其遺囑，他所有積蓄的近一半用來贊助婦女的教育。[2] 在與哈麗特相遇後，他的女權思想無疑得以強化，而且在哈麗特去世後，哈麗特之女海倫的女權活動也對他有影響，但男女平等的觀念是他在青年時代時就已形成的，是他自己的思想之一重要部分。他對女權主義思想的巨大貢獻是舉世公認的。

　　在人類議會歷史上，穆勒是將婦女投票權問題帶到議會討論的

第一人。他可能也是歷史上第一個對英語中性歧視語言提出校正的人。早在1834年，他在一篇書評中就提出與「children」（孩子）相對應的詞不應是「men」（男人），而應是「grown persons」（成人）。他認為用男性詞來表示男女兩性的總合不僅是詞不符實，而且對人的思想有很壞的影響，因為「它鼓勵對人類中的一半的最高利益不予關心的習慣」。 [3] 難能可貴的是，他還在當時那樣的歷史條件下，在自己的著作中開始用中性詞代表一般人。例如，在1851年《邏輯學》第3版中，以及1852年《政治經濟學原理》的第3版中，他系統地將用來代表「人」的「men」改為「people」或「mankind」（他好像並沒有意識到後者的男性化成分），將「he」改為「a person」。 [4]

穆勒的《婦女的屈從》是歷史上最有影響的女權著作之一。作為一部自由主義女權論的經典，它的某些觀點在當今的許多更激進的女權思想家看來已太保守，但其歷史價值是不可低估的，況且，應如何評價其中的許多思想至今仍是很有爭議的。正像自由主義學說本身的價值在當今不容輕易被否定一樣，穆勒的自由主義女權論也不應簡單被看做低於當今更激進的女權主義。該書的初稿寫於1861年，但增訂後的定稿在1869年才發表。在《自傳》中，他說定稿中不僅加入他的新想法，也包括了海倫的一些觀點。 [5] 至於穆勒為何等了8年後才將此書發表，一種解釋是他在等待一個最好的時機，以便使此書產生最佳效益。 [6] 1860年代中期，勞工階級要求投票權的情緒已很高漲。與此同時，女權運動已經開始出現。 [7] 自從1865年穆勒當選為議員後，他已為推動女權做了許多工作。到了1869年，英國的女權運動和組織已有了一定程度的發展。穆勒的《婦女的屈從》之發表給當時的女權運動帶來了極大的鼓勵。

在《婦女的屈從》發表的年代，在西方各國婦女仍遭受到法律

上嚴重的不平等待遇。例如，她們沒有財產所有權，對子女的教育沒有發言權，沒有對孩子的監護權，沒有投票權，不能參加陪審團。在穆勒的所有著作中，《婦女的屈從》引來了最大的敵意。鑒於當時的歷史條件，這也就不奇怪了。有人說像穆勒這樣討論婦女的特徵和男女的關係是不體面的；有人攻擊他傲慢、不客觀。 [8] 甚至他的一些很親密的朋友，例如貝恩（Bain），也對此書很不贊同。對此，穆勒並沒有感到意外。此書發表之前，他在給一位友人的信中就預料到他的這本書「一定會遭到激烈的攻擊。」 [9] 在此書中他要完成的任務異常艱巨———因為他所要反對的是根深蒂固地扎根於多數人心中的觀念，他所抗爭的是多數人的強烈情感。他很清楚地知道，當人們的情感強烈地相信某種信念，即便有有力的論證表明其信念的錯誤性，人們仍會以為存在某種論證無法達到的更深層次理由支持其情感所認同的信念。所以，「攻擊一個幾乎人人認同的意見的人們，其各方面的負擔都是沉重的。如果他們的意見能得到一次被聽取的機會，他們一定很幸運而且不同尋常地能幹。」 [10] 可見，當時，穆勒並不期待得到人們的讚揚和廣泛支持，而是想透過此書激起人們的興趣和討論。在這個意義上，他很成功，因為他的這本書的所有讀者都對它有強烈反應，無論是支持還是反對。從發行量看，當時人們對穆勒的這本書很有興趣。該書的頭兩版很快就賣光了，而且在很短時間內就有人籌劃了德語、法語和波蘭語的譯本出版。

當然，支持穆勒的《婦女的屈從》的還是大有人在。據說，羅素的母親凱特·斯坦利（Katherine Louisa Stanley，即Kate Amberley）就是他的堅定追隨者之一。 [11] 下面的故事說明《婦女的屈從》一書在英國之外得到的強烈反響。穆勒的朋友康威（Moncure Conway）曾與美國駐俄臨時代辦一起訪問俄國皇室。當聽說他是穆勒的朋友後，四位年輕的公主來到他面前並向他鞠躬。她們說，穆勒要求婦女自由的書是她們的聖經。其中，年齡

最大的一位說「我把那本書放在枕下一起睡覺。」 [12] 美國的女權主義者也為穆勒的書感到歡欣鼓舞。美國著名社會活動家和女權運動領袖伊麗莎白‧凱蒂‧斯坦頓（Elizabeth Cady Stanton 1815—1902）在給穆勒的信中寫道：「這本書讓我感到從未有過的平靜和喜悅，因為這是來自男性的第一個回應，表明他能夠看到和感到各種程度、各種各樣的對婦女的傷害和婦女之軟弱和退化之要害所在。」 [13] 穆勒的《婦女的屈從》在當時產生了世界性的影響。「穆勒成了英國女權事業的集結點，這本書在穆勒去世很久以後仍是爭取婦女投票權運動的聖經。由於被譯為多種語言，它在全世界被傳讀，創造了第一次世界性的婦女解放浪潮。」[14]

一、概論

　　《婦女的屈從》中的一個最突出的結論是：對婦女的壓迫不僅本身是不公正的、是對婦女的極大傷害，而且也不利於男性的充分發展，因而妨礙人類的進步和整體的最大幸福。男女平等問題絕不僅僅是個女性問題，而是關乎全社會幸福的一個根本問題。婦女解放對兩性和社會的發展都是很有益的。所以，男女平等必將造福全社會。一個社會婦女解放的程度反映了其文明、進步和繁榮的水平。公正原則與功利原則在根本上是一致的。該書由四章構成，第一章反駁了種種為社會和法律上的男女不平等進行的辯護，對性歧視予以哲學性的批判。第二章從批評當時英國的婚姻法著手，討論了男尊女卑的婚姻之不公正性和危害性。第三章批評了當時英國剝奪婦女政治權利和職業發展機會的法律，討論將婦女排除在政治和職業發展機會之外的不公正性以及由此對社會利益造成的損害。第四章論證男女平等對人類幸福的促進，著重指出其對改善人類道德、提高人類智慧以及增進人類總幸福和家庭幸福的積極作用。下面就對書中的一些要點做些更詳細的介紹。

　　首先，穆勒批評了那些用男女不平等之普遍性為其辯護的人。那些人認為，一種普遍存在的東西必是對人類有好處的東西。既然男女不平等在人類社會中普遍存在，男女不平等的社會一定比男女平等的社會好，所以男女不平等應該繼續存在下去，對此，穆勒作了兩點反駁：第一，長期以來，人類一直處在男女不平等的社會中，並不曾嘗試男女平等的社會，所以並沒有經驗事實證明男女不平等的社會比男女平等的社會更好。第二，男女不平等的建立不是基於對人類幸福的考慮，而是人類早期男性奴役女性的結果。[15]歷史上一部分人對另一部分人的統治往往是靠強權實現的，是不公

正的，男人對女人的壓迫也是如此。也許有人會說，男女不平等不僅是普遍的，而且也是歷史悠久的，所以必是人類需要的。對此，穆勒的回覆是，悠久性並不證明其正確性，人類社會中許多壞東西都存在了很久。男女不平等存在之長久恰恰說明婦女所受壓迫之深。取得統治權後，當權者通常要以各種方式為自己辯護，保住自己的統治地位。歷史證明他們不會自行放棄對被統治者的壓迫。隨著歷史的進步，強權的統治逐漸減少。在最先進的國家，男性已獲得了較多自由。但對婦女的壓迫依舊，而且會是最難、最後才能被剷除的強權。 [16] 這是因為女性力量很弱、難以團結，而且處在壓迫者最為直接的統治之下。對婦女的奴役類似於對奴隸的奴役。這種奴役本身是不公正的，野蠻的，落後的，最終必將會在更文明的未來被消滅。當今婦女的不平等地位「是與未來不相符的過去的殘餘，有一天必然會消失。」 [17] 他認為社會進步與男女平等是同步的。婦女解放的程度標誌著社會進步的程度。 [18] 他堅信自由、平等是社會未來的發展趨勢。現代社會與舊時代的重要不同就在於人的成功不再極大地由其與生俱來的身份和地位所決定。現代社會將越來越多地為個人——男人和女人——提供發展機會。[19] 有了自由，人們必願意做他們最適合做的事，因而把事情做得最好。人們不應因其種族、階級和性別而被限制選擇自由。自由原則反對一切種族、階級、性別歧視。 [20]

  穆勒也批駁了認為男女不平等合乎自然的觀點。他指出，在歷史上，壓迫總是以「自然的」為其辯護的。遠的不說，就是當時那些支持白人統治黑人的種族主義者也是用「自然」來為種族奴役辯護的。 [21] 「不自然」通常是「不習慣」的另一種說法。多數人還不習慣某事物時，他們就把它認作「不自然的」。但習俗、多數人的意見並不是是非標準。所以，人們習慣於男女不平等不證明男女應該不平等。 [22] 況且，已經有婦女開始對所受壓迫表示不

滿，人們不能再繼續說婦女都願意接受男女不平等。[23]

　　至於認為男女不平等適於男女各自的天性的觀點，穆勒也予以有力的反駁。他指出，環境對人的性格和能力有極大影響。社會中的男女不是自然的男女，而是社會改造過的男女。在一個婦女被壓迫的社會中，我們無法知道何為男人或女人的本性和能力，因為男女間的不平等已扭曲了婦女和男人的行為和思想。即便對經過社會改造過的男女所具有的性格和能力，由於男女的不平等關係，人們也知之甚少。例如，由於夫妻之間的不平等關係，妻子像對待統治者那樣對待丈夫，總設法討他的歡心，所以丈夫很難瞭解妻子的真實想法和品行。況且，即便從女性的文學作品中，也難以瞭解女性的真實思想。由於男性的統治地位，女性作品在社會上的成功與否往往取決於男性的評價，因而女性文學作品也往往在投男人所好。總之，男人們並不瞭解女人，沒有資格用法律去規定女人適合做什麼、不適合做什麼。[24] 實際上，對許多男人來說，用法律將婦女限定在家庭之內，使她們除了為妻、為母別無選擇，不是因為婦女的天性適合如此，而是因為她們的天性並非如此，所以，才要強迫她們留在家中為男人服務。如果女人的天性是不願涉及家務之外的事情，就沒有必要用法律禁止她們涉入政治和職業生活。[25]

　　在1867年就改革法案發表講演時，穆勒也曾指出在現存社會條件下，婦女之所以對家庭以外的事情無見識、有很強的依賴性是由於她們只被允許去為男人服務、討男人的歡心，而被剝奪了關心其他事情的權利。也就是說，所謂通常人們認為的女人的無能和弱點正是由對婦女的壓迫造成的。在《婦女的屈從》中，他更明確地指出了這一點。就男性方面而言，男人被他對女人的統治權所腐蝕，正像專制君主被他對其臣民的統治權所腐蝕一樣。他的權力使其人性中的壞東西大加發展。穆勒指出，對男人很有腐蝕性的是自我崇拜，認為他的意志就是女人必須遵守的法律。在一個男性統治

的社會，這種腐蝕開始於男子的孩童時代。一個男孩會僅僅因為生為男性而認為自己高於所有女性——人類的另一半人口，即便他可能是一個「最輕浮、空虛或最無知和遲鈍的人。」[26] 而且，由於女人為了討好男人而常對男人說假話，男人不僅常常自我欺騙，也會被女人欺騙，正像專制君主常常被周圍的人欺騙一樣。可見，女人和男人都是男女不平等的受害者，他們的道德和能力都在這種對彼此的關係中退化。「人類所有的自私傾向、自我崇拜、不公正的自我喜愛都能在現存男女關係的構成中找到根源，並從中得到主要滋養。」[27] 人的品格之提高需以平等為條件。「人與人平等的社會是真正道德情感的唯一學校。」[28] 在分析穆勒對男女不平等關係的批判時，有學者認為穆勒對男女不平等的看法，頗為接近黑格爾對主僕關係的看法。正像主人和奴隸在他們的不平等關係中失去了獨立的自我一樣，男人和女人在他們的不平等關係中逐步摧毀了道德和人格。[29] 實際上，穆勒已明確地講到男女的不平等關係就是一種奴隸—主人關係，只是在這種主僕關係中，主人要求於奴隸的不僅僅是服從，而且還有她們的感情。他們所要的不僅是一個奴隸，而且是一個以服務於男人為美德、以男人的幸福為幸福的奴隸。[30]

二、男女平等與婚姻

穆勒對男尊女卑的婚姻關係進行了尖銳的批判。他的這種批判首先指向婚姻法所規定的男女不平等。按照英國當時的婚姻法，夫妻關係完全是一種女人服從男人的關係。由於女人沒有財產權，她們必須依附男人以求生存；由於女人沒有權利得到對孩子的監護權（如果離婚），而且女人與男人離婚要比男人與女人離婚滿足更多的條件，女人很難擺脫男人的控制。由於丈夫在婚姻中占據如此的絕對優勢，妻子之盡力取悅丈夫和丈夫的虐待妻子（包括施暴）都是不足為奇的。在談到妻子的屈從地位時，穆勒說她們不僅不比普通奴隸的處境好，而且比任何其他奴隸服務的時間都長。她們是完完全全意義上的奴隸。 [31] 他還進而指出男女不平等的婚姻是惡劣品性的溫床。在主人—奴隸式的婚姻關係中，不僅女人被欺凌，而且男女雙方的人性都被扭曲。就女性方面而言，除了受奴役之外，她們的才能和道德發展都受到很大損害。女人由於對家庭之外的事情沒有權力，沒有責任，只能以討好男人為人生目標，所以她們就特別想控制男人，包括影響他們在重大問題上的見解。而女人的社會處境使其難在關乎政治和社會的大事上有真知灼見。所以，當她們為男人在這些方面出主意時，往往不正確，對男人施加消極的影響。 [32] 雖然，穆勒的這些分析是在近一個半世紀前做的，但對今天的世界仍意義深遠。儘管，現在明顯歧視女性的婚姻法在世界的許多國家已被廢除，但婚姻中的不平等關係仍普遍存在。以當今中國為例，到底又有多少婚姻不是建立在男主女從的關係之上的呢？在男性統治的社會中，婚姻法上的平等雖然極大地幫助了婦女在家庭中地位的提高，但男女在經濟與社會方面的不平等必然導致婚姻關係中的不平等。只要婚姻中的不平等仍然存在，穆勒所指出的不平等婚姻關係的不正義性和危害性就依然存在。

對穆勒來說，男女平等的婚姻關係應是一種朋友關係。 [33] 穆勒像他以前的許多思想家一樣，認為真正的友誼必須建立在平等的基礎上。但不同於他之前的眾多思想家的是，他認為男女之間可以有真正的友誼，因為男女之間可以平等。理想的夫妻關係是婚姻友誼關係。 [34] 在理想的婚姻關係中，夫妻雙方在教養、才能和思想、目標上相同。他們平等相待，分享權力，相互鼓勵，相互幫助，相互創造快樂。 [35] 這正是穆勒和哈麗特所享有的婚姻模式，也是他們的愛情經久不衰的秘密所在。他認為，其他類型的婚姻都是原始、野蠻的遺蹟。一反那種認為與低於自己的女性結婚有利於男性發展和雙方的幸福的流行看法，穆勒認為一個男性同比自己才智、道德低的女性結婚很可能把自己的水平降至對方的水平，並深受婚姻之苦——因為婚姻將會成為其重負，對看重家庭的好男人更是如此。他解釋說，如果一個品德和才華高出普通人的男子與一個德才平平的女子結婚，女方永遠會是男方的負擔，因為她會反對他之任何高出平庸之輩的想法，尤其是當這樣的想法會犧牲個人或家庭的利益或不能帶來世俗所認可的成功時更是如此。由於好男人更在乎對方的想法，所以婚姻對他的拖累就更為嚴重。與一個比自己水平低的人長期相處，從長遠看是不利於一個人的發展和進步的，因為他會在與對方的比較中感到自滿，而且會在不知不覺中受到對方影響，從對方的角度看問題，而降低自己的水準。 [36] 不平等的婚姻不可能真正幸福。當兩個在能力和情趣上極不相同的人生活在一起時，他們的意見不會一致（除非有一方沒有主見而完全服從另一方），也難以有共同的愛好。這種生活除了可能會有性慾的滿足，談不上婚姻的幸福。在男尊女卑的不平等婚姻中，男人們得到的只是一個高級僕人、護士或家庭主婦，而不是一個人生伴侶。 [37]

穆勒認為沒有男女平等的家庭關係，一個真正平等的社會是不可能建立起來的。在民主社會出現之前，人與人總是處在不平等的

關係之中。所以，一個人不是被人命令，就是命令別人，很少經歷平等關係。在歷史的進程中，人們先是進入了以服從權力為道德基礎的時代，然後是以施恩於弱者、保護弱者為道德的時代，如今走入了以平等、公平為道德的時代。做自由國家的公民部分地培養了這樣的平等道德，但還遠遠不夠，因為人們的道德情感更多的是在家庭中培養的。公正地組成的男女平等的家庭才是真正成就自由之德的地方。 [38] 從另一個角度看，穆勒的話也意味著家庭中的男女不平等對人的腐化必然削弱他們成為好公民的能力。在穆勒之前，沒有哲學家曾這樣認為。 [39] 正是穆勒將個人生活中的男女不平等之害同社會的公共生活聯繫了起來。他認為，基於平等的婚姻關係不僅可以昇華男女各自的在家庭中和在社會中的品格，而且可以為孩子提供可效法的互敬互助的榜樣，進而為社會造就優秀的公民。

三、女性的職業發展

　　穆勒對婦女被排除在政治和職業生活之外也作了較為詳盡的分析和批評。他首先指出，法律上對婦女在家庭之外的職業發展的限制或禁止是為了男子的利益，維持婦女在家庭中的從屬地位，而不是由於男性真心認為女人不勝任家庭之外的職業。他有力論證了在職業方面歧視婦女的不公正性。他說，將一切職業向所有男人（包括最愚蠢的男人）開放，卻不向任何女人（包括最有才華的女人）開放，顯然是不公正的。 [40] 此外，對社會而言，拒絕人類一半人口的才能為社會做貢獻，是巨大的損失，也是對享受社會服務的社會成員的不公。 [41] 即便撇開職業發展上的性歧視不談，剝奪婦女的投票權的不公正性更為明顯。婦女同男性一樣需要、也應該受到法律保護，但沒有投票權，就在立法上得不到公平的考慮。當只有統治者有權投票時，被統治者的利益得不到真正的保護。在婦女受奴役的不平等社會，只許男人投票就意味著只有男人的利益得到保護。 [42] 今天在許多國家，婦女的投票權被視為理所當然。但在穆勒的時代，爭取婦女投票權的鬥爭才剛剛開始不久。穆勒支持婦女投票權的思想和行動在當時是非常不尋常的。

　　穆勒論證了女人同男人一樣能夠在政治和其他職業領域成功。歷史上幾位出色的女王以及另幾位女性領導者的成就都證明了這一點。最上層的某些婦女之所以有出色的政治才能和思想，是由於她們被允許參與政治事務、與男性分享權力。這從正面說明若允許婦女自由發展，她們在政治、公共領域與男人具有同等的能力。 [43] 雖然，由於環境對人的智力發展的影響，我們無法知道男女智力上到底有何不同或是否真有不同，但至少並沒有證據說明婦女的智力天生低於男性。 [44]

有人以至今女人在哲學、科學和藝術上沒有一流人物作為女人天生不如男人的證據。對此，穆勒的主要回覆可概括為以下幾點：第一，女性在這些領域涉足還不滿三代人的時間，尤其是最近的時期才做得更多些，所以女性同男性相比，知識的積累和專業訓練都很不夠，況且在當代的條件下有大的創建比古代更難，因為前人已經說了和做了很多；而且，歷史上並不是完全沒有出色的女哲人。據說蘇格拉底就向這樣的女哲人請教過。 [45] 如果穆勒能活到今天，他會很欣喜地看到在英美哲學界已有了一批可以同男性媲美的女性職業哲學家（例如英國的費利帕·福提Philippa Foot，美國的瑪薩·紐斯巴姆Martha Nussbaum，克里斯廷·科斯格爾Chirstine Korsgaard等等）。第二，女性的創建性思想往往無法公之於世，或只能透過男性（在名義上作為男性的思想）才能得以發表和流傳。對女性的歧視使女性的傑出思想難以被世人承認。同樣的思想若由男性表述出來就會得到高度評價。 [46] 這不僅在過去是這樣，即便在當代仍是如此。美國心理學家所做的實驗充分證明了這一點。當一篇文章署男性名時它所得到的評價比它署女性名時高得多；當它署中性名字時，它所得到的評價則介於上面兩者之間。[47] 美國現代語言學會在對年會投稿實行盲審前，女性的中稿率遠遠低於男性的；而實行盲審後二者的中稿率幾乎相同。 [48] 正是因為穆勒深知婦女所遭受的歧視和男性承認女性對自己思想的啟發所需要的勇氣，他非常注意公開表明他著作中來自哈麗特和海倫的思想。第三，基於現存社會中的男女分工，女性很少有時間從事哲學、科學研究和藝術創造。她們通常只能有小塊、零散的時間進行學習、發展自己的愛好。她們的時間被家務所占據。即便是富有家庭的婦女，雖可以僱人做家務，仍需管理家庭的社交活動、參加各種應酬，並在打扮自己和女兒身上花去時間。此外，由於人們普遍期待女性無所事事，認為她們有的是時間為他人服務，所以他們總會要求女性做各類事情。由於對女人的不尊重，對她們的時間必然

不珍惜。 [49] 不珍惜女性時間的現象不僅在穆勒的時代嚴重存在，在今天仍舊如此。無論是在發達國家，還是在不發達國家，普遍存在的現實是，當男人心安理得地靜靜讀書、做研究、休息，或與朋友、家人閒談時，他們的妻子卻要忙裡忙外，做飯、看孩子、清理房間，等等。即便是有一定成就的職業婦女，出於社會輿論的壓力，常常也要儘量像其他婦女一樣將家務承擔起來。在美國，相當多做了母親的婦女，為了家務，常常深夜才能休息，而一大早就得起床。婦女婚後做家務的時間大幅度增加，而男性婚後的情況則並不如此。由於不珍惜婦女的時間，社會上的各種義務活動，也常常是婦女的專職。即便在大學裡，男教授沒有時間見學生時被許多人視為正常，無可非議，而女教授沒有時間見學生則常被視為不負責任。在女權運動已有上百年歷史之久的美國都尚且如此，在男尊女卑傳統根深蒂固的那些地方的情況也就可想而知了。當人們以婦女成就小於男性來論證男性天生比女性智力優秀時，他們似乎完全無視男女不平等的社會環境對婦女的時間與精力的剝奪。第四，在男女不平等的社會條件下，事業成功是男人的特權，女人不被期望有所成就，這就使女性比男性缺少成就事業的動力。但是，巨大的動力對巨大的成功是非常重要的。一個社會越是男女不平等，越是不鼓勵女性的事業發展，其女性就越是沒有成就。但女性在這樣的社會中之無成就絲毫不證明女性沒有成功的才能。 [50] 穆勒在十九世紀時就已做的這些論證，對生活在二十一世紀的許多人，包括許多知識精英，仍是前所未聞的。可見，穆勒思想之超前和眾多當代知識分子觀念之落後。

　　千百年的男女不平等已造成在既存社會中婦女總的教育和職業水平方面不如男性的不幸狀況。對此，穆勒有著很現實的估計。所以，除了主張廢除法律上對婦女就業方面的限制之外，他強調必須提高婦女的教育水平。他認為只有將婦女的能力和教育提高上去之後，才能有較多婦女勝任現在男人們所做的工作。 [51] 他顯然不

同意用配額的方式將一部分位置留給婦女，而不顧得到這些位置的婦女的實際工作能力是否勝任。他所主張的是，對出色的婦女，社會不應因性別歧視而不允許她們任職，或否認她們的成就；但對水平低的婦女，社會也不應因她們是婦女而把她們不勝任的位置給她們。隨著社會在男女平等方面的進步，婦女的教育和能力的提高，必將有越來越多的婦女同男人一樣勝任各種各樣的工作，取得越來越多的成就。所以，一個社會中婦女的教育和職業總水平越高，其男女平等的程度越高，其文明水平就越高。

　　穆勒認為婚姻不應是婦女必須選擇的生活。社會應允許婦女成為職業婦女，發展事業，不成為妻子與母親。但一旦選擇結婚，婦女就要承擔起為妻、為母的責任。雖然已婚婦女仍可有職業，但不應因此影響其在家庭中的職責。所以，他並不反對已婚婦女做家庭主婦，如果是出自她們自願的選擇。就現存的社會狀況而言，他甚至認為男人賺錢養家、女人理家和生兒育女是較合理的安排。因為女人出去掙錢不易，再加上家務，會得不償失。他還認為，如果妻子賺錢養家，很可能鼓勵丈夫的懶惰。 [52] 他基本沒有考慮男性理家、照料孩子的可能性。他對夫妻傳統分工的認同，受到當代許多激進女權主義學者的批評。不過，考慮到在一個男女不平等的社會中，男性與女性平等分擔家務，甚至男性成為承擔家務的主角，幾乎不可能，女性外出工作自然意味著「雙重負擔」———事業與家務———一肩挑，穆勒所言並非完全沒有道理。今天，在世界許多國家，已婚婦女在外工作已很普遍。這當然有利於婦女的經濟獨立和自由，但「雙重負擔」問題也很嚴重，極大影響了婦女的事業發展、家庭生活，甚至自身健康。理想的解決辦法，當然是讓已婚男性平擔家務，但這一點目前只能在丈夫支持女權並與妻子社會地位相當的極少部分家庭實行。在社會發展現階段上，怎樣的家庭分工最佳，仍需探討。就歷史趨勢而言，傳統的男女分工必將越來越被挑戰。

關於男女平等對人類幸福的一致性，穆勒也作了較詳盡的論述。概括地講，可歸為以下幾點。第一，男女平等會使人們的道德水平和才能得以巨大的提高和發展，而使人性中的劣質得以有效減少和壓制。像前面提到過的那些由奴役關係所帶來的種種對人性的扭曲將不復存在。第二，由於男女平等，一切職業向婦女開放，社會可以得到比以前近乎雙倍的人才；而且，由於婦女加入競爭，男性也會比以前更努力。所以，社會將從男女才能的極大發揮中受益無限。第三，男女平等能使人類的一半人口——婦女——獲得自由，過上有尊嚴的生活。自由是幸福的基本元素之一，人類天性中最強烈的願望之一就是得到自由。 [53] 婦女將因得到平等、獲得自由而幸福。自由、平等將讓她們的才華得以施展，從而使她們對生活感到從未有過的滿足。就人類總體而言，婦女的解放將帶來更繁榮、更公正的社會，更好的人民，更幸福的家庭和個人。 [54]

穆勒清楚的意識到，婦女解放之路將會非常艱難漫長，而且單憑婦女的力量是不能成功的。在男權十分強大的社會中，要求男女平等會被看做像在王權強大的國家平民要求分享國王的權力一樣荒唐。在這樣的社會，勇於加入婦女解放運動的婦女只會是犧牲自己的烈士。所以，他說：「在有相當數量的男性願意與婦女一起加入婦女解放運動之前，我們不能期望婦女們獻身於這樣的運動。」 [55] 他所指的是廣大婦女的參與有待男性的同情和支持。他並不否認最先進的少數婦女會率先發起並獻身於婦女解放運動。他周圍就有這樣的女性，例如他的繼女海倫。穆勒本人則是最早加入婦女解放的優秀男性代表。

註釋：

[1]John Stuart Mill, The Subjection of Women, in Collected Works of John Stuart Mill, vol.21, ed. John M.Robson (Toronto and London: The University of Toronto Press and Routledge and Kegan Paul, 1984)，第261頁。

[2]更多細節見第十五章。

[3]CWXXIII, ed. Ann P. Robson and John M.Robson (1986)，第729頁。對此的一個簡要討論，參見Ann P. Robson and John M.Robson, "Introduction", in Ann P. Robson and John M. Robson eds., Ser Equality: Writings by John Stuart Mill, Harriet Taylor Mill, and Helen Taylor (University of Toronto Press, 1994), xvii。

[4]參見Ann P.Robson and John M.Robson, xviii。

[5]John Stuart Mill（約翰·斯圖亞特·穆勒），Autobiography（《自傳》），ed. John M.Robson（約翰·魯伯森），London, Penguin Books, 1989, 229.

[6]Michael St.John Packe（邁克爾·聖·約翰-派克），The Life of John Stuart Mill (New York: The Macmillan Company, 1954), 494.

[7] Eugene August, John Stuart Mill (New York: Charles Scribner's Sons), 207.

[8]Packe, 495。

[9]Auguest, 205.

[10]CWXXI, 261.

[11]Packe,第495—96頁。關於羅素父母與穆勒的交往,參見本書第十五章。

[12]Packe, 496.

[13]Alma Lutz, Created Equality: A Biography of Elizabeth Cady Stanton (New York: John Day Company, 1940), 171-72: quoted in "Sentiment and Intellect" by Alice S.Rossi, in John Stuart Mil and Taylor Mill: Essays on Sexual Equality, ed.with an Introduction essay by Alice S.Ross (Chicago: University of Chicago Press, 1970), 62.

[14]August,210.

[15]CWXXI, 263-64.

[16]Ibid. 264.

[17]CWXXI, 272.

[18]CWXXI, 276.

[19]CWXXI, 273.

[20]Ibid. 274.

[21]Ibid. 269.

[22]Ibid. 270.

[23]Ibid.

[24]Ibid. 276-80.

[25]Ibid. 281.

[26]CWXXI, 324.

[27]Ibid. 324.

[28]Ibid. 293.

[29]Mary Lyndon Shanley, "The Subjection of Women", in John Skorupski ed. The Cambridge Companion to Mill (Cambridge: Cambridge University Press, 1998), 411.

[30]CWXXI, 271-72.

[31]Ibid. 284.

[32]Ibid.289-290.

[33]Ibid. 334.

[34]Shanley, 413.

[35]CWXXI, 334, 336.

[36]Ibid.331-32, 335-36.

[37]Ibid.334.

[38]CWXXI, 294-95.

[39]Shanley, 412.

[40]CWXXI, 299.

[41]Ibid. 300.

[42]Ibid. 301.

[43]Ibid.302-304.

[44]Ibid.304-313.

[45]Ibid.314-18.

[46]Ibid. 316.

[47]美國心理學家所做的實驗如下：將同一篇論文用不同署名交由三個小組評價，但評價結果卻因署名所顯示出的性別不同而不同。對這篇論文評價最高的小組是看到這篇論文有著一個男性署名（John T‧Mc Kay）的那個組；對這篇論文評價最低的小組是看到這篇論文有著一個女性署名（Joan T‧Mc Kay）的那個組；對這篇論文評價介於二者之間的小組是看不出這篇論文署名性別（J‧T.Mc Kay）的那個組。見Paludi and Bauer, "Goldberg Revisited: What's in an Author's Name" Sex Roles9 (3): 287-390。

[48]M.R. Lefkowits, "Education for Women in a Men's World", Chronicle of Higher Education, 6 August, 1979, 56.

[49]CWXXI, 318-19.

[50]Ibid. 319-320.

[51]Ibid. 326.

[52]Ibid. 298.

[53]CWXXI, 336.

[54]這三點主要根據穆勒在《婦女的屈從》第四章的論述總結而來。

[55]Ibid. 322.

第十五章　生命的盡頭
一、最後的著述

　　《婦女的屈從》的發表,了卻了穆勒心中的一件大事。他總算將自己一生關注的男女平等問題得以系統闡述,並公之於世。所以,在這之後的四年中,也就是在他生命的最後歲月中,他可以將精力集中於另兩個他長期以來一直都想進一步探討的重大問題:宗教和社會主義。在《婦女的屈從》之後,他沒有出版任何新書,但是從未停止寫作。他補充了自己的《自傳》,完成了《政治經濟學原理》第七版和《邏輯學》第八版,寫完了論宗教的第三篇論文(前兩篇已在這之前完成但未發表)和一本關於社會主義的書稿的部分章節。他去世後,這些著作陸續發表:《自傳》(1873),《論宗教的三篇論文》(1874),《論社會主義的章節》(1879)。

　　穆勒是以宗教上的懷疑論而著稱的。在《自傳》中,他說道:從一開始父親就教導我世界的最終起源是不可知的。「因此,我是這個國家中少有的幾個從未有過宗教信仰然而也沒有丟棄宗教信仰的人:我是在對宗教的消極狀態中長大的。」[1] 但是,在生前,他從未發表關於宗教的系統理論。在他去世後發表的《論宗教的三篇論文》較系統地闡述了他的宗教哲學。這三篇論文都對當時的正統神學(基督教神學)進行了批判,儘管論證的角度在每一篇中都很不相同,而且在第三篇論文中所表達的某些觀點好像比在前兩篇中的要溫和。

　　他關於宗教的第一篇論文題為《自然》,大概寫於1850—1858年。 [2] 其主旨是論證為何自然不能是道德的標準,批駁以「遵循自然」為道德原則的流行學說及其將自然神聖化的神學基礎。在該文中,他首先對「自然」一詞在兩種意義上加以定義。在

第一種意義上，「自然」指所有現存的和可能存在的事物的總合或一切事物之性質和力的總合（這當然也包括所有自然規律）。在這種意義上的「自然」並不與「人為」對立，因為它包含所謂的「人為」或「藝術」。在第二種意義上，「自然」指未被人的活動所影響的自發狀態。 [3] 在這個意義上的「自然」是與「人為」相對的。穆勒認為無論是在這二者中的哪一種意義上，自然都不能具規範意義，因而都不能成為衡量道德的標準。如果我們在第一種意義上使用「自然」一詞，說道德的生活即合乎自然的生活是無意義的，因為我們無時無刻不在自然地生活，別無選擇。道德上的「應該」意味著人們可以選擇之，如無選擇則無「應該」問題。人作為自然的一部分，總是在自然律支配下生活。我們能選擇的最多只是在既定情形下按哪一個自然律生活。例如，當一個人走上一座狹窄的橋過河時，他若在行走時平衡得很好，他則在平衡律支配下安全過河；他若不幸掉入河中，他則在引力定律支配下使自己陷入險境。但無論如何，他都在按自然生活。 [4] 因此，在這種意義上談按自然生活的道德性是荒唐的廢話。如果我們在第二種意義上使用「自然」一詞，合乎自然的生活則既是不理性的又是不道德的。在這種意義上的遵循或模仿自然是不理性的，因為所有人類行為都旨在改變或改進自然的自發狀態；在這種意義上的遵循或模仿自然是不道德的，因為以人的道德來衡量，自然界中許多現象和方式是殘酷無情的，例如自然力對生命的傷害。如果一個人模仿自然的這個方面，他就是一個邪惡的殺手。所以，按自然生活在這個意義上也不可能是正確的道德原則。 [5] 他當然意識到人們常常在另外的意義上使用「自然」一詞，但他並不認為他們的用法是準確的。 [6] 他認為自然是不完美的，人有責任改進自然。 [7] 如果自然是一個仁慈的造物主的作品，那麼，它的造物主一定不是全能的。自然中的殘酷是不可否認的。如果它的創造者是真正仁慈的，他一定並不想讓自然如此不完美，而是無力創造一個更好的自然； [8] 至於自

然中哪些東西是造物主有意讓其存在的，人們無法真正瞭解。實際上，人們常常是將那些對人類有利的東西（而不是他們的自然傾向）看做是善，當做造物主有意設計的存在。 [9] 在《自然》中，穆勒沒有正面討論是否真的存在一個仁慈的造物主，但他對自然的討論顯然否認了基督教之全能的上帝之存在。

穆勒的第二篇論宗教的論文題為《宗教的功用》，也寫於1850—1858年期間。這篇論文直截了當地批評了以基督教為代表的有神論宗教或傳統宗教，令人信服地論證了以人道為本的信仰之優越性。該文首先討論了人們通常所認為的傳統宗教的積極作用——維繫與提高道德並滿足人們的心理需求，然後指出傳統宗教對人們之益處並不是無法透過其他途徑得到的，而且不摻雜對超自然力量之迷信的人道教（Religion of Humanity）會讓人們的道德和心理需要得到更好的滿足。穆勒在這篇論文中指出，有神論宗教之所以對人的道德有極大的作用，不是由於其宗教性本身，而是由於其借助了普遍同意的觀點、早期教育和社會輿論（尤其是社會輿論）。在一個社會中，當有神論宗教比其他信仰更早地得到了社會的認同，主導了對人的早期教育和公眾意見，它必然會對人們的思想發生巨大影響。「早期宗教學說對人類所具有的作用力，與其說源於其之為宗教，不如說是由於其在時間上之早」。 [10] 穆勒較為詳細地分析了為何傳統宗教對人們行為的約束力遠比不上公眾意見。他認為，宗教上對人們善行或惡行的賞或罰是很不確定的，人們並不知道在今生怎樣的行為會讓他在來世下地獄。即便極惡的人可能也不會相信他一定會被上帝懲罰，因為上帝的寬恕可能會赦免他。而且，來世的賞罰是看不到的、無法確證的，但今生中他人的意見和現實中的得失則是確實可見的。宗教只有在獲得了社會輿論支持時才能左右人的道德。所以，歸根結底，不是宗教，而是社會輿論主導人們的道德。現存的有神論宗教雖在維繫社會的普通道德方面有一定作用，但其對人之道德發展的消極作用也是明顯的。有

神論宗教鼓勵了人的自私心，因為它以超自然的賞罰作為人們行道德的動機； [11] 它讓人們崇拜的神不僅不具有完美的道德，而且體現了自相矛盾的是非標準，甚至令人譴責的惡。所以，若人們從這樣的宗教導出道德，「他們越是有邏輯頭腦，則越沒有道德。」[12]

　　不崇拜超自然存在的人道教則沒有這些弊病。「人道教」一詞最初是由孔德發明的， [13] 穆勒借用了孔德的說法。將沒有神的信仰稱為宗教，首先須對「宗教」給予不同於通常意義的定義。在穆勒看來，對超自然的存在的崇拜並不是宗教的必要組成部分。「宗教的本質是感情和慾望對一個理想目標強烈而最熱切的追求。這個理想目標被看做最優秀的東西，高於一切自私的可欲目標。」[14] 穆勒所推崇的人道教以人類的幸福為最高理想，以創造更好的人類社會、增進人類的自我完善為使命。對這樣的理想的信奉不應僅僅被看做是道德的，而且也是宗教的。這樣的宗教不僅能使人道德，而且比傳統宗教更能讓人道德，因為它所鼓勵的是無私，它所提供的理想是道德上無暇而邏輯上無矛盾的。在評論穆勒的人道教及理論基礎時，有學者這樣寫道：「他的思想堅固地扎根於經驗主義；他的整個真理觀牢牢地由『歸納原則』所確立（歸納原則即真理就是被從經驗而來的歸納所證明的東西）。作為結果，他所認為的真正的宗教即與超自然主義相對立的自然主義宗教、與出世的宗教相對立的入世的宗教。在孔德的人道教中，他發現了他所能贊成的這類宗教。這種宗教所依賴的倫理體系是功利主義。最後，他將這樣的宗教看作進步和必然出現的倫理進化的工具。」 [15] 至於傳統宗教在滿足人們的心理需求方面的作用，穆勒加以肯定，但認為人道教也同樣能滿足人們這方面的需要。他認為最早的宗教源於人們的恐懼和無知，並無道德性。像詩一樣，宗教是滿足人的精神需要、昇華人之情感的一個途徑。人類認識能力的有限性和人類求知慾和想像力的無限性必然使人們不滿足於小我有限的存在，而很

願意相信一個超乎人類力量的存在以及來世的再生。對於今生很不幸福的人們，這樣的信仰更易被接受。這樣的信仰是對今生不幸者的精神安慰。 [16] 但是，當一個人不再需要來世作為今生的安慰時，來世對他就不再有價值。如果一個人能走出小我，將個人利益與人類幸福融為一體，他就不再會因自己生命的短暫而去希望來世或超自然力量的存在，而會在為人類幸福的奮鬥中找到超越今生的生存意義，為自己此生給予世界的貢獻而感到滿足。 [17] 個人的生命雖然短暫，但人類的生存是近乎無限的。人類生命之長久加之其無限的改善能力完全能為人類的想像力和情感提供足夠大的目標來滿足其追求的偉大。 [18] 人道教能使個人在增進人類的幸福過程中找到生活的永恆價值與意義，所以它完全能夠昇華人們的情感，滿足人類追求人生意義的心理需要。總而言之，人道教不僅能做傳統宗教所能做的所有好事，而且比後者做得更好。對此，穆勒說道：「我在這裡要進一步堅持：它不僅能完成這些功能，而且比任何一種超自然主義的宗教完成得更好。它不僅有資格被稱為宗教，而且是比所有通常被稱為宗教的所有宗教更好的宗教。」[19]

　　第三篇論文——《有神論》——寫於1869年。在此文中，穆勒首先對自然神學（以自然界的存在及其現象論證全知、全能、全善的上帝的存在的神學）進行了討論。在批駁了自然神學對上帝存在的幾種論證後，他認為從科學的角度和經驗證據看，很可能存在一個有智力的世界設計者。在自然界中，存在著大量有機體或動物，其器官的各個部分為了一定目的結合在一起（例如，眼睛的各部分結合在一起來實現「看」這一目的）。 [20] 由於一個器官的各部分是為了一個目的而存在的，正如人造的東西的各部分是有目的的一樣，他們很可能是有意被設計出來的——正像人造物的各部分是被人設計出來的一樣。 [21] 他認為這樣的設想既是從類比中得出的，也是對眾多個例的歸納，所以是符合經驗主義的，是科

學的。 [22] 不過，他考慮到進化論的適者生存也可以解釋器官各部分的構成，但認為設計者的存在更有可能，因為前者有更大的困難解釋動植物最初的起源。 [23] 但是，他從未肯定世界設計者存在的確切性，而只是將其作為一種較可能的設想。 [24]

　　接著，在設定世界有一個設計者的前提下，他進而討論了這個設計者是否具有自然神學所賦予上帝的那些屬性。首先，他論證世界的設計者不可能是全能的，否則自然界不會如此不完美。自然界中的種種缺陷和問題不應是設計者有意安排的，而是由於他的無能為力。雖然我們無法確切知道他為何無能為力，但其無能為力可以從兩方面來解釋。第一，他可能僅僅根據其目的，將宇宙已有的基本資料加以組合，並不創造這些資料本身。由於資料所限，他不能創造出更完美的作品；第二，他的手段和技巧是有限的，所以他無法作出他想要到的完善作品。至於世界的設計者是否是無所不知的，他的回答並不明確。因為在他看來，這個設計者可能有無限的智力，但也可能由於有限的能力而只有很有限的智力。他也討論了世界設計者的仁慈問題。他認為世界的設計者可能在一定程度上希望他的創造物幸福，因為在自然中，一個動物的快樂往往源於其自身的結構，而其痛苦則一般由於外在的干預所導致。但是，希望其創造物幸福絕不是世界設計者的唯一和主要動機。總而言之，即便有一個世界的設計者存在，他也不是萬能的，且並不是全善的──他關心其他事勝過其造物的幸福。 [25] 在自然中，沒有證據表明這樣的設計者的目的是道德的。 [26] 關於人們對靈魂不朽和來世的信仰，穆勒認為既沒有證據證偽，也沒有證據證明。一方面，即便科學研究證實了大腦和一定精神活動的關聯，但不能證明二者的因果關係，因為二者的關聯可以僅僅是順序上由於其他原因造成的；除非我們能透過實驗從物質產生出精神，我們無法斷言精神實體不存在、精神一定隨肉體的死亡而死亡。另一方面，在自然中沒有任何證據支持來世或永生。人們對來世的信仰不是基於理

性，而是出於對永生的渴望。由於相信來世會使人感到快樂和安慰，所以人們願意相信之。人們渴望某事不等於某事一定存在。人們對永生的渴望絲毫不能證明來世的存在。 [27] 但是，如果一個人能在對來世的希望中感到滿足或認為這樣的希望是有用的，沒有什麼能阻止他沉溺於對來世的希望。 [28] 即便來世存在的可能性不能在邏輯上被排除，有可能存在的來世也不是自然神學所說的對今生的賞或罰，最多，它只是今生在不同條件下的繼續，除非有神的啟示存在。 [29] 但是，沒有證據證明神啟存在。以神的啟示為依據的神學是以奇蹟為神啟存在的證據的。所以，在批評神啟神學時，穆勒著重論證沒有事實證明奇蹟曾發生過。所謂奇蹟的存在往往是透過傳說的見證作為證明，而這些見證並不可靠，而且都是對某些現象進行推論和玄思的結果。那些被看做奇蹟的現象完全可以被給予自然的解釋。 [30] 當一種現像一時不能用自然規律來解釋時，很可能是由於當時人們對支配那個現象的自然規律還沒有認識到或者對當時在已知自然律下產生那個現象的一些條件缺乏認識。[31] 例如，在科學能解釋彗星和日食之前，人們將它們的出現看作具有神意的奇蹟，但現在人們就不再這樣認為了。 [32] 在奇蹟問題上，他同意休謨的結論，但認為休謨的論證不夠有力，所以他進行了更深入的論證。

在對有神論進行了較詳盡而系統的分析與批評之後，他的結論是：對超自然物是否存在的問題的理性的態度是懷疑主義，因為否定或肯定超自然物的存在都沒有足夠的證據。他認為有一定跡象表明有可能存在一個有智力的世界設計者，但沒有足夠的證據證明其確實的存在。 [33] 鑒於理性無法知道到底是否存在超自然的力量，他認為讓想像去希望自己高興要的結果並不是與理性相矛盾的。 [34] 這樣去希望無法證明的東西——上帝和來世的存在——會使人生更幸福些，正像在生活中多想令人愉快的事情會讓人更快

樂。在這篇論文的最後幾段，他還對基督教在培養人們的道德方面的作用充分加以肯定。他認為透過給人們一個想像中的完美形象（上帝），基督教給了人們理想的道德榜樣，從而激勵人們努力向善。雖然基督教的上帝實際上不僅不完美，而且體現了自相矛盾和某些惡，但由於一般人並沒有認識到這一點，而是將自己能想像到的所有善都賦予上帝，所以基督教的上帝在人們心目中是完美的，因而造成了教化普通人的作用。在這篇論文的結尾處，穆勒說對超自然存在的希望會幫助提高人的道德、昇華人的精神。 [35] 穆勒在《有神論》中的這類說法，讓他的一些追隨者和朋友們非常吃驚和失望。 [36] 他們中的一些人對穆勒在《有神論》中那些令他們不能接受的觀點做出了這樣的解釋：穆勒在《有神論》中表現出的對來世的希望，可能源於其對哈麗特的極度思念而產生的與她在來世相見的渴望。 [37] 貝恩（Bain）曾以穆勒的一句話為證。他說穆勒曾對他說過：「對我來說，宗教唯一的永久價值就在於減輕那種讓人處於極度痛苦的永久分離感。」 [38] 想念哈麗特當然不失為一種很人性化的解釋。不過，還可以有更人性化的原因。當一個人快要走到生命的盡頭，常常不得不考慮死亡的意義時，生出些對來世可能性的希望本是非常自然的。穆勒畢竟是人，不是神。不管他有多少超凡脫乎俗的思想，他也有普通人的平常心，也會希望今生不是所有。因此，在生命的最後歲月寫出《有神論》中那些希望有來世的話合乎人生本身的邏輯，雖然並不一定完全合乎理性的結論。況且，在肯定理性對上帝和來世問題無法有結論的前提下允許想像力和情感來希望讓人感到安慰的可能性，的確沒有違背理性。實際上，海倫認為穆勒的三篇關於宗教的論文之間沒有任何矛盾，並以穆勒想在1873年先發表其中的第一篇作為她的觀點的證明。如果那時穆勒的思想已不同於他寫《自然》時的想法，他不會願意不加修改地發表它。 [39] 而且，在《有神論》中，穆勒也曾不止一次地提到《自然》一文，讓讀者參考，可見他對《自然》一文是

滿意的。不過，第三篇論文確有特殊之處。正像海倫所言，「作者完成的這篇最後的有份量的著作反映了他心靈的最後狀態和對終生的思考之仔細平衡的結果。但從另一方面說，他不曾有時間對它進行不斷的修改，而大多數他的著作在公之於世之前都常常經過這樣的修改。」[40]

　　穆勒的《論社會主義的章節》中的許多思想在其《政治經濟學原理》中已有所表述，但對某些社會主義理論的批評比先前多些。在《自傳》中，穆勒說他和哈麗特都可算作社會主義者，因為他們的最終理想高於民主主義。　[41] 在《論社會主義的章節》中，他對社會主義的基本看法並沒有改變，但對其與社會主義者的分歧有所強調。像以前一樣，他仍認為社會主義者所主張的取消競爭和廢除生產資料的私有制至少在社會現階段是不可取的。他仍基本同意社會主義者對資本主義的批判，不過認為他們的批判有些言過其詞。他認為，社會主義者指出的在財富占有和分配方面的不公平在前資本主義社會也存在，並也有人做過批判。這些不公正在資本主義社會中的確存在，但並不比以前的社會更嚴重，而且有改進的趨勢。　[42] 他無疑主張建立比現存資本主義更公平的制度，但在如何建立更好的社會的問題上與許多社會主義者有分歧。他將社會主義者分為兩大類：(1)主張建立非中央集權的集體所有制的社會主義者（例如歐文、傅立葉）——漸進的社會主義者和(2)主張中央集權的國有制的社會主義者——革命的社會主義者。　[43] 他並不認為後者所主張的社會主義會帶來一個比資本主義更好的社會——無論是在經濟效率方面還是在人民的自由方面，儘管這樣的社會主義主張可能會更受民眾的歡迎。至於前者，穆勒認為更為可取，尤其是傅立葉的主張，但也有實施的困難。　[44] 總的說來，社會主義的理想是令人嚮往的，從長遠看也是可能實現的，但無論哪種社會主義，在社會的現階段都不能實現，因為目前多數人不具備建成社會主義社會所需要的道德覺悟和精神素質，而且在短時間

內也不可能具備。[45]

除了理論著述，在穆勒生命的最後階段，他的許多精力也花在了通信上面。自從他當選議員開始，他已經成為國際性的名人。所以，西方不同國家的許多人都給他寫信，請他回答各種各樣的問題，包括許多具體而實際的問題。凡他認為需要答覆的問題，他都給予了答覆。當然，海倫在這方面為他做了很多。[46] 正像派克所評論的，「每一個值得回答的東西都得到了一個回答，而且是一個透徹、明白、經過仔細思考的回答。海倫給予他忠實可靠的幫助。」[47] 由於海倫對穆勒的想法已有了很好的瞭解，到後來，海倫時常為穆勒代筆，穆勒很讚賞海倫的這種工作。關於此，他說道：「我們有相同的情感，但她有時比我自己更能找到更好的表述。」[48] 所以，外人很難區分哪些信是穆勒親自寫的，哪些是出於海倫之手。對穆勒的通信，海倫還做了很好的組織和保管工作。在穆勒去世後，她曾說過「我將親愛的繼父的所有信件保存著，它們的排列順序是我決定的，曾讓他本人時常查看過。根據他的指示（口頭的和書面的），這些信由我保管，由我決定如何處理它們。」[49] 儘管穆勒對普通人的來信盡他所能而給與回覆，但對王室卻沒有這麼熱情。在1869年末，當維多利亞女王的女兒艾麗絲公主急切地想到阿維尼翁（Avignon）來見他時，他卻以身體欠佳為藉口拒絕了她的要求。[50] 雖然他的這種做法與他認為皇族是舊時代的象徵有關，但也的確表現了他不攀附權貴的品格。如果我們看一下今天仍有多少人在崇拜英國皇家成員，穆勒之與眾不同就更為明顯了。

在他生命的最後幾年，穆勒還寫了一些文章發表在約翰·莫利（John Morley 1838—1923）主編的雜誌《雙週評論》（Fortnightly Review）。穆勒很欣賞莫利本人和《雙週評論》這份思想開放、體現了穆勒自由主義理念的雜誌。莫利是英國著名的

自由黨政治家，曾任議員，英國愛爾蘭大臣，英國印度大臣，樞密大臣等職。不過，穆勒與莫利的交往遠在莫利成名之前。當莫利還只是個年輕記者時，穆勒在讀了一篇他在一個不起眼的雜誌上發表的文章後，主動提出與他認識，因為穆勒認為莫利顯示出不同尋常的才智，可以成為對公眾很有價值的作者。 [51] 當時的穆勒已是知名的大學者，而他卻能這樣屈尊去結識一位小人物，實在難得。莫利自1866年接任《雙週評論》主編職務。他是一個穆勒思想的信奉者，他將穆勒的《論自由》付諸實踐，在所主辦的這個雜誌上允許各種意見自由表達。當然，這不意味著它不是自由派的輿論陣地，因為許多在別處不易發表的自由派的言論正是透過它而得以傳播的。穆勒對許多社會和政治問題的看法都在《雙週評論》上發表過。為了支持《雙週評論》，在他生命的最後幾年中，他將要發表的所有文章（包括那些關於純哲學的文章），都交給這個雜誌。

二、忘年之交

在穆勒晚年，他交結的朋友中有許多是比他小一輩的年輕人，包括哲學家伯特蘭·羅素的父母親。羅素的父親安伯雷子爵和羅素的母親凱特·斯坦利雖都生長在貴族家庭，但卻思想激進，不為他們所屬的階級所容忍。他們二人不僅在哲學上追隨穆勒，而且還是穆勒晚年的好友。海倫和凱特尤其親近，二人都是當時女權運動的積極參與者。羅素的父母與穆勒和海倫的友誼所留下的一段佳話，至今還在哲學史上傳誦。當他們的第二個兒子，也就是哲學家羅素，在1872年出生後不久，羅素的母親寫信給海倫，問是否可以請她做羅素的教母，請穆勒做羅素的教父，因為她希望羅素做個像穆勒那樣的人。她寫道：「對要穆勒先生幫這樣大的忙，我們曾猶豫過，但我們還是希望他會考慮做這個教父——因為除了穆勒先生，世上沒有其他人——其道路我希望我的兒子以如此謙卑的方式去跟隨。」 [52] 海倫回信說她願做小羅素的教母，穆勒也願做他的教父。由於羅素的父親是個無神論者，穆勒也不是基督徒而是個懷疑論者，穆勒這個「教父」其實只是中國人所認的「乾爹」，並無宗教意義。無論如何，哲學史上偉大的兩個名字就從此永久地聯繫了在一起。穆勒在羅素出生後的一年就去世了，而羅素的父母也很快都去世了。不過，羅素的確不負母親的期望，成為了像穆勒那樣的為社會正義而不懈努力的公共知識分子和名留青史的哲學大師。羅素在談到他自己時，曾這樣說道：「三種簡單而絕對強烈的激情統治了我的人生：對愛的渴望，對知識的尋求，對人類痛苦難以忍受的哀憐。」 [53] 這三種激情成就了他的偉績，也映照出穆勒的影子。作為二十世紀英國最偉大的思想家，羅素不愧為十九世紀後半葉英國最偉大的哲人穆勒的教子。

穆勒的另一個很值得一提的青年朋友是亨利·福塞特（Henry Fawcett 1833—1884）。福塞特是穆勒的崇拜者。據他在劍橋大學的同事說，在講課時，他對所有提問的回答都是「讀穆勒的書。」他的敵人嘲笑他除了穆勒的《政治經濟學原理》，什麼別的書也不知道。 [54] 福塞特有著超人的勇氣和毅力。在他25歲那年，有一次同父親一起去打獵時，由於事故，被他父親的獵槍打瞎了雙眼，這個打擊對他是多麼大是可以想像的。在失明之前，他已有從政的抱負，並打算先做律師為競選議員做準備。他曾在劍橋大學數學學位考試中獲一等成績，並且排名第七（被稱為「the seventh wrangler」——因凡在此考試中獲得一等成績者都被稱為「senior wrangler」），並且已被選為劍橋三一學堂學院的研究員。失明之後，他很快就決定繼續追求他的從政目標，並且也要盡最大可能像別人一樣享受人生。他放棄了做律師的計劃，並決定將劍橋大學作為他的大本營。他也放棄了數學，全力投入了政治經濟學的研究。在他三十歲那年（1863年），他被任命為劍橋的政治經濟學教授。 [55] 在1859年，湯瑪斯·海爾（Thomas Hare）與他相識。正是透過海爾，穆勒聽說了福塞特的情況。 [56] 1860年，也就是他失明的兩年後，福塞特寫了一個小冊子，將海爾關於選舉制度改革的書用通俗易懂的語言加以解釋。 [57] 也就是在這一年，經海爾的介紹，福塞特與穆勒見面，並成為穆勒晚年的好友之一。穆勒對福塞特的作品和人品都十分讚賞。從穆勒給福塞特的信中，我們可以看到穆勒是多麼欽佩福塞特在失明後所表現出的不同尋常的品格。他這樣寫道：「經歷了您所遭受的那種不幸，但仍能有信心、有力量去為了重大公共目標而朝氣蓬勃的努力的人，一定是好樣的。為被認為對這樣的人有所幫助，我感到驕傲。」 [58] 穆勒非常鼓勵福塞特從政，說他的失明也有對從政有利的一面。對此他這樣寫道：「由於知道你的其他方面，我從沒有一時一刻認為你的失明會將你排除在政治生活之外。失明會將你排除在政治生活

之外，如果它挫敗了你的希望和志向，像在多數人身上會發生的那樣。你最需要做的是利用每一個適當的機會，讓人瞭解作為公共發言人和講演家的你。當你已經因此證明你沒有什麼方面是真正不合格的，我相信你的不幸將會對你有利，因為它不僅會激起人們對你的興趣，消除羨慕和嫉妒，而且還會使你的聲音更多、更快地被人們聽到。我想，那之後，你被選進議會的機會就同其他有獨立思想的人的一樣好。」 [59] 事實證明，穆勒說的完全正確。福塞特在1868年與穆勒同時當選國會議員，並得以連任。所以在穆勒離開議會之後，穆勒的許多主張透過他繼續在國會中得以宣傳。在這個意義上，他成了穆勒「駐國會的非正式代表。」 [60] 穆勒去世後，當自由黨在1880年重新執政時，格萊斯頓任命福塞特為郵政總長。在任職期間，他對英國郵政服務做了一系列創新和改革，包括包裹郵寄、匯款服務、郵局儲蓄券等等。他在1884年去世時仍在這個位置上。 [61] 福塞特和他的妻子都是女權主義者。這也可能是穆勒與他們的關係很密切的原因之一。福塞特的妻子丹米·米莉森特·加勒特（Dame Millicent Garrett Fawcett 1847—1929）是那個時代著名的女權活動家，曾為婦女的投票權，尤其是婦女的教育做出很多貢獻。她是劍橋大學紐納姆學院（Newnham College）的創始人之一，曾長期擔任全英婦女投票權聯合會（the National Union of Women's Suffrage Societies）的會長。 [62] 福塞特的女兒菲利帕（Philippa Garrett Fawcett）也是個英國歷史上有名的人物。她在劍橋大學讀書時，曾因獲得數學學位考試一等成績第一名、且其分數比第二名領先十三分而轟動英國。由於當時劍橋不授予女生「wrangle」的稱號，她不能被叫做「the first wrangle」，所以曾被當時的媒體稱為「above the senior wrangler」。 [63]

三、猝然離世

在接近生命尾聲的時候，穆勒終於與他的家人恢復聯繫，重續親情。她的小妹妹瑪麗（Mary Colman）這時由於與丈夫分居，且她最喜歡的兒子在海上遇難，處境十分艱難。 [64] 穆勒給了她一份年金保險， [65] 並安排她的女兒進了英國當時為婦女辦的第一所大學——貝德福德學院（Bedford College——後來成為倫敦大學的一部分）。 [66] 另外，當瑪麗的二兒子偷了其僱主的錢時，穆勒出錢幫他將僱主的錢還上，並給他出了定約作學徒的錢，給了他重新做人的機會。 [67] 在晚年，他對早年的一些朋友也恢復了密切聯繫或有所通信。根據穆勒青年時代的好友容巴克（J.A.Roebuck）的說法，雖然在穆勒由於他反對其與泰勒交往與他斷交後再也沒有直接來往，但穆勒曾給他寫過一封很有感情的信，重提過去的時光，以致他曾試圖去找穆勒在維多利亞街上的住所。 [68] 穆勒在維多利亞街上有住所是1872—73年的事，所以此信應寫於這期間。 [69] 據海倫說，穆勒在最後的二十年中，談起容巴克時是很有感情的。 [70] 他與格羅特（Grote）的友誼在其晚年完全恢復。在相當長時間的疏遠之後，他逐漸地與格羅特及其夫人重新接近起來，以致最後相當親密。正是1865年2月在格羅特家所度過的兩天中，穆勒和海倫與凱特·斯坦利第一次相見，而安伯雷開始對穆勒產生了真正的敬仰之感（他以前見過穆勒但沒有深入的瞭解）。 [71] 1871年6月，格羅特去世。穆勒不贊成格羅特葬在威斯敏斯特大教堂，但參加了葬禮，並為抬棺人之一（據說他並不想當抬棺人，但出於壓力才同意了 [72] ——也許人們認為他作為格羅特的生前好友，理該這樣做，但不知他對葬禮地點本身就有異議）。葬禮之後，他對貝恩說，「不久我也會那樣躺下，但卻有

一個很不同的儀式。」[73] 他那時已感到剩下的時間不多了。

不過，他那時的身體狀況並不是很壞。在那之後他只活了兩年也有些偶然性：他如果不在1873年5月3日與昆蟲學家法布爾（Jean-Henri Casimir Fabre 1823—1915）一起去野外進行一天的郊遊，或許不會那麼快染病而在幾天後（5月7日）去世。穆勒的去世是如此突然，以致法布爾再次來找他共進午餐時才發現他已不在人世。 [74] 穆勒與法布爾之所以能成為好朋友是因為二人有共同愛好。穆勒一生都喜歡植物學，採集了大量植物標本。法布爾雖然以其在昆蟲學方面的成就著稱，但也對植物研究有興趣。所以，兩人時常一造成野外採集標本。 [75] 由於其免費講座內容的自由開放不能為其所在學校和當地人接受，法布爾曾失去教職而落入難以為生的困境。那是1868年的事，他寫信給當時正在倫敦的穆勒求援（那正是穆勒任議員期間，所以他大部分時間不在阿維尼翁）。收到他的信後，穆勒立即給他寄來相當於當時3000法郎左右的英鎊，並且沒有任何要他在將來還錢的意思。相反，為了不傷法布爾的自尊心，他說他這樣做不是在幫法布拉個人的忙，而是為了讓他繼續為人類服務。兩年後，當法布爾經濟條件好轉之後，他不僅還了穆勒給他的3000法郎，而且堅持加上30法郎的利息。穆勒卻說法布拉什麼也不欠他，債務只存在於他的想像之中。 [76] 當然，錢還是收下了。否則，法布爾無法安心。兩年來，沒有什麼事在他心裡像還穆勒的錢更重要。 [77] 法布爾是個很重情義、很知道感恩的人。在幾十年後，他一直提醒他的傳記作者，一定要將穆勒對他的幫助和慷慨寫進去。 [78] 穆勒生前的最後一封信是寫給法布爾的，約定他們一造成法布爾住處不遠的郊外採集標本的時間。這封信寫於1873年4月30日。穆勒5月3日如約與法布爾會合，兩人一造成野外作了穆勒一生最後一次出行。法布拉注意到這時的穆勒身體虛弱，比以前看上去老了許多。他的行動已不再靈

活，不僅走不快，而且有時在採集標本後站起來都很費勁。　　[79] 不過，穆勒的這趟出行可能是很開心的，儘管很累。

　　這次出行後的第二天，5月4日，穆勒開始發燒。那天晚上，有一位大夫給他看過後，感到病情嚴重，並發電報請另一位醫生從外地趕來。第二天，另一位醫生到達，但他也不能救穆勒。他說穆勒得的是丹毒——當時在阿維尼翁一帶的一種流行病——在沒有抗菌素的時代，它是致命的。雖然穆勒準備在阿維尼翁買房子時就知道此地不利於健康，但因為靠近哈麗特的墓地，還是買下那棟房子並在其中度過了相當多的時間。當這位醫生告訴穆勒他的生命已無望時，他很平靜，甚至對在生命結束時他的精神能力依然正常而感到欣慰。穆勒於5月7日早晨7點去世。臨終前，他對海倫說：「你知道，我已經做了我的工作。」那是他所說的最後一句話。[80]

　　由於穆勒的逝世是如此突然，只有五個他生前認識的人能參加5月10日舉行的葬禮。這五個人是：海倫，兩位穆勒的醫生，當地的新教牧師路易斯·雷（Louis Rey）和他的妻子。不過，當穆勒的棺木抬到聖維蘭（St.Veran）墓地入口時，已有許多當地人靜靜地等在那裡。當時，天正下著小雨。　[81] 進入墓地後，雷牧師做了簡短的講話並為穆勒做了祈禱。之後，穆勒被葬在哈麗特旁邊——這是穆勒在14年前就為自己準備好的安息之地。終於，他又和哈麗特在一起了。稍後，雷牧師為穆勒祈禱之事受到批評，因為穆勒不是一個基督徒，而是一個出名的懷疑論者。對此，雷牧師還曾公開道歉。但這並沒有影響他對穆勒的感情。他一生都很珍視與穆勒的友誼。他活了99歲。據說在他的老年，當有人提到穆勒的名字時，他的臉上立即有了光彩。[82]

穆勒和哈麗特之墓

（英國政治經濟學圖書館The British Library of Political and Economic Science）

穆勒留下的遺產總數是14000英鎊。遵照他的遺囑，其中一半捐給了他所支持的團體和機構， [83] 而這其中的大部分，即6000英鎊，捐出資助婦女的高等教育。他要求這筆捐款分為兩部分：3000英鎊贈給第一個給婦女授學位的大學，3000英鎊用於建立女生獎學金。 [84] 不論是生前，還是死後，穆勒對男女平等的支持都受到過激烈的攻擊。即便是在他剛剛去世的時候，也有人將他對女權的支持作為貶低他的理由之一。 [85] 但是，穆勒是走在時代前邊的人。歷史站在他一邊。今天在發達國家，男女平等早已是主流文化的一部分。在不遠的將來，這樣的理念也一定會在世界上更多的地方得到認同。

約翰·魯伯森（John M. Robson 1927—1995）

（此照片由安·魯伯森教授Professor Ann Robson提供）

　　穆勒去世後，英國人民為了紀念他，將他的畫像收入了國家肖像美術館，並在倫敦的安班克門特（Embankment）花園為他塑了像。另外，在法國，也有他的塑像。但是，真正使他不朽的是他留下的精神財富。完整的《穆勒文集》（The Collected Woks of John Stuart Mill），共三十三卷，主要在約翰·魯伯森（John M.Robson）的主編下，自1963年至1991年間陸續出版。有人將這套三十三卷的文集稱為穆勒的紀念碑。　[86]　雖然穆勒已離開這個世界近一百四十年了，今天我們仍在讀他的書，不是僅僅為了學術上的考究，更重要的是為了從中尋找指導人生、改造社會的啟示。無論是在西方，還是在中國，穆勒的著作，尤其是《論自

由》、《功利主義》和《婦女的屈從》都仍意義深遠。只要我們仍然生活在充滿種種弊端的社會，只要我們還處在無知、偏見的包圍之中，穆勒就不會是一位過時的老師。如果世上有更多的人像穆勒一樣為最大多數人的最大幸福奮鬥終生，人類的現在和未來一定會更好。

註釋：

[1]John Stuart Mill（約翰·斯圖亞特·穆勒），Autobiography（《自傳》），ed. John M. Robson（約翰·魯伯森），London, Penguin Books, 1989，52頁。關於父親對一般宗教的批評及對他的影響的更詳細討論，參見本書第二章。

[2]Helen Taylor, "Introductory Notice", in Collected Works of John Stuart Mill, vol.10, ed.J.M.Robson (Toronto and London: The University of Toronto Press and Routledge and Kegan Paul, 1969)，第371頁。關於另兩篇論文的寫作時間，也均採用海倫的說法（CWX，371）。

[3]參見CWX，377頁。

[4]參見CWX，379頁。

[5]CWX, 402.

[6]Alan Millar認為穆勒沒有公平地陳述所有重要的自然概念，例如奧古斯丁和巴特勒（Joseph Butler）的自然概念。見Alan Millar, "Mill on Religion", in John Skorupski ed. The Cambridge Companion, to Mill (Cambridge: Cambridge University Press, 1998)，190頁。

[7]CWX, 397.

[8]Ibid CWX,. 397, 402.

[9]Ibid. 397.

[10]Ibid. 410.

[11]Ibid. 423.

[12]Ibid. 425.

[13]孔德於1849年在巴黎創立「人道教」——個既沒有上帝也沒有任何超自然存在的世俗宗教。其後，在法國和巴西都有人道教教堂。關於人道教的更詳細說明，參見 http://plato.stanford.edu/entries/comte/#RelHum （accessed Aug., 10. 2012）。穆勒欣賞孔德人道教的以人道為理想，但不贊成將其變成像天主教那樣有組織的宗教。

[14]CWX, 422.

[15]F.E.L.Priestley,"Introduction", CWX, lvi.

[16]CWX, 426.

[17]Ibid. 426-27.

[18]Ibid. 420.

[19]Ibid. 422.

[20]Ibid. 448.

[21]對這個論證的詳細解釋和批評，可參見Millar，第177—182頁。

[22]CWX, 447.

[23]Ibid. 449.

[24]Ibid. 450.

[25]Ibid. 459.

[26]Ibid. 457.

[27]Ibid. 466.

[28]Ibid.

[29]CWX, 467.

[30]Ibid. 478.

[31]Ibid. 476.

[32]Ibid. 473.

[33]Ibid. 482.

[34]Ibid. 483.

[35]Ibid. 489.

[36]Michael St. John Packe（邁克爾·聖·約翰·派克），The Life of John Stuart Mill (New York: The Macmillan Company, 1954)，443; Nicholas Capaldi（尼古拉斯·凱帕羅蒂）, John Stuart Mill: A Biography (Cambridge: Cambridge University Press, 2004), 348.

[37]Packe, 443.

[38]Ibid.

[39]CWX, 371-72。

[40]Ibid. 372.

[41]Mill, Autobiography, 175.

[42]參見CWV, ed. R. M. Robson (1967)，第727—28頁，736頁。

[43]參見CWV, ed. R. M. Robson (1967), 737。

[44]參見本書第八章的有關討論。

[45]CWV, 748 ,749-50.

[46]Packe, 479-80.

[47]Ibid. 480.

[48]Hugh Elliot, Letters of John Stuart Mill, vol.2 (London: Longmans Green & Co., 1910), 174。轉引自 Packe，第480頁。

[49]Packe, 480.

[50]Ibid. 481.

[51]Ibid. 429-30: F.W.Hirst, The Early Life and Letters of John Morley, vol.1 (New York: Macmillan Company, 1927), 52.

[52]Kate Amberley to Helen, June 16, 1872。轉引自Packe, 439；原文見The Mill-Taylor Collection in British Library of Political and Economic Science（穆勒與泰勒通信手稿，存於英國政治經濟圖書館，也就是倫敦政治經濟學院圖書館），第19卷，第45大張。關於凱特與海倫關於此事通信的更多細節，見

Packe，第439頁。

[53]Bertrand Russell, The Autobiography of Bertrand Russell (Boston: Little Brown, 1967), vol.1, 3.

[54]Packe, 418.

[55] "Henry Fawcett" in The 1911 Classic Encyclopedia at http://www.1911encyclopedia.org/Henry_Fawcett (accessed May6，2012).

[56]參見1859年10月30日穆勒給海爾的信 (CWXV, ed. Francis E. Mineka (1972), pp. 642-43)。

[57]關於海爾的書，參見本書第十一章。

[58]見1860年2月5日穆勒給福塞特的信（CWXV, p.672）。

[59]見1860年2月26日穆勒給福塞特的信（CWXV, p.688）。

[60]Packe, 419.

[61]Packe, 419; "Henry Fawcett" in The 1911 Classic Encyclopedia at http://www.1911encyclopedia.org/Henry_Fawcett (accessed May 6, 2012).

[62] "Millicent Fawcett"，http://en.wikipedia.org/wiki/Millicent_Fawcett (accessed May 6, 2012)

[63] "Wrangler (University of Cambridge)" at http://en.wikipedia.org/wiki/Wrangler_%28University_of_Caml (accessed May 6, 2012).

[64]Packe, 505.

[65]關於對此的投資金額，見1871年1月6日穆勒給瑪麗的信［CWXVII, ed. Francis E. Mineka (1972), p.1794］。

[66]見1873年3月28日穆勒給瑪麗的信（CWXVII, p.1946）。

[67]關於此事的細節，見1873年2月6日穆勒給斯圖亞特的信（CWXVII, p.1936），以及1873年3月1日和4月7日穆勒給瑪麗的信（CWXVII, p.1939, and p.1949）。關於以上穆勒為瑪麗所做的事，派克書中有簡略提及（見505頁），但沒有本章所提供的資料出處。

[68]Packe, 453-54.

[69]根據穆勒通信中所注地址可以推斷，穆勒自1872年初起住進在維多利亞的公寓，但那年的下半年他不在倫敦。1873年3月和4月他也是在此處度過的。

[70]Packe, 453-54.

[71]Packe, 434-36.

[72]Alexander Bain（亞歷山大·貝恩），John Stuart Mill: A Criticism (London: Longmans Green & Co., 1882), 133.

[73]Ibid.

[74]根據法布爾的傳記，在法布爾去穆勒住處去吃午飯的路上，他習慣性地在那附近的墓地停了一下，但吃驚的發現穆勒已被埋在那裡了。參見G.V. Legros (trans. by Bernard Miall): Fabre. Poet of Science (London: Adelphi Terrace, 1913)，98—99頁。

[75]關於二人的相識和交往，見Legros，86—87頁。

[76]Packe, 487-88；類似的描述也見Legros，89頁和97頁。

[77]Legros, 97.

[78]Ibid. 98; Packe. 488.

[79]Legros, 98.

[80]Packe, 507.

[81]Eugene August, John Stuart Mill (New York: Charles Scribner's Sons, 1975), 259.

[82]Packe, 485.

[83]Ibid. 484.

[84]Ibid. 500.

[85]Capaldi, 363.

[86]Fred Wilson, "John Stuart Mill", in Stanford Encyclopedia of Philosophy (http://plato.stanford.edu/entries/mill (accessed May 5,2012).

引證與參考文獻

一、穆勒原著

Ⅰ·《穆勒文集》共33卷

Collected Works of John Stuart Mill, 33 vols., gen.ed.John M.Robson (Toronto and London: The University of Toronto Press and Routledge and Kegan Paul, 1963-1991).

以下各卷為本書所引用或參照（CW代表Collected Works of John Stuart Mill）：

CWI, Autobiography and Literary Essays, ed.John M.Robson (1981).

CWⅡ, Principles of Political Economy Books I-II, ed.J.M.Robson (1965).

CWⅢ, Principles of Political Economy Books III-V, Appendices, ed.J. M.Robson (1965)

CWIV, Essay on Economic and Society (1824—1845), ed.J.M.Robson (1967).

CWV, Essays on Economics and Society(1850—1879), ed.J.M.Robson (1967).

CWVII, ASystem of Logic, Ratiocinative and Inductive, Books I-III, ed. J. M. Robson (1973).

CWVIII, ASystem of Logic, Ratiocinative and Inductive, Books IV-VI, ed.J. M.Robson (1974).

CWIX, An Examination of Sir William Hamilton's Philosophy, ed.J.M. Robson (1979).

CWX, Essays on Ethics, Religions and Society, ed., J.M.Robson (1969).

CWXII, Earlier Letters, 1912-1837, ed. Francis E.Mineka (1962).

CWXV, Later Letters, 1848-1873, ed. Francis E.Mineka and Dwight Lindley (1972).

CWXVI, Later Letters, 1849-1873, ed. Francis E.Mineka (1972).

CWXVII, Later Letters, 1849-1973, ed.Francis E.Mineka and Dwight Lindley (1972).

CWXVIII, Essays on Politics and Society (Part I), ed. J.M.Robson (1969).

CWXIX, Essays on Politics and Society (Part II), ed. J.M.Robson (1977).

CWXXI, Essays on Equality, Law and Education, ed. John M.Robson (1984).

CWXXIII, Newspaper Writings, August 1831-October 1834, ed. Ann P. Robson and John M. Robson (1986).

Ⅱ.本書引用或參照的其他穆勒著作或版本

The Mill-Taylor Collection in British Library of Political and Economic Science.

John Stuart Mill.Autobiography, ed.John

M.Robson.London: Penguin Books, 1989.

John Stuart Mill.On Liberty, cd. Currin V.Shields.Indianapolis: The Bobbs-Merrill, Company, Inc., 1956.

John Stuart Mill. Utilitarianism, cd.George Sher.Indianapolis, In: Hackett Publishing Company, 1979.

John Stuart Mill. Representative Government, in Utilitarianism, Liberty, and Representative Government (no editor but with A.D.Lindsay's Introduction), New York, E.P.Dutton and Company, Inc., 1951.

John Stuart Mill, Harriet Taylor Mill, and Helen Taylor.Sex Equality: Writings by John Stuart Mill, Harriet Taylor Mill, and Helen Taylor, ed.Ann P. Robson and John M.Robson. Toronto: University of Toronto Press, 1994.

Ⅲ、本書引用或參考的穆勒著作中譯本

穆勒著：《論自由》，程崇華譯，北京：商務印書館，1982年版。

穆勒著：《代議制政府》，汪瑄譯，北京：商務印書館，1982年版。

二、本書引用或參考的其他文獻

Adams, John.ADefence of the Constitutions of Government of the United States of America, vol.3.London: Printed for C.Dilly, in the Poultry, 1788.

Anonymous. "Forde Abbey." http://www.touruk.co.uk/houses/housesomer_forde.htm

(accessed August 20, 2012).

Anonymous. "Henry Fawcett." In The 1911 Classic Encyclopedia. http://www.1911encyclopedia.org/Henry_Fawcett (accessed May 6, 2012).

August, Eugene. John Stuart Mill. New York: Charles Scribner's Sons, 1975.

Bain, Alexander. James Mill, a Biography. London: Longmans Green & Co., 1882.

———John Stuart Mill: A Criticism. London: Longmans Green & Co., 1882.

Barzun, Jacques. "Romanticism." In Collier's Encyclopedia, vol.20. Mac Millan Educational Corporation, 1974.

BBC. "God." http://www.bbc.co.uk/religion/religions/unitarianism/beliefs/g (accessed Aug. 2, 2012).

——— "Core Values." http://www.bbc.co.uk/religion/religions/unitarianism/beliefs/b (accessed on Aug.2, 2012).

Bladen, V.W. "Introduction." In Collected Works of John Stuart Mill, vol.3, ed.John M.Robson. Toronto and London: The University of Toronto Press, 1965.

Booth, Arthur John. Saint-Simon and Saint-Simonism: a Chapter in the History of Socialism in France. London:

Longmans Green, Reader, and Dyer, 1971.

Bourdeau, Michel. "Auguste Comte." In Stanford Encyclopedia of Philosophy.

http://plato.stanford.edu/entries/comte/#Rel Hum (accessed Aug., 10, 2012).

Capaldi, Nicholas. John Stuart Mill: A Biography. Cambridge: Cambridge University Press, 2004.

Carlyle, Thomas. The Life of John Sterling. Boston, MA: Phillips, Sampson and Company, 1851.

——Reminiscences, vol., ed. C.E.Norton. London and New York: Macmillan, 1887.

Coburn, Kathleen. "Samuel Taylor Coleridge." In Collier's Encyclopedia vol.6, 702A—702B. Mac Millan Educational Corporation, 1974.

Courtney, W.L. Life of John Stuart Mill. London: Walter Scott, 1889.

Crisp, Roger. Mill On Utilitarianism. London: Routledge 1997.

Donner, Wendy. "Mill's Utilitarianism." In The Cambridge Companion to Mill, edited by John Skorupski, 255-92. Cambridge: Cambridge University Press, 1998.

Douglas, Charles. John Stuart Mill: A Study of His Philosophy. London: William Blackwood and Sons, 1905.

Ekelund Jr., Robert B. and Douglas M. Walker. "J.S.Mill on the Income Tax Exemption and Inheritance Taxes: The

Evidence Reconsidered", History of Political Economy 28: 4 (1996): 559-81.

Elliot, Hugh.Letters of John Stuart Mill, vol.2.London: Longmans Green & Co., 1910.

Feinberg, Joel. "Psychological Egoism." In Reason and Responsibility, 19th edition, edited by Joel Feinberg and Russ Shafer-Landau.Belmont, CA: Wadsworth Publishing, 1999.

Fumerton, Richard. "Phenomenalism." In A Companion to Epistemology, edited by Jonathan Dancy and Ernest Sosa.Oxford: Blackwell Publishing, 1992.

Hamilton, Andy. "Mill, Phenomenalism, and the Self." In The Cambridge Companion to Mill, edited by John Skorupski, 139-75.

Hayek, E.A., ed.John Stuart Mill and Harriet Taylor: Their Correspondence and Subsequent Marriage. Chicago: University of Chicago Press, 1951.

Hirst, F.W.The Early Life and Letters of John Morley, vol.l.New York: Macmillan Company, 1927.

Hollander, Samuel.The Economics of John Stuart Mill, vol.l.Oxford: Basil Blackwell, 1985.

Humboldt, Wilhelm von.Sphere and Duties of Government (1792). Translated from the German of Baron Wilhelm von Humboldt, by Joseph Coulthard, Jun. London: John Chapman, 1854.

Jiang, Xinyan. "Enlightenment Movement." In History of

Chinese Philosophy, edited by Bo Mou, 473—511. London: Routledge, 2009.

Leader, Robert Eadon, ed. Life and Letters of John Arthur Roebuck. London: Edward Arnold, 1897.

Lefkowits, M.R. "Education for Women in a Men's World." Chronicle of Higher Education, August.6, 1979.

Legros, G.V. Fabre, Poet of Science.Translated from French, by Bernard Miall.London: Adelphi Terrace, 1913.

Locke. John.An Essay Concerning Human Understanding, ed. Peter H. Nidditch. Oxford: Oxford University Press 1975.

Lutz, Alma. Created Equality: A Biography of Elizabeth Cady Stanton. New York: John Day Company, 1940.

Magid, Henry M. "Introduction." In John Stuart Mill, On the Logic of the Moral Sciences: A System of Logic Book VI, ed. Henry M. Magid, xi-xxv. Indianapolis, IN: The Bobbs-Merrill Company, Inc., 1965.

Manuel, Frank. "Saint-Simon, Comte De." In Collier's Encyclopedia, vol.20, 368-369. Mac Millan Educational Corporation, 1974.

Mazlish, Bruce. James and John Stuart Mill: Father and Son in the Nineteenth Century. New York: Basic Books, Inc. Publishers, 1975.

Mc Rae, R.F. "Introduction." In Collected Works of John Stuart Mill, vol. 7, edited by John M.Robson, xxi-xlviii. Toronto and London: The University of Toronto Press, 1973.

Millar, Alan. "Mill on Religion." In The Cambridge Companion to Mill, edited by John Skorupski, 176-202.

Millgram, Elijah. "Mill's Proof of the Principle of Utility," Ethics, 110: 2, 283.

Mueller, Iris Wessel. John Stuart Mill and French Thought. Champaign: University of Illinois Press, 1956.

Packe, Michael St.John. The Life of John Stuart Mill. New York: The Macmillan Company, 1954.

Paludi, Michele A.and William D.Bauer. "Goldberg Revisited: What's in an Author's Name." Sex Roles 9: 3 (March.1983) : 287—390.

Pease-Watkin, Catherine. "Jeremy and Samuel Bentham ——The Private and the Public." Journal of Bentham Studies 5 (2002), 1—27.

Priestley, F.E.L. "Introduction." In Collected Works of John Stuart Mill, vol.10, edited by John M.Robson, vii-lxii. Toronto and London: The University of Toronto Press, 1969.

Reeves, J.A Century of Rochdale Co-operation, 1844-1944. London: Lawrence & Wishart, 1944.

Reeves, Richard. "The Genius of Autonomy." The Philosopher's Magazine (tpm) 46 (2009), 65-70.

Riley, Jonathan. Routledge Philosophy Guidebook to Mill on Liberty. London and New York: Routledge, 1998.

Rossi, Alice S. "Sentiment and Intellect." In John Stuart Mil and Taylor Mill: Essays on Sexual Equality, edited by Alice

S. Ross, 3—63. Chicago: University of Chicago Press, 1970.

Russell, Bertrand. A History of Western Philosophy. New York: Simon & Schuster, 1945.

——The Autobiography of Bertrand Russell, vol.I. Boston: Little Brown, 1967.

Ryan, Alan. "Mill in a Liberal Landscape." In The Cambridge Companion to Mill, edited by John Skorupski, 497-540.

Scarre, Geoffrey. "Mill on Induction and Scientific Method." In The Cambridge Companion to Mill, edited by John Skorupski, 112-138.

Shanley, Mary Lyndon. "The Subjection of Women." In The Cambridge Companion to Mill, edited by John Skorupski, 396-422.

Sher, George. "Introduction." In John Stuart Mill, Utilitarianism, edited by George Sher, vii-xiii. Indianapolis, IN: Hackett Publishing Company, 1979.

Shields, Currin V. "Introduction." In John Stuart Mill, On Liberty, edited by Currin V Shields, vii-xxvi, Indianapolis, IN: The Bobbs-Merrill, Company, Inc., 1956.

Skorupski, John, ed. The Cambridge Companion to Mill. Cambridge: Cambridge University Press, 1998.

—— "The Place of Utilitarianism in Mill's Philosophy" In The Blackwell Guide to Mill's Utilitarianism, edited by Henry R. West, 45-59. Oxford: Blackwell Publishing, 2006.

——Why Read Mill Today? London and New York: Routledge, 2006.

Taylor, Helen. "Introductory Notice." In Collected Works of John Stuart Mill, vol.10, edited by J.M.Robson, 371-72. Toronto and London: The University of Toronto Press, 1969.

Ten, C.L. "Democracy, Socialism, and Working Classes." In Cambridge Companion to Mill, edited by John Skorupski, 372-395.

Thompson, Dennis F. "Mill in Parliament: When Should a Philosopher Compromise? " In J.S.Mill's Political Thought, edited by Nadia Urbinati and Alex Zakaras, 166-199.Cambridge: Cambridge University Press, 2007.

Thornton, W.T. "His Career in the India House." In John Stuart Mill: His Life and Works, by Herbert Spencer and others (no editor), 30-37. Boston, MA: James R. Osgood and Company, 1873.

Tocueville, Alexis de.Democracy in America(1835), translated from French by Henry Reeve E.New York: George and Dearbom & Co, Adlard and Saunders, 1838.

Tuell, Ann Kimball.John Sterling, a Representative Victorian. New York, The Macmillan Co., 1941.

Urbinati, Nadia. Mill on Democracy. Chicago: University of Chicago, 2002.

Urbinati, Nadia and Alex Zakaras, eds.J.S.Mill's Political Thought. Cambridge: Cambridge University Press, 2007.

Webb, Sidney and Beatrice Webb. The Consumers'Co-operative Movement.London: Longmans, Green, and Co., 1921.

West, Henry R., ed.The Blackwell Guide to Mill's Utilitarianism. Oxford: Blackwell Publishing, 2006.

—— "Mill's "Proof' of the Principle of Utility." In The Blackwell Guide to Mill's Utilitarianism, edited by Henry R.West.

Wheatley, V. The Life and Work of Harriet Martineau.London, Secker & Warburg, 1957.

Wikipedia. "Harriet Martineau." http://en.wikipedia.org/wiki/Harriet_Martineau (accessed July 18, 2006).

—— "Unitarianism." http://en.wikipedia.org/wiki/Unitarianism (accessed Aug.2, 2012).

—— "Wrangler (University of Cambridge)." http://en.wikipedia.org/wiki/Wrangler_%28University_of_Caml (accessed May 6, 2012).

—— "Millicent Fawcett." http://en.wikipedia.org/wiki/Millicent_ Fawcett (accessed May 6, 2012).

Wilson, Fred. "John Stuart Mill." In Stanford Encyclopedia of Philosophy. http://plato.stanford.edu/entries/mill (accessed May 5, 2012).

Winch, Donald. "Introduction." In John Stuart Mill, Principles of Political Economy Books IV and V, edited by Donald Winch, 11-48. London: Penguin Books, 1970.

北京市衛生局：《結核病的歷史》(http://yljk.beijing.cn/fjhfz/n214063851.shtml；2012年8月5日網頁)。

洛克：《人類理解論》（上冊），關文運譯，北京：商務印書館，1981年版。

羅素：《西方哲學史》（下卷），馬元德譯，北京：商務印書館，1982年版。

薩拜因著，索爾森修訂：《政治學說史》（下冊），劉山等譯，北京：商務印書館，1986年版。

梯利著，伍德增補：《西方哲學史》，葛力譯，北京：商務印書館，2005版。

熊彼特：《經濟分析史》（第2卷），楊敬年譯，朱泱校，北京：商務印書館，1996年版。

章海山：《聖西門》，收入在周輔成編《西方著名倫理學家評傳》，上海人民出版社，1987年版。

國家圖書館出版品預行編目(CIP)資料

穆勒：為了人類的幸福 / 姜新艷 著. -- 第一版.
-- 臺北市：崧燁文化，2018.12

面； 公分

ISBN 978-957-681-660-4(平裝)

1.穆勒(Mill, John Stuart, 1806-1873) 2.學術思想 3.傳記

144.53　　　107021626

書　名：穆勒：為了人類的幸福
作　者：姜新艷 著
發行人：黃振庭
出版者：崧燁文化事業有限公司
發行者：崧燁文化事業有限公司
E-mail：sonbookservice@gmail.com
粉絲頁　　　　　　網　址：
地　址：台北市中正區重慶南路一段六十一號八樓815室
8F.-815, No.61, Sec. 1, Chongqing S. Rd., Zhongzheng Dist., Taipei City 100, Taiwan (R.O.C.)
電　話：(02)2370-3310　傳　真：(02) 2370-3210
總經銷：紅螞蟻圖書有限公司
地　址：台北市內湖區舊宗路二段121巷19號
電　話：02-2795-3656　　傳真：02-2795-4100　網址：
印　刷：京峯彩色印刷有限公司（京峰數位）

　　本書版權為九州出版社所有授權崧博出版事業股份有限公司獨家發行電子書繁體字版。若有其他相關權利及授權需求請與本公司聯繫。

定價：550 元

發行日期：2018 年 12 月第一版

◎ 本書以POD印製發行